TABLEAUX
TIRÉS D'HOMERE
ET
DE VIRGILE.

TABLEAUX
TIRÉS
DE L'ILIADE,
DE L'ODYSSÉE D'HOMERE
ET
DE L'ENEIDE
DE VIRGILE;

AVEC

DES OBSERVATIONS GÉNÉRALES
sur le Costume.
par M^r. le Comte de Caylus.

A PARIS,

Chez TILLIARD, Libraire, Quay des Augu-
stins, à Saint Benoît.

M. DCC. LVII.
AVEC APPROBATION ET PRIVILEGE DU ROI.

AVERTISSEMENT.

E s Recherches & ces Réflexions ont pour objet l'avantage de la Peinture; je les ai regardées comme un moyen de la rendre encore plus brillante en l'uniſſant avec plus d'intimité aux talens des Poëtes célébres de l'antiquité.

Le dépouillement des Poëmes qu'on eſt en poſſeſſion d'admirer, préſenté par rapport à la Peinture, m'a paru la voye la plus certaine pour produire cette union; elle a rencontré juſqu'à préſent des obſtacles preſque impoſſibles à ſurmonter.

Les Artiſtes ne peuvent que difficilement s'appliquer à la lecture de ces chefs-

AVERTISSEMENT.

d'œuvres de l'esprit. Les jeunes Peintres trop sérieusement occupés dans leur plus tendre enfance des principes de leur Art, sont hors d'état de porter leur attention sur d'autres objets. Une application constante, & qui ne permet aucune distraction, les met seule dans la possibilité d'arriver à la perfection & aux récompenses attachées à leurs talens. Ce n'est donc souvent que dans un âge avancé qu'il leur est possible de se livrer à quelques lectures ; mais souvent leur imagination affoiblie par le poids des années, n'est plus capable d'exprimer les vives images des grands Poëtes ; leur génie éteint, ne peut se rallumer au feu de ces génies créateurs ; ceux qui ont encore des ressources en eux-mêmes, ont une suite d'ouvrages, une espéce de courant, s'il m'est permis de parler ainsi, dont ils n'aiment point à se détourner, ou dont ils n'osent peut-être s'écarter par une crainte du public, que

AVERTISSEMENT. iij

la pareſſe groſſit encore à leurs yeux ; & quoiqu'il ſoit raiſonnable de ſuppoſer celui qui regarde un tableau, comme inſtruit de l'action qu'il repréſente, il eſt conſtant auſſi, comme on le verra plus bas, que le Peintre peut quelquefois chercher à inſtruire, ſans redouter l'ignorance de ſon juge.

Il ne faut donc pas attribuer un certain manque de ſçavoir, dont on peut faire le reproche aux Peintres, à leur défaut de naiſſance, ou d'éducation, mais à l'Art lui-même, qui veut que dès l'enfance on ſoit abſolument à lui. J'admire & je loue le réglement des Grecs, qui ne permettoit qu'aux hommes libres & diſtingués par leur naiſſance de pratiquer les Arts, & donnoit l'excluſion aux Eſclaves ; un uſage contraire chez les Romains a produit, je le ſçais, des Artiſtes médiocres. Cependant je puis aſſurer que les jeunes gens des plus illuſtres familles feroient

Pline Liv. 35. ch. 10.

a ij

aussi peu instruits que les autres, s'ils s'appliquoient dès leur enfance à la Peinture. J'ajoute que la Nature ne connoît de distinction parmi les hommes, que celle qu'elle donne elle-même, par la distribution inégale des talens, & qu'elle n'a point égard à la noblesse du sang, & à la célébrité des Ancêtres, pour faire un homme de génie. Je crois donc que ce seroit une entreprise utile de suppléer à une étude nécessaire, & de réparer le défaut d'une ignorance en quelque façon indispensable : & qu'un moyen d'y parvenir, est celui de mettre les Peintres en état de parcourir plusieurs volumes en peu de tems, & avec d'autant plus d'attrait, que ces ouvrages ne leur seront présentés que par rapport à leur Art. Je crois donc ces recherches nécessaires, quoique l'on puisse m'objecter l'inconvénient d'une suite poussée trop loin, & qu'il soit naturel d'imaginer, que tous les

AVERTISSEMENT.

sujets d'un Poëme ne sont pas également convenables à la Peinture, que souvent ils rentrent trop dans eux-mêmes, & qu'enfin ils peuvent produire une satiété qui déplaît & qui impatiente : j'espére cependant que ce Recueil méritera quelque indulgence, si ce n'est en total, du moins en faveur de l'intention & de quelques parties de l'Art, présentées sous une face différente de l'ordinaire. La Peinture s'y trouve en quelque façon mise dans une action continuelle, & chaque sujet est, pour ainsi dire, placé sur le chevalet.

Je passe aux raisons qui m'ont empêché de donner une plus grande étendue à ce projet, & qui m'ont fait exclure les Poëmes modernes. On est toujours convenu que plus un Poëme fournissoit d'images & d'actions, plus il avoit de supériorité en Poësie. Cette réflexion m'avoit conduit à penser que le calcul des différens Tableaux, qu'offrent les Poëmes, pouvoit servir à comparer le mérite respectif des Poëmes & des Poëtes. Le nombre & le genre des Tableaux que présentent ces grands ouvrages, auroient été une espéce de pierre de touche, ou plutôt une balance certaine du mérite de ces Poëmes & du génie de leurs Auteurs. Cette idée m'avoit séduit, & j'ai lû les ouvrages modernes en conséquence; mais j'ai abandonné ce projet, après avoir vû qu'aucun de ces ouvrages ne pouvoit me fournir une suite continue de Tableaux agréables, variés & presque dépendans les uns des autres, telle enfin que les productions sublimes d'Homére, me l'ont présentée. Les détails dans lesquels je vais entrer serviront à faire sentir mes raisons pour l'exclusion des modernes, & à prouver qu'aucune prévention en faveur des anciens, ne m'a conduit.

Je ne parlerai point du plus ou du

AVERTISSEMENT. vij

moins de convenance que préfentent les Poëmes dans lefquels la fable fe trouve alliée avec la Religion Chrétienne. Cette difcuffion regarde l'art Poétique : il fuffit ici de dire que la Peinture ne peut foutenir ces fortes d'affemblages.

Pour faire fentir cette vérité, je vais donner une legére idée de quelques Poëmes modernes des plus connus, fans vouloir les envifager que du côté de la Peinture.

Le Dante eft affurément un homme de génie, & le temps auquel il a vêcu * ajoûte d'autant plus à fon mérite, que les ouvrages dont il étoit environné, étoient informes & barbares, & que la critique n'avoit point encore ouvert les yeux fur les grands modéles de l'antiquité. On peut même affurer que fon ouvrage auroit été plus digne de fon efprit, s'il eut vêcu

* Il vivoit à la fin du XIIIe fiécle & au commencement du XIVe.

AVERTISSEMENT.

deux siécles plus tard. En effet, son Poëme fondé sur la Religion Chrétienne, n'est à proprement parler qu'un récit continuel dépourvû d'action & d'objet particulier.

D'ailleurs, dans le petit nombre de Tableaux qu'on trouveroit dans cette narration, on ne pourroit se dispenser de représenter sans cesse Virgile à côté du Dante; l'ancien Poëte est inséparable de cet Auteur, il est le spectateur, le continuel témoin de ses actions & des impressions qu'il reçoit. Ces répétitions de deux figures sont froides en elles-mêmes par la raison qu'elles sont dépourvues d'action, & que n'étant admises que pour regarder, elles sont insoutenables dans la Peinture. Cet Art est donc ici d'accord avec plusieurs autres parties de l'esprit, pour dire que tout ouvrage en Vers & divisé par Chant, n'est pas toujours un Poëme.

Le XVIe siécle a produit trois ouvrages épiques qui ont mérité d'être distin-

AVERTISSEMENT.

gués. La *Lusiade* par le Camoëns, la *Jérusalem délivrée* par le Tasse, & *Roland furieux* par l'Arioste.

Le Camoëns dans sa Lusiade me paroît plus original que le Tasse & l'Arioste; c'est-à-dire, qu'il a sçu profiter plus habilement des Auteurs anciens, & se rendre propres quelques-unes de leurs beautés. Cependant son Poëme présente plus d'Images que de Tableaux, c'est-à-dire, plus de Descriptions que d'Actions intéressantes. * D'ailleurs, la Religion chrétienne est toujours mêlée avec les Dieux de la Fable, & l'on ne s'accoutume point

---

* Le Tableau, pour parler exactement, est la représentation du moment d'une action; je dis pour parler exactement, car ce mot a des acceptions différentes, trop longues à discuter dans une Note, & que tout le monde peut sentir. L'Image, au contraire, n'a souvent point assez de corps pour être peinte dans les différens momens qu'elle présente, & n'est essentiellement qu'une Description: ce mot est souvent employé sans beaucoup de précision, de même que celui de Tableau. Ainsi le Tableau ne peint qu'un instant, & l'Image plusieurs instans successifs. Le Tableau, s'il m'est permis de le dire, tient au génie, & l'Image tient à l'esprit.

AVERTISSEMENT.

à entendre Jupiter dire à Vénus, en parlant des Portugais, *leur sainte Religion*; il est impossible de soutenir, encore moins de rendre l'idée du Cap de Bonne-Espérance, d'autant qu'il est le seul des objets inanimés que l'Auteur ait personifié. Le Chant qui renferme les bontés de Vénus pour les Portugais à leur retour des Indes, présente des Tableaux, non-seulement trop libres pour les exécuter, mais qui n'ont aucun rapport avec le reste de l'Ouvrage, ni par le genre, ni par le ton que l'Auteur a employé dans les autres Parties de son Poëme. D'ailleurs, la Peinture est une femme qui n'ose prendre pour Amans que des hommes avoués & connus; les Heros du Camoëns sont trop simplement Portugais, pour flatter son amour propre.

Le Tasse a plus suivi son modèle; c'est-à-dire, qu'il a plus exactement copié Homere; le fond & la lecture de

AVERTISSEMENT. xj

son Poëme le rendent, par conséquent, moins recommandable quant au génie; mais ses Episodes sont charmans; la Peinture en a tiré de très-grands avantages. Cependant il seroit impossible à ce même Art d'allier, dans une suite constante & suivie, la Religion chrétienne, celle de Mahomet, la Magie & la Chevalerie que cet Auteur a également employées. La Peinture est raisonnable & solide dans ses goûts; elle n'admet rien de ce qui peut la distraire de l'objet qu'elle a préféré; elle s'y renferme toute entiere. Au reste, on peut dire que c'est le Tasse qui n'a jamais réfléchi sur la possibilité du bouclier qu'il donne à son Renaud.

L'Arioste, plus vif & plus aimable, a suivi la mode de son tems, & l'on connoît les influences de cette Déesse bizarre. La Chevalerie, les Enchantemens, les Histoires libres, & le merveilleux forcé des anciens Romans, composent Roland le Furieux, & forment par conséquent un tissu d'avantures & de faits pillés de toutes parts. On peut encore reprocher à l'Arioste, que ses Récits sont trop coupés & trop décousus pour être traités dans une suite générale, c'est-à-dire, qui embrasse tous les sujets d'un Poëme : cet Auteur se moque lui-même, avec raison, de ce qu'il raconte. Il est vrai que le tour qu'il emploie, sert à faire passer & à rendre agréables des choses vraiment ridicules. Mais la Peinture ne peut exprimer qu'avec une sorte de pesanteur, de certaines légeretés que l'esprit saisit facilement : cette même Peinture, loin d'être favorable aux larcins, ne leur fait aucune grace. D'ailleurs, l'Hypogriphe, Saint Michel, Saint Jean, le Paradis terrestre & la Lune, sont des objets dont la réunion est impossible à l'Art, & qui n'ont jamais produit l'héroïque. On peut

AVERTISSEMENT. xiij

ajoûter que l'imagination de l'Ariofte, pleine de feu, & nourrie par l'ufage du monde & par le commerce des femmes, n'étoit pas de celles qui inventent · les productions de ce Poëte, charmant à mille égards, étoient fort agréables pour ceux qui voyoient chaque jour le progrès de fon prétendu Poëme ; mais la Poftérité, plus févére, exige davantage pour des Ouvrages qui portent un fi grand nom que celui de l'Epopée, & dont la carriere eft fi difficile à remplir.

Milton a pris le germe, ou l'idée de fon Poëme, dans le Taffe, & fon ftile dans le ftile Oriental : fes perfonnages monftrueux, plus grands par les mots que par les refforts, ne peuvent fe traiter en peinture ; ils répétent trop leurs actions, & leurs motifs font toujours les mêmes. L'enflure des mots n'a jamais fait qu'une fauffe impreffion fur l'efprit & l'imagination des Peintres.

Cet Auteur vivoit dans le XVIIe. siécle. La perte de la vue a peut-être été son plus grand rapport avec Homere.

Ces raisons doivent suffire, à mon sens, pour faire connoître celles qui m'ont empêché de renfermer les Auteurs modernes dans mon projet. L'Iliade, l'Odyssée & l'Eneïde m'ont paru plus étendues, peut-être qu'il n'étoit nécessaire pour la satiété que j'ai citée plus haut, comme le plus grand inconvénient d'une suite constante & non interrompue. Le peu d'action & le petit nombre de Tableaux que présentent la Théogonie & les jours d'Hésiode, m'ont fait passer cet ancien Auteur sous silence ; je me suis contenté de rapporter son Bouclier dans un Mémoire de l'Académie.

Après cette Analyse abregée des Poëtes modernes, & le détail des impressions que j'en ai reçues par rapport à la Peinture, je dois convenir que l'examen d'Homere

AVERTISSEMENT.

m'a fait naître l'idée de ce Recueil : ce grand homme est regardé depuis plusieurs siécles, comme le Peintre le plus étendu que la Nature ait produit ; cette justice lui a été généralement rendue, mais, selon moi, d'une façon trop vague ; il m'a paru qu'elle n'étoit fondée que sur la chaleur, la justesse & la précision de ses détails, toujours convenables aux caracteres qu'il a entrepris de traiter, & qu'il a si parfaitement soutenus ; mais on n'a point encore considéré ce grand génie, uniquement du côté de la Peinture. Je sçais que sa réputation n'a pas besoin des preuves de supériorité que lui donnent les sujets convenables aux Artistes ; non-seulement il en abonde, mais ses grandes images, ses fortes idées, & l'action continuelle de son Récit, doivent échauffer sans cesse le génie de la Peinture, & lui donner chaque jour de nouvelles lumieres. J'ai été séduit, je l'avoue, par l'idée de préfenter le mérite d'Homere d'un côté par lequel ce Poëte n'avoit point encore été regardé, & qui me ferviroit en même tems à rendre un fervice à la Peinture pour reconnoître les plaifirs qu'elle m'a procurés.

Avant Raphaël, tous les Peintres entraînés par le goût de leur fiécle, ne furent occupés qu'à l'exécution des Tableaux, faits pour nourrir la piété ; ils n'avoient pas encore imaginé qu'on pouvoit, avec le pinceau, parler à l'efprit, & le remplir d'idées agréables & pathétiques, ainfi que les Poëtes & les Hiftoriens l'avoient fait avec la plume.

Raphaël né fous une étoile plus heureufe, eut le bonheur de vivre avec des gens d'efprit, qui faifoient revivre le bon goût à la Cour de Leon X. il les écouta; & profitant de leurs avis, il puifa dans la Poëfie les images riantes dont il fit le fujet d'une infinité de fes Tableaux, y ajoûtant

AVERTISSEMENT. xvij

ajoûtant de nouvelles graces qu'un génie délicat & fin lui sçut inspirer. C'est ainsi qu'il forma, sur la description d'Apulée, cette magnifique suite de desseins, qui renferment le Roman entier de Psiché; sujets qui lui parurent si convenables à la Peinture, qu'il les répéta dans la galerie de Chigi * qu'on lui donna à peindre. Il est certain qu'il auroit conduit ce genre d'idées plus loin, s'il eût été le maître de suivre son panchant dans le choix des sujets qu'il avoit à traiter; on peut même être persuadé qu'il auroit le plus souvent préféré les compositions voluptueuses, plus convenables à son caractere porté à la galanterie : né avec les talens qui font les grands Poëtes, ce seroit lui faire injustice que de penser qu'ayant lû Homere & Virgile, il n'eût pas été touché du nombre & de la grandeur des événemens que ces merveilleux Poëtes four-

* Ou dans la Loge, comme les Italiens nommoient alors des especes de Portiques ou Galeries ouvertes.

niſſent aux Peintres : il eſt à préſumer qu'il trouva la matiere trop auſtere pour lui.

Il l'abandonna à Jules Romain, ſon diſciple chéri, dont la veine fougueuſe parcourut avec avidité ces grands Poëmes de l'antiquité, & s'enrichit des idées pittoreſques dont elle les trouva ſemés preſqu'à chaque pas. On ne connoît cependant aucun Tableau où il les ait tranſportées ; content de travailler pour ſa propre ſatisfaction, il ſe borna à en faire des Deſſeins, dont quelques-uns ont été gravés : tels furent, par rapport à Homere, la mort de Patrocle, & le corps de ce Heros retiré de la mêlée, & un troiſieme ſujet repréſentant le cheval qui devoit cauſer la ruine de Troye. Virgile lui a fourni le ſujet de la mort du Laocoon, & une tempête dans laquelle il a donné l'eſſor à ſon imagination. Voulant faire ſentir tout le deſordre d'une Mer

AVERTISSEMENT. xix

irritée, il repréfente les chevaux de Neptune emportés & ne connoiffant plus de frein ; idée poétique qui appartient au Peintre, & qui fait honneur à fon génie, en même tems qu'on eft forcé d'admirer les recherches qu'il a faites dans les Monumens antiques, pour la repréfentation variée des proues & des poupes des Vaiffeaux qu'il a fait entrer dans fa compofition, & qui toutes font de la plus grande richeffe. Je connois encore une tenture de Tapifferie, exécutée fur le Deffein de ce même Jules-Romain ; elle repréfente différens inftans de l'Eneïde, principalement liés à l'Hiftoire de Didon ; & ces fujets font exécutés avec tout le grand dont la Peinture, fecondée par le génie, eft fufceptible. Des Eléves inftruits par un tel Maître, durent fentir comme lui les beautés d'Homere ; & le Primatice, qu'une grande conformité de fentimens lui rendoit fort cher, fut un de

b ij

ceux qui marcha le plus près sur ses traces.

François I. qui vouloit attirer Jules-Romain à sa Cour, reçut le Primatice de sa main. Ce Peintre ingénieux décora de ses Ouvrages tous les Appartemens de Fontainebleau, & par-tout il fit usage de la Fable; mais il s'attacha principalement au Poëme d'Homere, & il y puisa la plus grande partie des sujets de ses Tableaux. On voit dans l'Antichambre du Roi, appellée autrefois la Chambre de Saint Louis, une suite de grands Tableaux peints à fresque * sur les murailles; ils représentent les événemens les plus remarquables qui précéderent le Siége de Troye. On trouve encore en plusieurs autres endroits de cette Maison Royale quelques sujets de l'Iliade: mais l'Ouvrage le plus étendu & le plus consi-

* Ce sont ceux qui furent réparés il y a environ 30 ans par Vanlo l'aîné.

AVERTISSEMENT.

dérable qu'il ait exécuté, est une longue Galerie dans laquelle il représenta en 58 Tableaux * distribués entre chaque trumeau, les Avantures d'Ulysse décrites dans l'Odyssée ; il y montra beaucoup d'invention & de facilité, mais fort peu de connoissance des anciens usages ; reproche que mérite, à plusieurs égards, Jules-Romain son maître.

Polidor de Caravage, qui a fait un si grand honneur à l'Ecole de Raphaël, loin d'être accusé d'un semblable défaut, doit recevoir l'éloge que mérite une précision merveilleuse ; il a si parfaitement saisi le véritable goût de l'antiquité, que si l'on n'étoit certain du contraire, on prendroit ses ordonnances pour des copies de bas reliefs antiques ; avec cette différence, qu'il a répandu un mouvement & une cadence dans la disposition de ses groupes, que les Anciens ne paroissent pas

* Cette suite a été gravée par Théodore Vantulden.

avoir trop recherchés, & que lui a donné la science du clair-obscur qu'il a possédée dans un dégré éminent. Les sujets qu'il a traités, & qu'il a peints en clair-obscur sur quantité de façades de maisons à Rome, sont presque tous empruntés de la Fable ou de l'Histoire profane. On doit regretter qu'il n'en ait tiré aucun d'Homere & de Virgile, il n'y auroit rien eu à désirer dans leur disposition; on auroit cru voir la chose même. Cet éloge est la vérité pure ; & quand on considere ses Ouvrages, on se croit transporté dans les tems héroïques, & l'on apprend à connoître dans ses peintures, principalement la forme des habillemens & des armes en usage chez les Anciens : aussi je le répéterai, à force d'étudier ces différens objets sur les Monumens, il se les étoit rendus si familiers, que lorsqu'il en imaginoit de sa pure invention, ils prenoient le caractere de l'antiquité, & sembloient

AVERTISSEMENT. xxiij

être réellement l'ouvrage d'un ancien Artiste. La justice que je lui rends peut être utile à ceux qui veulent observer le Costume, & doit leur faire sentir qu'on ne leur demande pas toujours une imitation servile de ce qui a été fait, mais des représentations qui ne péchent point contre la vérité, & qui rentrent au moins dans l'ordre de la vraisemblance.

De tous les Peintres qui ont paru depuis Polidor, Rubens a été le seul qui fût digne de peindre d'après les descriptions d'Homere & de Virgile. Il est certain qu'il avoit lû & médité ces grands Poëtes. On regrettera long-tems le Livre * que l'on a vu entre les mains de M. Bourdaloue, l'un de nos meilleurs con-

---

* L'Ouvrage écrit par ce Peintre, homme de Lettres, périt à l'incendie qui nous a privé, il y a une trentaine d'années, de plusieurs autres raretés conservées & ramassées par Boule Ebéniste du Roi, que des études solides, jointes à un goût naturel, avoient rendu le premier de sa profession, & dont les Ouvrages sont, avec raison, si recherchés. Ce MS. de Rubens étoit composé, ou plutôt écrit indifféremment, en trois Langues, en Latin, en François & en Italien.

noisseurs, dans lequel ce grand Peintre marquoit avec soin tous les sujets qu'il croyoit capables d'occuper le pinceau ; & dans le nombre, il y en avoit plusieurs tirés d'Homere & de Virgile. Il est fâcheux qu'un Artiste aussi sçavant en soit demeuré à la simple spéculation ; car je ne pense pas qu'on puisse citer la grande & belle Bataille des Amazones, comme un fruit de ses méditations sur les anciens Poëmes. Ce qu'il a fait de mieux, c'est d'en avoir inspiré le goût aux Peintres qui sont venus après lui, & qui se sont piqués de sçavoir choisir leurs sujets : je mettrai dans ce rang Antoine Coipel, premier Peintre du Roi, qui avoit conçu le dessein de faire des Tableaux pour une tenture de Tapisseries destinées pour le Roi, & qui auroit été composée des plus beaux sujets de l'Iliade. Il a exécuté la colere d'Achille & l'adieu d'Andromaque : ces deux sujets ont été gravés, & je ne fais en gé-

AVERTISSEMENT.

néral mention que de ceux-là; ils sont les seuls que toutes les Nations puissent comparer.

On doit s'étonner que le Poussin, que l'on sçait avoir été rempli de la lecture des Poëtes de l'antiquité, & qui en a tiré de si grands secours, n'ait emprunté d'Homere que des pensées accessoires dont il a embelli ses compositions, sans en tirer aucun sujet qui ait été l'objet & le fondement d'aucun de ses Tableaux : on ne dira pas qu'un génie trop sérieux & trop austere l'engageoit à préférer des sujets purement historiques, puisqu'il a fait un si grand nombre de Tableaux remplis de fictions poétiques, & qu'il a peint deux fois Achille reconnu à la Cour de Licomede, & deux fois, Vénus donnant des armes à Enée.

On peut inférer de ces observations, que les grands Maîtres qui ont puisé dans Homere & dans Virgile sont en petit nombre, & n'ont pas encore rempli toutes les conditions que la Peinture est en droit d'exiger, & qu'ils sont bien éloignés d'avoir profité de tous les avantages qu'elle peut tirer de ces grands Poëmes, & que par conséquent il est possible de présenter à ce grand Art au moins des vues plus exactes & plus détaillées. Cependant un Artiste enflammé pour son talent, ne doit rien négliger pour voir les sujets gravés d'après Jules-Romain & le Primatice, que j'ai cités plus haut : on ne pourroit refuser sans injustice, à ces grands Maîtres, les plus fortes & les plus grandes idées dont la Peinture est susceptible; leurs compositions serviront encore à lever plusieurs difficultés de détails, & à faire sentir beaucoup de facilité pour le total de l'entreprise dont il est question.

Pour exécuter le grand nombre des sujets que fournit un seul des trois Poë-

AVERTISSEMENT. xxvij

mes que j'entreprens de développer, il est nécessaire de supposer un Prince assez puissant & touché des grandes idées dans les Arts, pour desirer le spectacle d'une suite aussi nombreuse, & pour élever en conséquence une Galerie capable de la contenir. L'immensité de l'espace occupé par une semblable suite, seroit en quelque façon réduite & diminuée par les moyens suivans.

Les tableaux ne pouvant être soumis à une largeur égale par la raison du plus ou du moins d'étendue des sujets, toutes les figures seroient au moins tenues d'une proportion générale & uniforme : celle que le Poussin a le plus souvent employée dans ses Baccanales, c'est-à-dire, de vingt ou vingt-deux pouces, me paroîtroit la plus convenable ; elle est plus susceptible de toutes les expressions du sentiment & de toutes les finesses de l'Art ; elle soumet au Spectateur le sujet repré-

AVERTISSEMENT.

senté ; & si les Figures collossales, & ce qu'on nomme en Peinture des *Machines*, conduisent l'homme à l'admiration ; il n'est pas moins constant que les sujets rendus d'une médiocre proportion, l'intéressent davantage ; non-seulement parce qu'il embrasse plus aisément la totalité de leur sujet, mais parce qu'ils lui sont soumis, & que sans en convenir, peut-être même sans en avoir de doute, il aime à dominer jusques sur ces représentations inanimées.

Malgré cette diminution ou cette réduction sur la proportion des figures, les idées d'Homere présentent plusieurs actions qui exigeroient encore des toiles d'une grande étendue en largeur ; ainsi je voudrois qu'au moins la hauteur de ces toiles fût uniforme, c'est-à-dire, qu'elle eût environ trois pieds & demi ou quatre pieds.

Avant que d'entrer dans le détail des

AVERTISSEMENT. xxix

compositions, il faut convenir que la suite tirée d'un Poëme, présente plusieurs sujets qui ne seroient ni sentis ni entendus, s'ils n'étoient accompagnés de ceux qui les suivent ou qui les précedent. Cependant l'Auteur duquel on les a tirés, doit être regardé comme servant à la fois de commentaire & d'explication ; mais après cette réflexion sur le total, dont l'exécution ne peut que difficilement avoir lieu, je dois ajoûter que plusieurs de ces sujets offrent des Tableaux que l'on peut exécuter séparément. La grande imagination d'Homere les a principalement consacrés à l'Univers, soit par la peinture des passions & la beauté des situations, soit par leur liaison avec la Fable.

L'Europe entiére devroit rougir, ce me semble, de voir le plus grand nombre de ces beaux sujets si peu connus, ou pour mieux dire absolument ignorés. Qu'on ne dise point que c'est une raison pour ne pas oſer les traiter, que le Spectateur veut être inſtruit des objets qu'on lui préſente, & que le plaiſir des yeux s'évanouit lorſque l'eſprit eſt obligé de travailler ; toutes ces raiſons, bonnes en elles-mêmes, ne ſont point à leur place : dans la circonſtance préſente, je demanderai ſeulement ſi l'on a été retenu par cette conſidération, lorſqu'après le renouvellement des Arts les Peintres ont choiſi les ſujets de la Métamorphoſe, ſujets qui ſouvent n'expriment rien, & dont la plupart avoient beſoin d'un commentaire. Que manque-t-il aux Tableaux d'Homere ? Ils ont l'agrément, la force, la juſteſſe, les grands reſſorts, la nobleſſe ; enfin, tout ce qui conduit à l'héroïque le plus complet, & le principal objet d'un Art tel que celui de la Peinture.

Je ne puis donc me perſuader que les Peintres ſoient retenus par la crainte de n'être point entendus ; ils ſont plutôt ſoumis par l'habitude ; elle les engage à tourner sans cesse dans un cercle médiocrement étendu, & je veux supposer que la paresse & la nonchalance contribuent seules à la négligence qu'on peut leur reprocher dans tous les Pays qu'ils habitent. Le Catalogue raisonné des plus grands sujets que je leur présente, pourra servir à dissiper le nuage dont les Arts ne sont que trop obscurcis dans l'Europe. Au reste, je ne présente le plus souvent ces compositions avec une sorte d'étendue, que pour rendre la lecture des sujets moins séche & moins dégoûtante aux gens du monde qui voudroient se rappeller les plus brillans événemens de ces Poëmes, ou plutôt y trouver quelque Tableau de Cabinet, ou quelque sujet de Tapisserie. Le recueil de ces compositions serviroit peut-être encore à répandre un peu plus le mérite d'Homere; ce grand homme est trop oublié dans ces derniers siécles ; ce seroit, pour ainsi dire, un moyen de lui procurer une rentrée dans le monde ; car on ne pourroit se dispenser, comme je l'ai dit plus haut, d'avoir ses Ouvrages à la main pour l'intelligence entiere des Tableaux dont cette suite immense est composée.

A l'égard des Artistes, c'est un canevas qui leur est offert comme une esquisse très-informe, de laquelle il sera du moins plus aisé de partir que du texte, qui d'ailleurs est toujours indiqué, l'action qui précede le sujet ou celle qui le suit, pouvant contribuer à la justesse ainsi qu'à l'élégance de chaque composition en particulier. Personne n'ignore que chacun des Artistes traitera le même sujet avec des différences considérables & de grandes variétés dans les accessoires ; il sera d'autant plus facile de vérifier le texte, que les sources sont marquées par ordre, & renvoyées avec la plus grande exactitude

AVERTISSEMENT. xxxiij

tude aux pages des traductions françoises les plus connues : par ce moyen on pourra suivre sa propre impression, s'échauffer par l'Auteur même, & s'écarter de mes idées par des compositions plus élégantes, plus justes & plus pittoresques.

Au reste la Poésie plus ancienne que la Peinture, a de grands avantages sur elle. Un choix heureux & juste de peu de mots, lui suffit pour rendre les plus grandes & les plus vastes idées, pour les lier à celles qui les précedent & qui les suivent, & les faire sentir clairement & sans aucun équivoque. Elle fait plus, elle peint la succession des tems; elle exprime le mouvement, les nuances passageres & l'enchaînement des actions. La Peinture plus bornée dans ses moyens, plus lente dans ses opérations, plus gênée dans ses ressources, ne peut présenter aux yeux que l'instant heureux d'une Nature frappante, en réunissant tout ce qui peut concourir à la rendre claire à l'esprit, & capable de produire sur l'ame, l'impression la plus forte & le sentiment le plus vif. La Fontaine, dans le Conte du Tableau, me fournit deux Vers qui renferment, ce me semble, tout ce que je pourrois dire sur l'esprit avec lequel on doit lire les Recueils de ces compositions.

Les mots & les couleurs ne sont choses pareilles ;
Ni les yeux ne sont les oreilles.

Je me suis trouvé souvent forcé de me répandre en exclamations, & de rapporter même des passages qui ne conviennent point à la Peinture, & qui dans la vérité y sont étrangers à plusieurs égards : je n'ai pû les retenir; & le nombre que j'en ai effacé, me fait paroître modéré à moi-même. Cependant je suis peut-être, à l'égard de ces beautés, comme les jeunes gens; ils admirent ce qu'on appelle des lieux communs, qui ne font tels cependant que par ce qu'ils leur font nouveaux : les traits fur lefquels je me fuis emporté, font peut-être traités & relevés mille fois par tous les Commentateurs d'Homere ; mais les grandes & fublimes idées ne font-elles pas le principe & en même tems l'excufe des fentimens d'admiration ?

Je finis en exhortant encore une fois l'Artifte affez courageux pour entreprendre cette fuite, ou affez fage pour en tirer quelques fujets, d'avoir toujours préfent à l'efprit, qu'il peint des Dieux & des Héros ; il ne l'oubliera pas s'il fe laiffe emporter par Homere ; il peut marcher fans crainte ; ce grand homme le conduira dans l'Empirée, le centre commun, le féjour du génie : c'eft-là que réfident, pour tous les Arts, les fortes idées & la grandeur du trait & de l'expreffion. plus la flamme du génie s'éleve, plus elle a de force & de moyens pour pénétrer ;

xxxvj AVERTISSEMENT.

jamais elle n'a rapporté du célefte féjour que des idées conftamment nouvelles, & dont les détails font enfuite dirigés & perfectionnés par l'imitation de la Nature, toujours prête *à pofer*.

OBSERVATIONS
Sur quelques parties du Coſtume, ſelon Homere.

L'Esprit & la raiſon s'accordent pour faire ſentir aux Artiſtes la néceſſité du Coſtume. Le deſir d'augmenter cette connoiſſance m'engage à examiner les difficultés que préſente la façon de traiter quelques attributs de Divinités, & quelques uſages ou habillemens pratiqués du tems d'Homere.

Perſonne n'ignore la forme des Caſques, des Epées courtes, des Cuiraſſes, des Brodequins, du Bonnet ou Corno Phrygien. La Peinture a traité mille fois avec juſteſſe & convenance ces Armes & ces parures. De plus, une infinité de Recueils deſſinés & gravés d'après les anciens monumens, les préſentent avec xxxviij OBSERVATIONS

autant d'exactitude que de vérité ; il feroit donc inutile de les examiner ici. Mais on n'a pas la même connoissance du Baudrier, de la Tunique, du Sceptre, des Portiques, des Chars, des Vaisseaux, du respect pour les Foyers, & de l'habillement que l'on doit donner aux Hérauts; ces objets n'ont été traités par aucun Peintre; ils ne sont qu'indiqués par les Auteurs, & ne se trouvent ni détaillés, ni expliqués par aucun Commentateur; enfin, les Sçavans ne les ont point regardés du côté qui pouvoit instruire ou éclairer les Artistes. Je vais faire mes efforts pour suppléer au silence de ces hommes, d'ailleurs si recommandables dans la République des Lettres.

Des Attributs.

L'Artiste ne doit point oublier que la Mythologie du tems d'Homere, n'avoit point encore donné à Junon & à Vénus les attributs qui servent aujourd'hui à faire reconnoître ces Déesses ; je veux dire le Paon pour l'une, & les Pigeons pour l'autre. Ainsi Junon ne sera distinguée dans la suite des Poëmes d'Homere, que par son Diadême, la richesse de ses habits dont les couleurs doivent être hautes & entiéres ; enfin par un caractere dont la fierté est nécessairement différente de celle de Bellone & de Pallas. Pour en être convaincu, il suffit de dire que ces Divinités sont les emblêmes de la valeur & du courage ; tandis que Junon n'est essentiellement que le portrait embelli du plus grand nombre des femmes à l'égard de leurs maris. Vénus doit avoir peu d'habillemens : ceux dont on jugera convenable de la parer, doivent être très-légers, voluptueux, & de couleurs douces : la ceinture ne doit point être oubliée dans son ajustement ; non-seulement elle est avantageuse pour l'Art, c'est-à-dire, pour l'agencement de la figure, mais elle rappelle à l'imagination les plus agréables idées.

L'esprit & la justesse du discernement peuvent servir à comparer, ou à trouver dans la Nature les caracteres de têtes de Junon, de Pallas, de Minerve & de tous les autres Dieux ; mais l'expression du visage & du maintien de Vénus demande d'autres soins ; elle veut que l'on renvoie l'Artiste aux mouvemens de son cœur, c'est-à-dire, aux impressions qu'il a reçues de la femme qu'il aime, ou qu'il a le plus aimée. Le Spectateur frappé des moyens d'une séduction qu'il a sans doute éprouvée, saisira ce langage muet ; souvent il pourra blâmer ou desirer quelques parties, mais du moins il reconnoîtra ces actions douces & voluptueuses, toujours d'accord avec les regards ; mouvemens heureux dont la Nature fait briller les femmes avec une varieté & une abondance dont le cœur eſt charmé & les yeux éblouis : ces mouvemens fondés ſur la Nature, produiſent en faveur de l'Art les contraſtes les plus certains, par la raiſon qu'ils produiſent un intérêt plus ſenſible.

Homere rapporte ordinairement dans le plus grand détail, les armes & la parure de chaque Divinité ; on doit le ſuivre avec la derniere exactitude. Les attributs de Vénus & de Junon pouvoient ſeuls préſenter quelques difficultés.

On me reprochera peut-être de ne point parler des expreſſions, & de les paſſer ſous ſilence ; mais on doit ſonger que je n'écris point ici ſur la Peinture, & que l'objet de ces réflexions ne me permet pas de m'étendre ſur une matiere ſi délicate : ce n'eſt pas que je ne ſente combien il eſt difficile d'exprimer les paſſions ſur un beau viſage ; je ſçais que la plus légere altération eſt capable d'y produire une grimace ; & je n'ignore pas non plus que cette difficulté, terrible en elle-même, est encore augmentée par le caractere des gens du monde, qui sont en général les Juges les plus importans des Artistes, mais qui seront encore long-tems, sans avoir fait de convention avec la Nature pour établir leur jugement. En attendant cette réunion, l'Artiste, pour n'avoir rien à se reprocher, doit étudier & travailler sans aucune sorte de négligence, pour être en état de rendre les expressions indiquées par Homere, le plus juste & le plus grand des Peintres. J'ai eu soin, en présentant le détail des Tableaux, d'appuyer sur cette partie de son mérite, toutes les fois que je l'ai cru nécessaire.

Du Baudrier.

Le Baudrier étoit, selon ce que nous en dit plusieurs fois Homere, une cour-

SUR LE COSTUME. xliij

roie * qui servoit à porter l'épée, & dont les ornemens étoient arbitraires; sa largeur étoit égale dans toute sa longueur. Cette Courroie, arrêtée par des boucles pour la commodité de son usage, étoit posée sur l'épaule droite, d'où elle passoit sous le bras gauche au-dessus de la ceinture, comme nos soldats portent aujourd'hui leur ceinturon dans les marches, pour être moins incommodés de leur épée. La traduction de cette Courroie par le mot Baudrier, n'est qu'un équivalent, mais qui présente au Lecteur une fausse idée. Je ferois donc usage d'un autre mot dans cette occasion, & je croirois qu'il seroit plus juste de dire le Porte-épée. Au reste, je suis très-persuadé que les Grecs portoient leurs épées fort haut, & que leurs Porte-épées étoient par conséquent fort courts ; le Tableau des

* Voyez encore le IV. Tableau du Bouclier d'Hésiode dans les Mémoires de l'Académie des Belles Lettres.

jeunes hommes, décrit dans le Bouclier d'Achille, & dans lequel on les voit danser avec leurs épées au côté, suffit pour le persuader, d'autant même que la pointe de ces mêmes épées étoit vraisemblablement dirigée vers la terre, & suivoit le corps sans être relevée comme les nôtres.

Iliade Liv. XVIII.

De la différence des Armes.

Pour distinguer les Héros Troyens des Héros Grecs, je voudrois faire participer leurs casques de la forme du Corno Phrygien, consacré aux hommes de cette Nation. Ce Bonnet, simple par lui-même, se terminoit en rond, & étoit reployé assez naturellement sur le devant & au plus haut de la tête, comme on le peut voir dans une infinité de Monumens : cette coëffure de laine, ou d'étoffe de différentes couleurs, doit être consacrée au Peuple & aux simples Soldats.

SUR LE COSTUME.

Jules-Romain a principalement eu soin, avec raison, de leur donner cette distinction dans les sujets qu'il a traités d'après les grands Poëtes. Je propose donc de le faire sentir aussi sur les Casques des principaux Officiers Troyens; car il n'est pas douteux que leurs armes ne différassent de celles de leurs Ennemis : ces différences paroissent avoir été si médiocres, que les Auteurs anciens se contentent de faire imaginer qu'il y en avoit sans en donner aucun détail. On voit qu'il y en avoit dans les devises & les ornemens de leurs Boucliers; mais comment les retrouver, ainsi que quelques autres varietés que l'on peut entrevoir ?

La différence que je propose, est absolument dans le cas de médiocrité qui semble y être attachée ; elle consiste à représenter arondie, au lieu de la dessiner quarrément, la partie de la crête du Casque, celle que l'on voit de face, & sur laquelle le Pennache étoit attaché. Je prie le Lecteur de ne point regarder cette obfervation comme une minutie. La Peinture a befoin de tout, & les plus petites diftinctions lui font néceffaires, principalement lorfqu'il s'agit de mouvement de Troupes, & de combats pareils à ceux qu'Homere a décrits, c'eft-à-dire, prefque toujours d'homme à homme : il faut même fe fouvenir qu'il n'y avoit alors ni uniformes, ni Drapeaux, ni rien qui fervît à reconnoître le Soldat ou l'Officier d'aucune Nation. Il eft vraifemblable que nous ne pourrons jamais être inftruits des diftinctions qui empêchoient les Troupes de fe confondre. Ainfi, j'ai cru pouvoir en propofer une ; elle ne s'oppofe à rien ; elle eft au contraire établie fur une mode indiquée : d'ailleurs, elle eft fi peu importante qu'on peut la regarder comme un defir fcrupuleux de ma part pour ne rien négliger, & dont on peut faire ufage jufqu'au moment où les fujets de la guerre de Troye, plus fréquemment traités, auront introduit une convention dans l'Art, dont on ne pourra s'écarter, dès l'inftant qu'elle aura été adoptée.

De la Tunique.

La Tunique des Anciens eft fans contredit un vêtement de deffous pour les hommes & pour les femmes, plus ou moins long felon l'état & les circonftances, & dont l'étoffe de coton étoit plus groffe ou plus fine. Quelques-unes de ces Tuniques avoient des manches ; mais elles étoient courtes, & ne defcendoient jamais jufqu'au coude ; elles ne paroiffent pas non plus avoir été juftes pour les bras. Les Efclaves & les hommes de la campagne portoient les Tuniques fans manches ; les anciens monumens nous en donnent la preuve. Enfin, elles reffembloient le plus souvent à l'habillement que nous connoissons sous le nom de *gilet* : il est vrai que leur longueur étoit arbitraire ; mais on ne doit pas oublier que tous les hommes, principalement à la guerre, avoient des especes de caleçons d'un cuir fort mince, qui descendoient plus de trois doigts au-dessous du genou, & qui couvroient fort juste les parties qu'elles embrassoient, d'autant que l'on ne faisoit point entrer la Tunique dans ces caleçons : il faut cependant excepter de leur usage les hommes représentés dans les Gymnases ou dans les Jeux. Les armes & les avantages étoient absolument égaux dans tous ces Exercices ; on n'y portoit que les dons de la Nature, la force & la bonne constitution ; elles n'étoient soutenues que par l'adresse & l'expérience, suites nécessaires de l'Art & de la réflexion.

A l'égard de l'habillement des principaux

paux Grecs, on verra plusieurs fois ceux qu'ils portoient dans la vie civile & militaire; j'ai eu grand soin de rapporter les détails que nous devons à Homere, le plus exact des Auteurs sur tous ces détails.

Du Sceptre.

L'origine des objets dont l'imagination est le plus frappée, se trouve ordinairement dans la pratique perpétuée des nécessités les plus simples. Le Sceptre est une preuve de cette vérité; dans son origine, & selon son étymologie, ce mot ne signifioit qu'un bâton pour s'appuyer en marchant; cet usage fondé sur la nécessité étoit par conséquent commun aux Princes, ainsi qu'aux simples particuliers; on peut d'autant moins en douter, qu'Homere emploie ce mot dans les deux acceptions : il donne en effet des Sceptres aux Princes, aux Généraux d'Armée,

OBSERVATIONS

aux Juges, aux Orateurs, dans les Assemblées publiques & solemnelles ; aux Peres de famille, anciennement Rois & Prêtres dans leur * domestique ; enfin dans l'Odyssée il donne un Sceptre à un mendiant. On entrevoit cependant que ce bâton commençoit à se distinguer du tems d'Homere ; & les différentes acceptions prouvent encore plus sûrement que ce nom conservoit, dans les tems anciens, un témoignage de son origine, qu'il n'étoit pas encore devenu une marque absolument distinctive de l'autorité, & qu'il étoit éloigné d'être comme aujourd'hui, uniquement consacré à la Royauté.

Quelque général que cet usage ait été dans l'ancienne Grece, un Artiste pourra toujours exprimer facilement, par le caractere de la Figure & la façon dont elle porte un bâton, le besoin ou l'autorité ;

* Ces exemples sont si fréquens dans Homére, qu'il est inutile de les distinguer par citations.

SUR LE COSTUME.

ainſi le Sceptre ne peut cauſer aucune difficulté pour la Peinture, ſur-tout après les autorités ſur leſquelles je vais appuyer mon ſentiment.

Il n'exiſte point aujourd'hui de monumens du tems d'Homére ; mais les Arts ont une tradition ſouvent facile à démêler : c'eſt une reſſource dont il ne faut point abuſer.

Le Sceptre de ces premiers tems doit être repréſenté, lorſqu'il eſt dans les mains d'une Figure dominante, par une haſte, autrement une pique, ou grand bâton avec des moulures rondes à ſon extrémité ſupérieure ; & telles qu'on les voit ſur pluſieurs bas-reliefs antiques ; car les corps d'une pareille legéreté n'ont pû réſiſter à l'injure du tems dans les figures de rondes-boſſes. On voit encore ce genre de Sceptre plus diſtinctement & plus fréquemment ſur les pierres gravées en creux, principalement dans les repréſentations des grands Dieux, & sur-tout dans celles de Jupiter. Le dessein fidèle du Jupiter Stator, planche VII. du Cabinet du Roi, suffit pour en donner une idée nette & distincte. Cette Haste, selon le nom que les Modernes ont donné dans la suite à ce bâton, avoit donc conservé son origine, & n'étoit pas toujours armée comme elle le doit être sans doute dans les mains de Mars, de Minerve, de Pallas, de Bellone, des Héros, des Rois, des Dieux mêmes, lorsqu'ils paroissoient couverts de leurs autres Armes : c'est une distinction à laquelle il faut être attentif, non-seulement pour observer le Costume, mais pour caractériser l'action que l'on veut représenter, la Haste simple ou armée, pouvant servir à indiquer le repos & l'autorité, ou la colere & la punition.

Le Sceptre, tel que nous le connoissons aujourd'hui, a donc tiré son origine des premiers & simples témoignages de l'autorité.

Cependant l'antiquité la plus reculée nous donne des preuves de la varieté de leurs formes ; elle nous affure qu'on les a tenus quelquefois plus courts, apparemment pour une plus grande commodité ; & c'est, je crois, pour cette raison que la baguette de Mercure, & celle qu'on a donnée quelquefois à Iris, également meffagere des Dieux, nous préfentent une véritable image du Sceptre tenu dans une longueur médiocre.

On voit par l'exemple de cet ornement qu'il y a des idées qui n'ont jamais été perdues dans le monde, & qui ont été fucceffivement tranfmifes d'âge en âge. Après avoir vu le Sceptre fimple & commun dans les premier tems de la Grece, nous voyons que les Empereurs d'Orient, dans les fiécles que nous appellons le bas Empire, en ont abufé ; ils ont couronné cette Hafte d'une Figurine repréfentant la Ville de Rome, ou quelqu'autre Divinité : de-là font venus les Sceptres gothiques & plus courts de la premiere race de nos Rois & de tous les anciens Princes de l'Europe ; cet ufage s'eft même étendu jufqu'à quelques dignités Eccléfiaftiques. Le Sceptre a donc laiffé des traces fi bien établies, qu'il eft à croire qu'elles ne s'effaceront jamais.

Des Hérauts.

Les Hérauts n'ont été repréfentés par aucun Peintre moderne ; du moins je ne me fouviens point d'en avoir vu dans aucune de leurs productions peintes ou deffinées. Je ne fuis point étonné de cette efpece de filence ; les monumens anciens ne nous préfentent rien qui puiffe nous éclaircir fur ce point, & les Auteurs de l'antiquité, Hiftoriens ou Poëtes, n'ont point décrit les habillemens des Hérauts:

SUR LE COSTUME. lv

cependant ils devoient en avoir un qui les diftinguât parfaitement, pour exécuter les fonctions de différente efpece dont ils étoient chargés. La variété de leurs emplois m'a engagé à réunir le plus grand nombre des paffages de l'Iliade & de l'Odyffée, dans lefquels Homére fait mention de cette efpece de Miniftres : je crois qu'il eft avantageux aux Artiftes de leur préfenter la différence de leurs commiffions & de leurs emplois, pour les engager à varier le caractere qu'ils feront obligés de leur donner, & les mettre en état de les exécuter avec cette vérité que l'Art reçoit d'une idée nette; car on ne doit qu'au hazard les repréfentations juftes de ce que l'efprit ne conçoit qu'avec obfcurité.

Voici les paffages d'Homére fur les fonctions des Hérauts.

Nous voyons le Héraut des Troyens introduit dans le Confeil des Grecs, & de- *Iliade, Liv. VII.*

mander la tréve pour enterrer les morts.

Iliade, Liv. VII. — Les Hérauts séparent Hector & Ajax, quelqu'acharnés qu'ils pussent être au combat.

Iliade, Liv. XXIII. — Les deux Combattans pour les Armes de Sarpédon, sont séparés par un Héraut dans les jeux funéraires.

Odyssée, Liv. XX. — Les Victimes sont conduites par les Hérauts dans une Assemblée du peuple d'Ithaque.

Iliade, Bouclier XVIII. — Les Hérauts portent les Sceptres des Juges pendant qu'ils décident d'une affaire, & sont debout.

Idem. — Ces mêmes Hérauts font ranger le peuple.

Voilà six exemples dans lesquels ces hommes font des fonctions publiques, & qui regardent l'Etat.

Les Rois ont des Hérauts particuliers, dont le pouvoir & l'autorité ont été fort étendus.

Iliade, Liv. I. — Les Hérauts d'Agamemnon vont cher-

SUR LE COSTUME. lvij

cher Bryſeïs dans la Tente d'Achille ; ce Héros eſt ſoumis ; cet homme ſi colere obéit par la ſeule raiſon que des Hérauts ſont chargés de l'exécution de ces ordres.

Les Hérauts d'Agamemnon marchent devant Ulyſſe & les autres Députés qui portent des préſens à Achille ; ils pouvoient être envoyés autant pour garantir les Députés d'inſulte & leur ſervir de ſauvegarde, que pour augmenter la pompe & la ſolemnité de la marche & de la députation. Iliade ; Liv. IX.

Priam ſe fait accompagner chez Achille pour demander le corps de ſon fils, par ſon Héraut, apparemment dans la même vue de ſauve-garde. D'un autre côté, ce Prince n'avoit aucun autre homme pour le ſervir ; il le ſert en effet ; c'étoit donc un Valet ? Nous ne voyons pas qu'Ulyſſe, dans ſa petite troupe, eût embarqué de Héraut ; cependant lorſqu'il revient à la porte du Palais d'Eole, en Iliade, Liv. XXIV.

Odyſſée, Liv. X.

posture de suppliant, il est accompagné d'un Héraut : les Rois avoient donc le droit de les créer eux-mêmes.

Odyssée, Liv. XIII. Quand Alcinous reconduit Ulysse, il est précédé par un Héraut ; c'étoit vraisemblablement par grandeur ou par vanité.

Cependant il ne paroît pas que les Rois eussent ces Hérauts en conséquence de leur dignité ; car après avoir vû ces Hérauts comme des hommes publics & avoués des Princes, ils vont paroître sous une forme moins relevée dans leurs emplois.

Odyssée, Liv. IV. Deux Hérauts de Ménélas portent des flambeaux devant Télémaque lorsqu'il se retire après le soupé ; ce pouvoit être pour lui faire honneur.

Odyssée, Liv. IV. Homere nous présente un Héraut debout devant Pénelope évanouie, sans aucune fonction que celle d'un domestique.

Si l'on ne trouve pas cet exemple assez

SUR LE COSTUME. lix

frappant pour en tirer une pareille conféquence, Alcinous envoie plus d'une fois un Héraut, non-feulement chercher le Chantre Demodocus, mais il le conduit & l'améne. Ce n'eft pas tout, des jeunes Hommes & des Hérauts fervent à table les Pourfuivans; & le dîné des Moiffonneurs, dans le Bouclier d'Achille, eft préparé par des Femmes & des Hérauts. Odyffée, Liv. VII.
Iliade, Liv. XVIII.

Enfin, pour prouver combien l'emploi de Héraut étoit commun dans la Grece, tous les Princes des Phéaciens, ce qui ne veut dire ici que les principaux de ce Peuple, envoient porter leurs préfens à Ulyffe par leurs Hérauts. Odyffée, Liv. I.
Odyffée, Liv. IV.

Cette énumération fuffit pour donner une idée de tous les ufages auxquels on employoit les hommes revêtus de cet emploi, & pour faire fentir que la façon dont on doit les traiter dans la Peinture, dépend du perfonnage qui les met en fonction, & du rôle qu'on leur fait faire, ce qui doit néceffairement apporter des différences dans leur maintien ; mais le plus grand embarras, vient de l'ignorance où nous fommes fur leur habillement. Plus leurs fonctions préfentent de varietés, & moins on peut douter que ces hommes ne fuffent caractérifés & fenfiblement reconnoiffables. Quoi qu'il en foit, il faut abfolument retrouver ce genre d'habillement ; il en eft trop fouvent fait mention dans Homere, pour le pouvoir éviter. Voici ce qui me paroît de plus plaufible à cet égard ; je ne fuis même arrivé à cette conjecture que par les détails de leurs fonctions.

Les Hérauts ne fe battoient point, ils étoient toujours refpectés, même par les Ennemis dans toutes les commiffions dont ils étoient chargés ; ainfi je ne les armerois en aucune façon, & je le ferois d'autant moins, qu'Homere ne parle jamais de leurs Armes. C'eft donc dans ce

SUR LE COSTUME. lxj

que les Poëtes nous ont dit de Jupiter, que j'ai cru devoir chercher quelques idées fur les habillemens des Hérauts.

Il est constant que Mercure faisoit les fonctions de Héraut auprès du Monarque des Dieux ; comme Divinité, on a seulement ajoûté des aîles à son chapeau, des talonnieres à ses pieds, & des serpens à son Sceptre, qu'on a nommé depuis Caducée, parce que dans la suite des tems il est devenu symbolique. Si l'on retranche ces attributs à la figure de Mercure, il représentera un Héraut ; c'est-à-dire, que le Chapeau sur sa tête, & dans sa main la Baguette, la Haste, ou bien enfin le Sceptre raccourci, feront l'habillement qui doit caractériser cette espece d'hommes dans tous les endroits où, pour suivre les Poëtes, on sera obligé de les représenter. Du reste, le Héraut que je propose aura, si l'on veut, des brodequins, quoiqu'il fut possible de s'en difpenser, & une Tunique courte, plus ou moins ornée & brodée selon la grandeur & l'état du personnage auquel il appartient, ou qui le met en fonction.

J'ajoûterois une ceinture à ses autres vêtemens; elle me paroît utile & nécessaire à un homme souvent chargé de commission qui ne souffroient point de retardement. Je crois encore que l'éloquence attribuée à Mercure, peut entrer dans les rapports que je lui trouve avec les Hérauts. Ils étoient chargés quelquefois de commissions délicates, où le bien dire & l'art de persuader n'étoient pas inutiles : les commodités, de ce Dieu, sa facilité sur le bien d'autrui, pourroient encore entrer en comparaison. On reprocheroit peut-être ces inconvéniens à des hommes chargés de tant de différens emplois, & dont il leur étoit facile d'abuser dans un tems où les lumiéres n'étoient pas assez générales pour se garantir de ceux qui vouloient mefufer de la confiance, ou plutôt du refpect qu'on étoit dans l'habitude de leur porter. A la vérité, ces Officiers, dont les fonctions étoient fi variées, reffembloient affez à nos Coureurs, & le plus fouvent leurs emplois étoient pareils.

Ils n'avoient point de Sceptre qui leur fût particulier; on voit même qu'ils portoient celui de leurs Maîtres dans quelques-unes de leurs fonctions; ce qui fervoit à les diftinguer, & leur attirer le refpect dû à celui qui les envoyoit: mais le Sceptre dans fa proportion naturelle, ou premiere, étant d'une longueur trop embarraffante pour les différentes commiffions dont ils étoient chargés, devoit être plus ordinairement raccourci, comme on l'a vû dans l'article précédent *;

* Je crois volontiers que cet ufage s'eft tranfmis jufqu'à nous, & que les Baguettes de nos Exempts, aufquelles tout eft foumis, & les Verges de nos Huiffiers, pour lefquelles on a du refpect, tirent leur origine de ces Sceptres raccour-

il pouvoit porter également la marque du Maître, mais d'une façon très-difficile à expliquer aujourd'hui, & parfaitement inutile aux Artiſtes.

Juſqu'à ce qu'on ait trouvé une maniére plus convenable d'habiller & de repréſenter les Hérauts, je propoſe celle que j'ai tirée de Mercure. La Peinture ne ſçauroit ſe diſpenſer d'en adopter une pour exécuter les Tableaux des anciens Poëmes; j'eſpere que celle-ci paroîtra d'autant plus ſuffiſante, qu'elle me ſemble la plus convenable & la moins oppoſée aux récits d'Homere.

Des Portiques.

Ce que je puis concevoir des Portiques, ſous leſquels on couchoit les Hôtes les plus conſidérés dans les premiers tems de la Grece, différe abſolument de

---

cis; on ne peut nier du moins la vraiſemblance de cette conjecture.

ce que nous entendons aujourd'hui par le nom de Portique ; il eſt même conſtant qu'il ne répond point à l'idée qu'il ſignifioit le plus généralement chez les Grecs dans les ſiécles poſtérieurs à celui d'Homere, & qu'il s'éloigne encore plus de ce qu'il vouloit dire chez les Romains ; on voit même qu'il s'étoit étendu, & qu'il avoit acquis différentes ſignifications dans le tems dela ſplendeur de ces derniers. Un Portique, ſelon Vitruve, & ſelon les autres Auteurs que l'on a le plus fréquemment devant les yeux, eſt quelquefois un Porche, une Porte d'entrée ſoutenue par des colomnes : d'autres fois c'eſt un avant-corps, ſouvent pris pour un Veſtibule ; c'étoit encore un aſſemblage de pluſieurs portions ceintrées formant une galerie, & dont les portions circulaires, ou portes, étoient percées à jour, au moins ſur une des plus longues faces du bâtiment. L'Hiſtoire ancienne nous en fournit plusieurs exemples ; & le nom seul du Portique d'Athenes, nommé Portique par excellence, éleve l'esprit, & rappelle une foule de grandes idées.

Je ne puis m'empêcher de dire ici, par une digression qui doit être permise, que si un Artiste se trouve obligé de représenter ce genre de bâtiment dans quelque composition de l'Histoire Grecque, c'est alors qu'il doit employer tout ce que l'Architecture a de plus pur & de plus élégant : cette attention seroit encore plus nécessaire, si le sujet intéressoit la Ville d'Athenes, que Phidias rendit si belle & si magnifique sous les ordres de Périclès.

Il est donc prouvé que ces beaux ornemens, ces belles dispositions, ces chefs-d'œuvres de l'Art & des proportions, ne sont point ce qu'Homere nous fait entendre lorsqu'il parle de Portique : malheureusement il ne fait mention des logemens qu'il désigne par ce nom, que comme on fait d'un objet connu, & dont l'usage est ordinaire; on le nomme simplement sans entrer dans aucun détail; on croiroit ennuyer un Lecteur contemporain en décrivant ce qu'il connoît. Le soin de réunir un grand nombre des plus communes définitions, dont le détail ne pourroit qu'appesantir un Auteur, est peut-être le plus grand & le seul avantage des Dictionnaires dont nous sommes inondés.

Cet exposé suffit pour faire sentir les fausses idées que le mot de Portique pourroit donner aux Artistes.

Après avoir fait toutes les réflexions dont je suis capable, je crois que ces Portiques étoient, selon Homere, des chambres destinées pour les Hôtes dans le Palais des Princes, des Chefs de République & autres grands Seigneurs; j'ajoûterai qu'elles paroissent toujours avoir été placées dans la cour, sans être jointes au corps du bâtiment, mais appuyées contre

OBSERVATIONS

la porte principale. Des raiſons de commodités particuliéres, ou de témoignages de confiance, peuvent avoir été l'origine de cet emplacement, dont on ne peut aujourd'hui deviner les raiſons; nous devons en être d'autant moins ſurpris, que nous ignorons la ſource & la cauſe des noms du plus grand nombre de nos uſages les plus communs.

Il paroît encore que ces Portiques, ou ces chambres des Anciens, n'étoient point couverts; ce défaut de conſtruction à nos yeux, n'en étoit point un pour le pays où on les pratiquoit. Le climat de la Grece & de l'Aſie loin de s'y oppoſer, le permettoit à des hommes qui ne connoiſſoient point encore toutes les délicateſſes du luxe. Je pourrois cependant ajoûter que par une eſpece de luxe, ces logemens étoient ordinairement tournés vers le Nord; les Vers d'Horace engagent à le croire.

SUR LE COSTUME. lxix

Nulla decempedis
Metata privatis opacam
Porticus excipiebat Arcton.
Liv. II. Ode XII.

Alors les simples particuliers n'avoient pas dans leurs maisons de vastes Portiques, ou Galeries, exposés au vent du Nord, & mesurés avec des perches de dix pieds.

Je ne prétends point tirer une preuve complette de ce passage d'Horace, mais il sert du moins à nous assurer de la source & de l'origine de ces bâtimens, dont il fait la critique à l'égard des simples particuliers de son tems ; on sçait d'ailleurs combien les Romains ont copié tous les usages des Grecs ; & la particularité physique du vent de Nord, moins nécessaire encore en Italie, fortifie la conjecture, & prouve au moins que cet usage transmis d'une Nation à l'autre n'a point été interrompu, & laisse appercevoir des traces de son origine, malgré l'intervalle des tems.

Ces idées sur ce genre de bâtiment, me semblent confirmées par la baraque ou la maison de planches, construite par les soldats d'Achille pour loger plus commodément leur Prince : il est à présumer qu'elle étoit distribuée, en général, dans le goût d'une maison qu'il auroit habi-

Iliade, Liv. XXIV. tée. Homere nous dit que Priam, suivi du Héraut Idée, alla dans le Camp des Grecs demander le corps de son Fils, on les fit coucher l'un & l'autre sous le Portique, après leur avoir accordé l'asile mérité par la soumission de ce pere affligé, & par la présence du Héraut. Il paroît qu'on les conduit du côté de la porte en les éloignant du corps de logis; car cette baraque avoit une cour formée par des

Liv. XX. pieux. Dans un autre endroit de l'Odyssée, Homere dit qu'Ulysse se coucha sous le Vestibule ; ce fait indique, ce me semble, une même chose que le Portique, & me paroît d'autant plus confirmer mon sentiment, que le Vestibule a toujours été entendu d'une piéce précédente celles de la maison.

Ces sortes d'observations ne sont point indifférentes pour les Artistes. Quand on a une idée juste de ce que l'on représente, la plus médiocre partie introduite dans une composition, parle favorablement à l'esprit de l'homme sçavant ; elle éclaire celui de l'ignorant. Ce dernier croit souvent avoir trouvé une critique à placer ; & la honte qu'il retire d'une décision hazardée, ne le corrige peut-être pas tout-à-fait, mais au moins elle le rend plus timide & plus réservé.

Du Foyer.

Le Foyer étoit un asile inviolable chez les Anciens. On ne doit pas douter que le culte du feu, établi dans les tems les plus reculés, n'ait été le principe de cette vénération. On voit dans la vie de lxxij OBSERVATIONS

Plut. trad. de Dacier.

Numa, plusieurs siécles après la prise de Troye, » que ce Roi fit le Temple de » Vesta tout rond pour y garder le feu » sacré, voulant représenter par-là, non » pas la figure de la terre, comme si c'é- » toit Vesta, mais celle de l'Univers, au » milieu duquel les Pythagoriens placent » le feu qu'ils appellent *Vesta* & *Unité*.

Denys d'Halicarnasse & plusieurs autres, ont rapporté des exemples de l'asile obtenu par le Foyer. Ceux que Plutarque nous a conservés dans les vies de Thémistocle & de Coriolan, doivent suffire ici; ils sont modernes à l'égard d'Homere, mais ils prouvent la continuité de cet usage, & nous donnent encore de plus grands détails, mais toujours dans le même esprit.

» Thémistocle banni d'Athenes, par » l'Ostracisme, se rendit suppliant d'Ad- » mette Roi des Molosses, & d'une ma- » niére singuliére & fort extraordinaire; » car prenant entre ses bras le fils du Roi,

SUR LE COSTUME. lxxiij

» il s'affit au milieu de fon Foyer entre fes
» Dieux domeftiques. Les Moloffes efti-
» ment cette forte de fupplication, la plus
» grande & la feule qu'on ne fçauroit pref-
» que rejetter.

» Coriolan banni de Rome, s'étant dé-
» guifé vint à Antium chez les Volfques,
» *entra*, comme Ulyffe, *dans la Ville des* Odyffée,
» *Ennemis*; c'étoit fur le foir. Il trouva Liv. IV.
» beaucoup de gens dans les rues, & per-
» fonne ne le reconnut; il alla tout droit
» à la maifon de Tullus fans être vu, &
» alla s'affeoir auprès du Foyer dans un
» grand filence; & s'étant couvert la tête,
» il demeura là fans remuer & fans dire
» une feule parole. Les gens de la maifon
» en furent fort étonnés; ils n'oferent
» pourtant le faire fortir, car fon habit &
» fon filence lui donnoient une forte de
» majefté qui le rendoit refpectable;
» mais ils allerent annoncer cette furpre-
» nante avanture à Tullus qui foupoit.

» Coriolan en se faisant connoître à Tul-
» lus, lui dit : je suis venu m'humilier à
» ton Foyer & me rendre ton suppliant,
» non pas tant pour être en sûreté & me
» sauver la vie, mais pour me venger des
» Romains ; & c'est déja m'en venger que
» de te rendre maître de ma personne, &c.

Après ces deux exemples, je reviens à Homere. La façon dont Ulysse paroît chez Alcinous, est une preuve de l'asile qu'on obtenoit par le Foyer. La Peinture ne doit point négliger des usages aussi marqués. Nos Peintres, petits maîtres, tourneront facilement en ridicule cette façon de demander asile : cependant, malgré l'attitude basse & ignoble qu'elle exige nécessairement, ils doivent convenir qu'un Prince qui se soumet à une pareille démonstration, ajoûte certainement à l'impression que doivent causer & le fait en lui-même & la situation dans laquelle il se trouve. Il est vrai que nos mœurs s'op-

Odyssée, Liv. VII.

posent à une semblable pratique ; mais loin d'en éviter la représentation, je crois qu'on devroit la rechercher, non-seulement comme une opposition morale du bonheur au malheur, & comme un contraste assuré par l'Art, mais pour en retracer l'usage & le remettre sous les yeux des modernes. On ne doit point oublier combien la Peinture instruit les gens du monde ; elle rappelle les idées de ceux qui ont lû ; elle fixe celles des gens frivoles, & sa morale est encore plus frappante que celle de l'Apologue.

Le Foyer me conduit à une réflexion qui peut indiquer des moyens plus étendus pour obtenir l'asile qu'il procuroit : Je crois donc que le Foyer étoit le plus souvent une façon de parler métaphorique, & qui vraisemblablement renfermoit plusieurs parties de la maison. Les Anciens ne faisoient point assez de feu pour rendre constant le Foyer proprement dit ; le climat du pays qu'ils habitoient ne l'exigeoit point. Ulyſſe arrive chez Alcinous, vraiſemblablement en hyver ; cependant le feu n'étoit placé que ſur des braſiers ; & je crois avoir eu raiſon de dire, dans le cours de cette ſuite de Tableaux, que le foyer habituel d'une maiſon, celui dont la néceſſité étoit indiſpenſable pour tous les uſages domeſtiques, étoit élevé & poſé au milieu de la piéce qui lui étoit conſacrée ; ce qui revient à l'idée de Numa, pour la conſtruction du Temple de Veſta à Rome. Mais comme on ſe trompe peu en ſuivant l'analogie des idées, on pourroit en conclure que cette piéce de la maiſon étoit ronde chez les Grecs ; & ſuivant ce qu'on vient de dire dans l'article qui regarde Thémiſtocle, on peut ajoûter que les Dieux tutélaires étoient placés autour de ce Foyer, ce qui le rendoit encore plus recommandable. La métaphore des Foyers embraſfés que nous voyons conftamment employée, devient plus vraifemblable par la réunion de ces idées ; quoiqu'il fut véritable auffi que la protection demandée & & l'extrême foumiffion, qui de tout tems a defarmé les hommes les plus féroces, fuffifoit, ce me femble, pour accorder un afile inviolable, même au plus grand ennemi. Un autre exemple tiré d'Homere, autorife ce que j'avance, & peut faire regarder le Foyer comme une métaphore. Ulyffe revenant chez Eole pour obtenir de nouvelles graces, & témoigner le repentir de fa négligence, n'embraffa point le Foyer ; il fe contenta d'être en pofture de fuppliant, affis fur le feuil de la porte.

Voilà donc un peu plus d'étendue & un peu de varieté, dont la Peinture peut profiter pour caractérifer la demande de cet afile.

OBSERVATIONS

Des Chars.

Les Grecs & les Romains ont donné des noms à leurs voitures, felon l'ufage auquel elles étoient deftinées; ces noms mêmes nous ont été confervés dans les deux Langues grecque & latine. Leur nombre eft affez étendu pour mériter une differtation particuliere; mais fans entrer dans un détail fort inutile ici, Homere ne fait mention que des Chars à quatre roues & des Chars de guerre, ou de ceux que montoient les Divinités de l'Olympe; & perfonne n'ignore que le genre de ces derniers n'avoient que deux roues.

Je crois devoir communiquer quelques réflexions fur les uns & fur les autres, pour lever les doutes que les fimples récits pourroient laiffer aux Artiftes. La partie du devant, c'eft-à-dire, celle qui étoit le plus près de la croupe des chevaux, étoit la plus élevée; cette face étoit haute d'environ trois pieds ; & après s'être soutenue à cette hauteur jusqu'à l'aplomb de l'essieu, elle venoit à rien jusqu'à l'extrémité du Char, qui avoit presqu'autant d'ouverture que de largeur. On entroit donc par derriere dans les Chars de guerre & de course ; car ils n'avoient aucune différence entr'eux. L'utilité dont ils étoient alors dans les batailles, a fait naître les courses ; ils étoient le plus grand ornement de ces jeux, & ces courses étoient regardées en premier lieu comme un moyen d'entretenir une adresse dont l'objet étoit important ; mais elles dégénérerent ensuite dans une gloire & une vanité frivole & inutile.

Ces Chars arrêtés sur leurs essieux, mais d'une façon mobile, n'étoient dans une position constante que quand ils étoient attelés, & ne laissoient que quelques pouces de distance entre le terrain & leur extrémité, ce qui rendoit leur entrée &

leur sortie très-facile. Cette position se conçoit aisément, si l'on pense que les roues n'ayant que deux pieds ou environ de diamètre, l'essieu n'en avoit qu'un d'élévation ; tandis que le col des chevaux, auquel le joug qui portoit les traits se trouvoit attaché, étoit au moins trois fois plus élevé, & le plan du Char se trouvoit par conséquent fort incliné. Cependant le Char étoit d'autant plus fixé dans cette position qui paroît chancelante, que ces voitures n'ayant point de timon, les traits devoient être courts & fort égaux ; & par la même raison, il étoit nécessaire que la hauteur des chevaux fût absolument pareille. Les Anciens aimoient la solidité ; ils sçavoient qu'elle est rarement alliée avec le composé : la rapidité de leurs courses & l'ardeur de leurs mouvemens, exigeoient que chaque partie ne fût point aisée à déranger ; aussi nous ne voyons point qu'ils fissent usage des Paloniers.

SUR LE COSTUME. lxxxj

niers. Les traits de leurs chevaux étoient, comme nous le prouvent plusieurs bas-reliefs grecs, immédiatement attachés au corps du Char, souvent même à l'essieu; c'est-à-dire, pour les chevaux qui se trouvoient les derniers de la droite & de la gauche, absolument en ligne directe dans les Chars dont l'usage étoit le plus ordinaire. Les moyens d'atteler & d'arranger les traits dans la plus grande perfection, c'est-à-dire, l'attention que les Anciens étoient obligés d'y apporter; ces moyens, dis-je, sont inutiles aux Artistes; mais ils seroient faciles à mettre en expérience pour en écrire avec l'ordre & la précision convenables.

Ces Chars avoient dans leur intérieur un siége fixe, & par-dessus lequel l'Ecuyer & le Combattant devoient nécessairement passer pour se placer sur le devant, à moins que ce siége ne se levât & ne se baissât à volonté par le moyen d'un ou de plusieurs couplets, ce qui même est très-vraisemblable. Ce siége leur donnoit non-seulement une sorte d'appui lorsqu'ils étoient debout dans le combat ou dans la course, mais il servoit à les reposer dans les intervalles dont ils pouvoient profiter. Au reste, cette commodité n'est point une conjecture établie sur une raison de vraisemblance ou de nécessité. Homere nous apprend que dans le combat d'Enée contre Dioméde, le fils de Capanée, l'Ecuyer de ce dernier, arrêta les guides de ses chevaux à son siége, pour descendre & se rendre maître du Char & des chevaux d'Enée. [Iliade, Liv. V.]

Le Char de Minerve est décrit par Homere comme relevé en demi-cercle par derriere, ce qui le rend absolument opposé à ceux dont je viens de parler, en même tems qu'il est plus conforme à l'idée que nous avons de ces sortes de voitures, ou pour mieux dire à notre usage. [Iliade, Liv. V.]

SUR LE COSTUME. lxxxiij

Je conviens que ce Char est le seul auquel Homere attribue cette particularité ; mais enfin, cet exemple peut autoriser les Artistes à les traiter quand ils en auront besoin, équilibrés en sens contraire sur leurs essieux, c'est-à-dire, le plan beaucoup moins incliné, mais ouverts par le devant & fermés par le derriere ; bien entendu cependant que le texte pourra leur en donner la facilité. Je suis fort trompé, si en suivant Homere on peut donner cette forme à d'autres Chars qu'à ceux des Dieux & des Déesses ; car ils n'étoient, en quelque façon, destinés ni pour la course ni pour le combat ; par conséquent ceux de Mars, de Minerve, de Bellone, ne peuvent jamais être présentés sous une pareille forme.

Le Char à quatre roues conduit par le Héraut Idée, & qui accompagne celui de Priam lorsque ce Roi va trouver Achille, ne peut être regardé comme un

Iliade Liv. XXIV.

Char de guerre ; c'est un chariot ; c'est une voiture destinée à l'usage domestique ; Priam ne la monte point, il l'accompagne ; elle sert à rapporter le corps d'Hector. Auparavant elle avoit été chargée de présens. D'ailleurs, elle est tirée par des mulets, animaux de service & de résistance pour la fatigue. Le Char également à quatre roues, dont se sert Nausicaa, fille d'Alcinous, étoit aussi traîné par des mulets. Tout ce que cette voiture contenoit, donne même une idée plus étendue de sa grandeur, & pourroit la faire regarder comme une voiture encore plus commune qu'un chariot, & prouve clairement l'usage auquel elle étoit destinée. Je finis cet article par une remarque intéressante pour les Chars ; elle peut servir à l'intelligence de quelques passages d'Homere, & sur-tout à une action rapportée dans le Livre V. Tableau XI. Elle nous apprend que Minerve attele elle-

Odyssée, Liv. VI.

même son Char, & qu'Hebé remet les roues. Il est aisé d'en conclure que les Grecs étoient dans l'habitude d'ôter les roues lorsque leurs Chars étoient sous les remises ; ils prenoient cette précaution dans le dessein de les conserver, & peut-être pour engager ceux qui étoient chargés de leur entretien, à les visiter avec plus d'attention lorsqu'ils avoient dessein de s'en servir, & à examiner principalement l'essieu dont le bon état leur étoit d'une très-grande importance.

Des Vaisseaux.

Il seroit nécessaire de construire un Vaisseau dans la forme de ceux qui ont servi aux Grecs du tems de la guerre de Troye : la dépense ne seroit pas considérable, quand même on exécuteroit ce bâtiment de la grandeur qu'on peut lui attribuer avec quelque vraisemblance. Ce modèle nous feroit aisément retrouver la disposition & l'arrangement de l'intérieur de ces Vaisseaux, soit pour le combat, soit pour la navigation.

Nous sommes déja certains qu'ils étoient plats, qu'ils tiroient peu d'eau, & qu'ils ne pouvoient porter beaucoup de provisions : cette certitude est fondée sur ce qu'ils étoient aisément mis à sec, & qu'ils suivoient les côtes autant qu'il leur étoit possible ; enfin sur les exemples fréquens que nous donne l'Odyssée de leurs descentes, dont le principal objet étoit le desir nécessaire de s'emparer des troupeaux, & de chercher des vivres.

Sans le modèle que je propose, on ne peut convenir du plus grand nombre de leurs manœuvres ; il est encore plus difficile de les expliquer clairement. Ces recherches sont en quelque façon inutiles aux Artistes ; cependant lorsque les moyens sont connus, l'exécution devient plus facile & plus élégante. Je succomberai peut-être au desir que j'ai eu plus d'une fois de faire exécuter un de ces bâtimens, au moins dans des proportions réduites & considérablement diminuées. En attendant ce genre d'éclaircissement le plus constant de tous, le passage de Thucydide me paroît le plus précis de ceux qui nous sont parvenus ; mais comme il laisse à desirer par les doutes qu'il jette sur les autorités, je crois qu'il est nécessaire de le discuter ; ce que je vais faire le plus briévement qu'il me sera possible.

Thucydide dit donc » qu'Homere fait » monter l'armée des Grecs, qui fit le sié- » ge de Troye, à douze cens voiles, dont » les Galeres de Beotie étoient de cent » vingt hommes chacune, & celles de Phi- » loctete de cinquante. Ce qu'il donne, » à mon avis (continue Thucydide) pour » modéle des plus grandes & des plus pe- » tites, parce qu'il ne fait pas mention » des autres dans le dénombrement des

Liv. Ier. Tradit. de Perrot d'Ablancourt.

" Vaisseaux, il fait voir aussi que dans
" ceux de Philoctete, chaque soldat ti-
" roit à la rame ; car il dit que les Ra-
" meurs étoient tous Archers, & il n'y
" a point d'apparence qu'il y eût d'autres
" gens que ceux-là sur les Navires, si ce
" n'étoit sur ceux des Princes & des prin-
" cipaux Officiers de l'armée : ajoûtez à
" cela qu'ils passoient avec leurs bagages
" & leurs armes, & que leurs Galeres n'a-
" voient point de tillac, mais étoient fai-
" tes comme de simples bateaux ; ce qui
" se pratique encore par les Pirates pour
" n'être pas sitôt découvertes, &c.

Thucydide rapporte ce témoignage
d'après Homere ; mais il dit qu'en qualité
de Poëte, il ne laisse peut-être pas d'en-
chérir sur la vérité. Je ne profiterai point
de cette critique pour réduire la grandeur des Vaisseaux grecs, & les représenter comme il est assez vraisemblable
de les croire ; sans m'arrêter aux Galeres

SUR LE COSTUME. lxxxix

de Béotie, j'avouerai que je ne puis accorder aux Vaisseaux d'Ulysse, plus de grandeur qu'à ceux de Philoctete, ni me persuader qu'ils aient été montés de plus de 50 hommes. L'Isle d'Ithaque a toujours été d'une étendue très-médiocre ; elle auroit été sans doute épuisée après avoir fourni un assez grand nombre de troupes pour permettre à Ulysse de s'embarquer avec 600 hommes sur ses douze Vaisseaux, après une guerre de dix ans. D'un autre côté, ce Prince à son retour trouva son pays peuplé. Eumée & Télémaque ne disent rien qui ait rapport à cette dévastation ; les poursuivans même acharnés à décrier Ulysse, ne lui en font aucun reproche. Lorsque ce Roi quitta la côte des Lestrigons & alla avec un seul Vaisseau découvrir la Sicile, en s'avançant dans les terres vers la caverne de Polyphéme, il ne se fit accompagner que de douze hommes ; le nombre de ses sol-

Odyssée, Liv. IX.

dats qu'il laiffa pour garder fon Vaiffeau n'étoit probablement pas trois fois plus grand que le nombre de ceux qui l'accompagnoient ; ce qui doit avoir été néceffairement, fi le Vaiffeau d'Ulyffe, fans doute le plus confidérable de fa flotte, a été pareil en grandeur à ceux de Philoctete. Homere fait mention de cette garde laiffée dans le Vaiffeau fans déterminer le nombre des foldats qui la compofoient ; il décrit les ordres qu'Ulyffe leur donne en partant, & fur-tout la joie qu'ils témoignerent à fon retour, & les pleurs qu'ils verferent fur la mort de ceux de leurs compagnons que le cyclope avoit dévorés.

Quoi qu'il en foit, on pourroit croire que le nombre de 50 hommes fur chaque Vaiffeau, fut une exagération ; mais ne pouvant préfenter que des doutes, ou des vraifemblances fur l'objet en queftion, le defir de concilier la plupart des préjugés reçus, & la nécessité de parler d'un point qui paroît avoir plus de solidité, m'ont déterminé à suivre Thucydide, & m'ont fait adopter la proportion des Vaisseaux de Philoctete : je ne m'en écarterai point dans le détail suivant.

Tous les hommes de ces équipages étoient à la fois soldats & matelots. Cependant il ne faut pas les regarder comme occupés tous en même tems à la rame, il leur falloit quelque repos ; il étoit nécessaire qu'une partie fût destinée à la rame, tandis que l'autre étoit postée pour la défense du bâtiment, ou chargée de la manœuvre de la voile & du gouvernail. Il me paroît donc très-vraisemblable que sur de pareils Vaisseaux ou Galeres, il n'y avoit que dix rames, cinq de chaque côté, & qu'elles occupoient vingt hommes, deux sur chacune ; il n'en falloit pas moins pour faire marcher des bâtimens d'une aussi mauvaise construction.

Pendant que ces vingt hommes ramoient, les autres, dont le nombre ne pouvoit toujours être complet, fe repofoient, comme je l'ai dit, ou étoient employés différemment, fur-tout pour occuper les châteaux d'avant & d'arriere, qui s'élevant à la poupe & à la proue, faifoient toute la force & la magnificence des Vaiffeaux de ce tems.

On voit par ces conjectures, que je n'admets point la fuppofition de Thucydide, qui croit que ces Vaiffeaux n'avoient point de tillac, c'eft-à-dire, qu'ils étoient ce que nous appellons des bateaux plats. En effet, les Grecs ne font point repréfentés dans Homere comme Pirates; leur armée avoit toute la pompe dont les Vaiffeaux de guerre étoient fufceptibles; & l'on doit croire que les Princes qui la compofoient, avoient apporté toute leur attention à paroître puiffans & magnifiques aux yeux les uns des autres. Mais

SUR LE COSTUME. xciij
en revenant à des détails plus essentiels, & sans donner l'essor à l'imagination, dix rames doivent occuper un espace de dix ou douze pieds : la poupe & la proue en exigeoient chacune dix, mais par des saillies peut-être de cinq pieds chacune ; par conséquent la quille de ces bâtimens pouvoit n'avoir que 20 ou 22 pieds, tandis que leur largeur étoit de 11 ou de 12 au moins dans leur milieu ; ce qui s'accordera toujours avec la comparaison que j'ai faite ailleurs des plus grands Vaisseaux des Anciens aux chaloupes de nos Vaisseaux de guerre. Je dirai en passant que je croirois volontiers que les Grecs plaçoient dans l'intérieur du château d'avant, les chevaux du Char de leurs Princes, la seule cavalerie dont ils ayent fait usage dans la guerre de Troye.

Des Vaisseaux d'un pareil gabari devoient être très-lourds & très-difficiles à manier, soit à la rame, soit à la voile ; car ils n'avoient point du tout de chasse. Aussi nous voyons que malgré l'expérience de plusieurs siécles qui ont suivi ces premiers tems, les Anciens s'embarquoient avec une frayeur dont il est difficile de se persuader. La construction de leurs Vaisseaux étoit en effet très-dangereuse : élevés de l'avant & de l'arriere, disposition dont la poupe de nos Galeres rappelle le souvenir, plats comme ils l'étoient pour aborder par-tout, & pour être tirés à terre; leurs manœuvres devoient être très-difficiles & toujours dangereuses; mais leurs formes susceptibles d'ornemens, & telles que nous les présentent les médailles & les autres monumens, sont très-nécessaires à conserver dans une suite pareille à celle dont il s'agit. On peut en juger par les avantages que Jules-Romain & Polidor en ont tirés dans les belles compositions que j'ai citées plus haut. Au reste, il nous importe peu que ces bâtimens ayent été mauvais pour toutes les manœuvres ; des raisons de combat liées aux armes qu'on employoit alors, ont cependant perpétué l'usage de cette construction pendant plusieurs siécles ; aussi tout ce que j'ai dit des Vaisseaux dont Homere fait mention, regarde nécessairement tous ceux que l'on voit dans l'Eneïde. Si l'on me reproche d'augmenter le volume des Vaisseaux des Grecs, & de les tenir plus forts que Jules-Romain & le Primatice, &c. ne l'ont indiqué dans leurs Desseins : enfin, si l'on trouve que j'augmente par conséquent l'embarras des compositions, je répondrai qu'avant tout, l'Art doit imiter la Nature, & se conduire de façon à ne la jamais révolter. J'ajoûterai qu'il se trouve plusieurs occasions pareilles à celles des Vaisseaux, qui ne permettent aucune licence, & que la perspective & les adresses de l'Art sçavent représenter dans un médiocre espace, des corps dont le volume est plus considérable. En effet, nos Peintres représentent, ou du moins donnent l'idée de nos flottes sur des toiles d'une médiocre proportion. Les Vaisseaux des Anciens, peu considérables en eux-mêmes, & qui n'avoient qu'un mât, sont bien éloignés de pouvoir entrer en comparaison avec ceux qui nous servent aujourd'hui.

Avant que de finir cet article, je dois faire encore deux observations nécessaires pour l'objet de cet Ouvrage.

L'usage de porter les barbes ou de les raser, a été si varié qu'on ne peut rien décider à cet égard, du moins avec certitude. Homere n'ayant point éclairci cette difficulté, elle paroîtra inutile aux gens du monde; cependant comme elle n'est point indifférente pour les Artistes, je dois au moins dire le parti que je prendrois sur ce petit détail. La réunion de la barbe longue & de l'armure de tête,

produisent

produisent un très-mauvais effet. Je prendrois un milieu pour représenter les têtes de Guerriers dans les trois Poëmes qui font l'objet de cet Ouvrage; leurs barbes seroient courtes & coupées; ce seroit un moyen pour ne pas diminuer leur caractere, & pour en retirer l'avantage des oppositions, & par conséquent une plus grande justesse dans les compositions.

Quant à la maniere de traiter les principaux personnages, il n'est pas douteux que Paris ne doive être d'une beauté efféminée.

La figure d'Achille demande toute l'attention de l'Artiste; il doit avoir présent à l'esprit que ce Heros étoit très-jeune; c'est-à-dire, qu'il n'avoit au plus que 20 ans. Il est d'autant plus nécessaire d'exprimer sa beauté, que l'année qui précede le tems auquel on le représente, il étoit sous l'habillement de fille à la Cour de Lycomede, où l'on sçait qu'il avoit été élevé sans avoir quitté les parures de femme. Ce Heros étoit de la plus grande taille, supérieure sans doute à celle du reste de l'armée des Grecs. Toutes ces raisons m'engageroient à lui donner les proportions de l'Apollon du Vatican : il est vrai que je changerois le caractere du visage. Apollon ne présente dans cette belle statue, que les traits d'une noble & majestueuse assurance. Je représenterois Achille avec plus de fierté ; je prononcerois différemment quelques traits de son visage ; c'est-à-dire, que je rendrois le nez un peu aquilin, & que j'éleverois ses sourcils pour marquer son audace ; enfin j'étudierois les impressions que la colere laisse (même dans son repos) sur le visage d'un homme porté à cette passion. Car on sçait que la phisionomie n'est, généralement parlant, que le résultat d'une habitude, ou de la répétition des mouvemens de l'ame.

SUR LE COSTUME. xcix

Agamemnon doit être représenté à l'âge de 45 ans; son caractere est celui de la majesté, & si l'on veut de l'orgueil. Enfin pour exprimer convenablement son maintien, sa démarche & ses mouvemens, on doit penser à la vanité d'un Roi qui commande à plusieurs Rois.

Ulysse étoit à peu près du même âge qu'Agamemnon, c'est-à-dire, dans sa force, & les membres ayant acquis toute leur proportion : cependant je le tiendrois plus grand & plus nerveux. Les exemples de force & d'adresse qu'il donne en plusieurs endroits de l'Odyssée, rendent cette attention nécessaire; la ruse & la souplesse de son esprit engagent à le représenter avec les sourcils bas & le regard un peu en dessous, mais sans aucune charge; car l'Artiste doit d'autant plus appréhender de rendre sa phisionomie basse & ignoble, que dans les sujets d'Homere, la noblesse & la beauté sont la base géné-

g ij

rale de son imitation : il peint des Heros; Ulysse a toujours persuadé & jamais révolté. Je conviens que l'expression du visage de ce Prince adroit & fin, est la plus difficile à rendre par le dessein, comme son caractere a été le plus délicat à traiter par le récit.

Il est encore nécessaire de recommander aux Artistes de ne point s'écarter du goût antique & du Costume pour les différens ordres d'architecture qu'ils seront obligés d'employer dans ce nombre de Tableaux. Les Palais doivent être plus ou moins ornés, plus ou moins magnifiques, selon l'opulence & la grandeur des Princes qui les habitoient : mais ce qui mérite le plus d'attention, c'est la maniere dont on doit traiter les Temples; l'architecture doit participer du caractere des Dieux auxquels ils sont destinés. Il seroit ridicule d'employer, par exemple, l'ordre Corinthien pour un

Temple de Mars, d'Hercule ou de Minerve, & le dorique pour Vénus ou pour la Déesse Flore; ce sont-là de ces contre-sens sur lesquels un homme de génie n'a pas besoin d'être averti. Les Grecs n'ont jamais fait de pareilles fautes, & ils doivent ici nous servir de guides. Vitruve nous apprend quel étoit leur usage à cet égard; ce passage utile aux Artistes mérite d'être rapporté en entier : je me servirai de la traduction de M. Perrault.

» On employoit en Grece les ordres
» d'Architectures pour les Temples con-
» formément aux Divinités auxquelles
» ils étoient consacrés; le dorique étoit
» destiné à Minerve, à Mars, à Hercu-
» le, pour rappeller dès l'abord la sévé-
» rité de ces Dieux éloignés des délices;
» le Corinthien étoit employé pour Vé-
» nus, Flore, Proserpine, & les Nym-
» phes des fontaines, les fleurs, les vo-

cij OBSERV. SUR LE COST.
» lutes, les feuilles convenant à la ten-
» dreſſe de ces Déeſſes. L'Ionique étoit
» pratiqué pour Junon, Diane, le pere
» Liber, & autres du même goût.

* Voyez pour les Haches anciennes, & principalement pour le *Pélécus*, *Odyſſée*, *Liv. XXI. Tabl. III.*

TABLEAUX

TABLEAUX
TIRÉS
DE L'ILIADE.

LIVRE PREMIER.

I. TABLEAU.

ANS la supposition de peindre tous les sujets de l'Iliade, on ne pourroit s'empêcher de représenter l'invocation de ce Poëme ; elle prépare non-seulement au sujet, mais elle en donne l'explication. Voici les paroles d'Homére, selon la traduction de M. Dacier, que je suivrai dans le cours de ces Extraits.

» Déesse, chantez la colere d'Achille, fils de

« Pelée ; cette colere pernicieuse qui causa tant
» de maux aux Grecs, & qui précipita dans le
» sombre Royaume de Pluton les ames généreu-
» ses de tant de Heros, & livra leurs corps aux
» chiens & aux Vautours. «

Je sçais qu'il faut de puissantes raisons pour engager les Artistes à traiter l'allégorie, & que rien n'est plus ingrat ni plus dangereux par l'obscurité des figures, ou des actions dont les vérités, souvent trop voilées, ne peuvent être ni senties ni comprises. En effet, les emblêmes sont rarement établis sur des conventions générales : il est vrai que la Fable en a consacré quelques-uns que toutes les Nations ont adoptés, & que sous le nom des Dieux elle a présenté les grands mouvemens du cœur, & les plus violens ressorts qui font agir les hommes ; mais les sentimens déliés & les passions légeres, sont presque toujours arbitraires. Quel trouble, quel embarras se présente à l'esprit, quand un Artiste a réuni plusieurs figures de ce genre dans la même composition ! L'allégorie dont il s'agit, digne de son Auteur, est grande, & n'est point dépourvue d'actions, & par conséquent de Tableaux appuyés sur la Nature. Je sçais que les Anciens, qui font nos maîtres en tout, ont fait ufage de l'allégorie; mais je fuis perfuadé qu'ils l'ont emploiée avec fobrieté ; ils nous ont même confervé la defcription de quelques Tableaux de ce genre.

Lucien nous a rapporté le fujet de la calomnie ; & Raphaël a tiré du récit de cet Auteur un parti merveilleux. La calomnie étoit affurément moins fufceptible d'image & d'action que la colere d'Achille, qu'Homere nous repréfente dans fon invocation ; mais quand le fujet feroit moins heureux, tout acquiert du mérite dans les mains d'un grand Artifte, & c'eft à des hommes doués de génie que je propofe les fujets d'Homere.

La colere feroit donc repréfentée pâle ou animée, immobile ou marchante, felon la volonté du Peintre ; car la Nature l'a peinte elle-même dans ces différentes fituations. Mais le feu des paffions exige qu'elle foit jeune, & que fon action exprime l'emportement & la violence. Selon la Peinture d'Homere, elle eft environnée de morts, de combattans ; elle doit dominer fur des gouffres dans lefquels elle précipite les Rois & les Héros ; leurs Couronnes & leurs Armes ferviront à les diftinguer. Ces différens groupes, ou cette multitude, doivent produire une composition terrible. Ce détail peint à l'esprit les suites affreuses de la colere ; elle est le sujet de l'Iliade ; & quand même cette colere ne fourniroit pas autant pour l'exécution, c'està-dire, qu'elle ne seroit pas aussi convenable à la Peinture, je crois qu'on est dans l'obligation de traiter ce Tableau. Les Vers & les autres agrémens de la Poésie, peuvent faire oublier quelquefois au Lecteur l'objet principal du Poëte, soit qu'ils élevent l'esprit, ou que par leur beauté particuliere, ils détournent de l'objet. La Peinture doit donc profiter dans cette occasion de l'avantage qu'elle a sur la Poésie, & donner une leçon frappante & toujours fixe sur les effets d'une passion si funeste. Cependant pour remplir le dessein de suivre exactement Homere, je placerois dans une partie de ce Tableau la Muse invoquée, appuyée sur un Cippe, observant la colere, écrivant ses mouvemens, enfin occupée à la décrire.

II. TABLEAU.

Page 3. Agamemnon refuse à Chrysés de lui rendre sa fille & de recevoir sa rançon.

Ce Prince dans une superbe tente, environné

de Rois & de Soldats, occupe une partie de l'espace. La composition doit indiquer une portion du Camp, & laisser voir quelque partie du rivage sur lequel la flotte des Grecs est à sec. Chrysés, vieillard respectable, paroît sans armes & vêtu d'une grande draperie, reconnoissable d'ailleurs au Sceptre d'or & aux bandelettes sacrées d'Apollon qu'il porte dans ses mains; Chrysés, dis-je, paroît humilié devant Agamemnon; il est suivi de plusieurs Esclaves chargés de présens; & ce groupe varié, plus ou moins étendu, selon la volonté ou le besoin de l'Artiste, augmente la richesse de cette composition.

Un pareil sujet, malgré sa magnificence, a besoin, pour être entendu, de se trouver dans une suite; c'est-à-dire, qu'on ne pourroit le traiter seul, Chrysés n'étant point assez caractérisé pour être reconnu des Spectateurs; mais dans le cas proposé, ce Tableau magnifique par les grands objets de repos qu'il présente, ne peut jamais être obscur; dès-lors il est heureux pour la Peinture. La même nécessité se trouve dans le Tableau suivant; il présente des circonstances absolument pareilles pour l'intelligence du Poëme, ou pour les avantages de l'Art.

III. TABLEAU.

Page 4.   Homere repréſente ce même Chryſés pénétré de douleur, implorant ſur le bord de la mer Apollon ſon pere, & lui demandant vengeance du refus qu'il vient d'eſſuier.

Ce vieillard reconnoiſſable par l'habillement & les attributs indiqués dans le Tableau précédent, ſera repréſenté par le Peintre, en prieres devant une ſtatue d'Apollon; ſes Eſclaves éplorés, négligeant ou abandonnant les préſens dont on les a vu chargés, uniſſent leurs prieres à celles de leur Maître; la Mer, une partie de la flotte des Grecs, leur Camp dans l'éloignement, ſont autant de riches objets qui autoriſent cette ſuite de la compoſition précédente.

Ces deux Tableaux paroîtront peut-être une abondance inutile, & l'on trouvera qu'un ſeul pourroit ſuffire, d'autant que leur objet conduit également à la vengeance d'Apollon; mais je rends Homere & je décris ſes Tableaux. Au reſte, je ne crois pas que l'on me faſſe un crime d'avoir introduit une ſtatue d'Apollon ſur le rivage d'une côte inhabitée; je la crois néceſſaire pour caractériſer la priere de Chryſés, c'eſt-à-dire, pour faire connoître le Dieu qu'il invoque. Si l'on soupçonne cet accessoire d'être une licence, je puis répondre qu'elle est autorisée par mille exemples, & regardée comme une des ressources de la Peinture, dont le langage ne frappe l'esprit que par l'organe de la vue ; d'ailleurs, on sçait combien les Anciens répandoient de simulachres dans les campagnes les plus éloignées des Temples & des Villes. Il est vrai que cet usage a été peut-être encore plus pratiqué par les Romains, mais ils l'avoient emprunté des Grecs.

IV. TABLEAU.

Les Paroles d'Homere donnent une idée suf- Page 5. fisante de ce quatrieme Tableau. Après avoir dit qu'Apollon, touché de la priere de Chrysés, lance ses fleches sur le Camp des Grecs pour les punir du refus qu'ils lui ont fait, il ajoûte :

» On ne voyoit par-tout que des monceaux
» de morts sur des buchers qui brûloient sans
» cesse.

Cette scene est horrible ; mais elle est abondante pour la Peinture. Le Spectateur frappé de la punition, est plus aisément affecté de la cruelle situation de ceux qui ont survécu. Il n'est pas douteux qu'on ne brûlât les corps du tems d'Homere, & que cet usage n'eût été interrompu dans la suite ; mais il se pourroit qu'Homere, qui ne négligeoit rien & qui n'ignoroit rien de ce que l'on sçavoit de son tems, ait regardé la purification du feu, comme elle est en effet, c'est-à-dire, comme la meilleure & la plus assurée contre la peste.

Un des inconvéniens de ce sujet, est la difficulté de placer Apollon dans une attitude qui le fasse paroître assez grand pour un événement qui se passe dans un aussi grand espace, & dont il est la figure dominante.

C'est envain pour la Peinture, qu'Homere l'a fait descendre avec beaucoup d'action du sommet de l'Olympe, & qu'il le place sur un lieu élevé. Je croirois que l'Artiste pourroit le représenter assis sur un nuage, & dans l'action d'exercer sa vengeance ; cette position surnaturelle répare le défaut de proportion, & suffit non-seulement pour élever l'esprit du Spectateur jusqu'à la Divinité, mais pour autoriser des actions encore plus grandes : si tant est que ce soit une licence, je la crois pardonnable.

V. TABLEAU.

Le Conseil des Grecs tenu dans la Tente d'A- Page 174
gamemnon.

On a déja vu ce lieu choisi pour la scene du second Tableau de ce même Livre ; cette répétition ne me paroît point un désagrément pour la Peinture ; les objets de chaque sujet fournissent assez de différences, pour être tranquille sur un rapport auquel il est encore aisé de ne pas donner une ressemblance absolue. On peut varier cette Tente par le plan, par le point de vue, ou par les parties qu'on laisse ouvertes ou fermées. C'est donc ici le Conseil des Grecs, au milieu duquel on pourroit placer un Autel allumé : Calchas fait un contraste heureux par son habillement, & fournit une varieté dans le nombre de plusieurs personnages habillés assez uniformément, puisqu'ils sont tous armés ; ces points essentiels au sujet, forment des masses heureuses & variées, mais soumises par elles-mêmes à l'action principale. Achille représenté debout, l'épée à moitié tirée : le feu & le génie du Peintre doivent tout employer pour exprimer l'empressement avec lequel Minerve arrive ; elle ne doit, par exemple, toucher Achille qu'à peine ; fa voix l'a déja retenu ; il la regarde & fufpend fon action. Je croirois même, pour faire fentir, comme le dit Homere, que la Déeffe n'est vue que du feul Achille, que la Peinture pourroit employer une vapeur, ou plutôt un nuage dont Minerve feroit environnée par rapport à ceux qui compofent le Confeil ; je ne vois point d'autre moyen pour conduire le Spectateur à l'idée du Poëte.

Le fujet de cette colere d'Achille est heureux, même pour la Sculpture ; je ne dis pas feulement en bas-relief, mais en ronde boffe, qui plus eft dans une figure feule ; & j'ai vu ce Héros bien rendu par un François dont j'ignore le nom, dans une ftatue grande comme Nature ; la colere du Heros étoit noble & terrible, telle enfin que doit être celle d'Achille. Il étoit aifé de concevoir qu'une Divinité modéroit l'impétuofité de fon reffentiment. Cette belle figure eft actuellement à Pont-Chartrain, & malheureufement elle n'eft que de pierre.

VI. TABLEAU.

Page 25.   Agamemnon fur le rivage fait embarquer

Chryseis, Ulysse & les Victimes que l'on devoit offrir à Apollon.

Ce Tableau fournit à l'imagination de l'Artiste, & présente de grandes & nobles varietés ; on peut le traiter de plusieurs manieres ; elles seront justes si l'on observe de représenter Chryseis affligée de quitter, au moins la considétion dont elle jouissoit dans l'Armée des Grecs, étant aimée d'Agamemnon, & Ulysse satisfait de voir exécuter le conseil qu'il avoit donné.

VII. TABLEAU.

La purification de l'armée ordonnée par Agamemnon, les sacrifices multipliés, présentent les plus grandes images ; le talent du Peintre peut les faire concevoir, avec peu d'ouvrage, aussi pompeux qu'ils l'étoient en effet. L'ignorance où nous sommes des cérémonies de ces sortes de purifications, doit engager l'Artiste à représenter quelques Prêtres occupés à prier, levant les mains, &c. la distance à laquelle ils seront représentés, peut sauver une partie de la difficulté. D'ailleurs, les fumées de plusieurs sacrifices indiqués sur différens plans, peuvent servir à produire de grands effets, avec peu

Page 15.

de peine & un travail médiocre. Cependant, si l'on ne vouloit pas entreprendre ce sujet à cause des difficultés du Costume, il faut du moins rendre justice à Homere, dont l'imagination nous a donné l'idée d'une grande & belle action ; d'ailleurs elle peint les mœurs de ces premiers Grecs, & nous rappelle l'attachement aux cérémonies de leur religion, dont ils ne se font jamais départis.

VIII. Tableau.

Page 27. Le Tableau qu'Homere nous fournit ici, me paroît un de ceux auquel le Peintre trouvera le plus d'avantage.

Achille devant sa tente, plongé dans une douleur d'autant plus morne & plus abbatue, qu'elle succede à la colere la plus violente, & que cette même douleur est causée par le désespoir de l'orgueil & de l'amour également offensés. Achille voit partir Bryseis ; cette belle Esclave lui témoigne la douleur la plus tendre. Patrocle, qui partage le chagrin de son ami, la remet entre les mains de deux Herauts * envoyés

* Voyez leur habillement décrit à la fin de l'Avertissement.

par Agamemnon pour l'enlever de la tente d'Achille. Leur attitude mêlée de crainte & de respect, présente non-seulement un contraste avantageux en lui-même, mais une confirmation des caracteres & des traits représentés dans les Tableaux précédens. Celui-ci pourroit se dispenser de faire partie d'une suite pour être senti & démêlé, je le crois intéressant par lui-même.

IX. TABLEAU.

Homere décrit ensuite Achille sur le bord de la mer.

Pour rendre la suite de cette action, le Peintre doit en premier lieu s'assujettir à des rapports de figure & d'habillement. Je croirois donc, en second lieu, qu'il faudroit partager l'espace du Tableau; c'est-à-dire, en donner une partie à la mer, & placer Achille sur le rivage & le premier plan, pour être mieux en état de caractériser la douleur de son ame & la priere qu'il fait à Thétis sa mere. La Déesse paroîtroit sur les eaux, presque sur le même plan, dans la partie destinée à la mer; la Conque marine de cette Déesse seroit poussée par des Tritons empreſſés. Le peintre ne négligeroit aucun des témoignages muets qui peuvent indiquer la réuſſite de la priere de ſon fils ; Achille ſera placé ſur une pointe de terre, comme je l'ai propoſé. On peut faire voir autant de mer qu'on le voudra ; la flotte des Grecs entiere ou en partie, peut enrichir le lointain, & ſoutenir, quoique dans une diſtance éloignée, la figure d'Achille. Les différens plans du terrein produiront encore des richeſſes & des varietés de ton qui rendront ce Tableau très-agréable, ſur-tout ſi l'on tient le point de vue un peu bas.

X. Tableau.

Page 29. Homere eſt ſi rempli des idées convenables à la Peinture, que ſes Epiſodes fourniſſent un grand nombre de Tableaux.

Achille en implorant en détail le ſecours de ſa mere, lui rappelle les ſervices qu'elle a rendus à Jupiter, & fait mention de celui-ci : Neptune & Minerve vouloient lier & attacher ce Dieu (Jupiter) vous ſçûtes le garantir, lui dit-il, en conduiſant Briarée ou Egeon, ce géant le protégea en ſe plaçant ſimplement à ſes côtés.

Il est constant que la révolte de ces Dieux & la protection du Géant, fourniroient une composition possible à la Peinture. Il faut cependant convenir que cet Art a une bienséance qui lui est particuliere, & qu'il doit éviter ces sortes de sujets. Non-seulement celui-ci est inutile pour la suite des Tableaux de l'Iliade, mais le Poëte peut raconter plusieurs faits que le Peintre ne doit pas représenter ; il est obligé de ne point attaquer les idées généralement admises. Jupiter est le plus grand des Dieux ; il est messéant de le voir sous la protection d'un Géant ; cette protection ravale trop la Divinité, & ce Géant présenteroit lui-même un objet d'autant plus désagréable & plus difficile à traiter, que cette figure colossale en elle-même est encore monstrueuse, puisqu'elle a cent mains. La vaste imagination d'Homere mérite toujours des éloges ; il décrivoit des idées reçues de son tems ; & ces idées, quoique moins heureuses, peuvent cependant être rendues par la Peinture.

XI. TABLEAU.

L'intérieur du Port de Chrysa fournit un beau Page 34.

fond. Ulysse débarqué ; action facile à reconnoître par la suite qui file après lui sur la planche du Vaisseau ; Ulysse, dis-je, remet Chryseis dans les bras de son pere, qui court à elle pour l'embrasser : les apprêts du sacrifice ; les victimes que l'on dispose ; les Prêtres & le Peuple qui se rendent en foule au lieu de la scene : la Peinture a, ce me semble, peu de momens plus beaux & plus heureux pour paroître avec tout son éclat.

XII. Tableau.

Page 39. » Thétis assise devant Jupiter, embrasse ses
» genoux de la main gauche, & prend de la
» droite son menton.

Ces paroles d'Homere posent les deux figures & composent le Tableau ; la scene est dans le Ciel. Je n'aurois rien à ajoûter, si le choix des attitudes ne me conduisoit à quelques réflexions générales. Il est constant que la position de Thétis & de Jupiter paroît être critiquée par ceux qu'un goût médiocre renferme dans un cercle d'une très-petite étendue, & conduit la critique de tout ce qui leur paroît éloigné de leurs idées sur les graces. On pourroit leur
dir

dire, avec mille autres chofes, que les graces ne peuvent exifter fans la convenance ; mais abandonnant une critique dont je connois l'inutilité, on ne fçauroit trop répéter, ce me femble, quelques-unes des attitudes données par les grands Maîtres ; loin de les éviter, elles doivent au contraire fervir de régle. Une conduite fi fage & fi naturelle, ne peut rencontrer d'autre obftacle que l'oppofition des critiques dont je viens de parler : cependant il faut convenir que cette regle a quelques exceptions ; & quoique les attitudes foient dépendantes des fentimens, elles font quelquefois arbitraires. Mais on ne peut partir d'un point plus folide pour fixer fes idées, que de celui des Auteurs anciens, c'eft-à-dire, des génies qui nous ont ouvert toutes les portes & frayé tous les chemins. On eft convenu de quelques fignes de démonftrations, à la vérité, pour des fentimens plus marqués, & qui fe rencontrent plus fréquemment dans le cours de la vie ; tels font les dégrés de la priere ou du befoin. On tend les bras ; on leve les yeux au Ciel pour invoquer ; on fe met à genoux ; on fe profterne pour implorer ; ces attitudes font reçues. Ho-

B

mere nous indique les expreffions d'un fentiment plus leger témoigné par une femme ; pourquoi s'écarter des idées juftes de ce grand homme ? Il nous décrit ici comment on demande une grace, & comment on cherche à féduire pour l'obtenir. Raphaël & Jules-Romain, nourris de l'antiquité, ont traité les Dieux dans la grande maniere d'Homere, c'eft-à-dire, avec une élégante fimplicité : ces illuftres Modernes malheureufement n'ont pas été fouvent imités ; & fi les Peintres avoient à traiter aujourd'hui le fujet dont il s'agit, il eft à préfumer qu'ils s'écarteroient d'Homere dans la compofition de ce groupe ; l'attitude leur paroîtroit trop fimple, trop familiere, peut-être trop groffiere pour éviter la critique des gens du monde ; ils oublieroient que les plus grands perfonnages font pénétrés des mêmes paffions que le peuple, & qu'ils éprouvent des fentimens pareils ; ils cefferoient de fçavoir que ce n'eft point dans ce genre de fituation que l'éducation & les exercices donnent des mouvemens nobles, aifés & différens de ceux dont la jeuneffe n'a point été cultivée. Ces réflexions peuvent convenir à plufieurs fituations fur lefquelles le mauvais goût & les petites idées ne prévalent que trop : après cette digreſſion on ſent aiſément, ſans une plus grande explication, que je ſuivrois le trait donné par Homere.

Je ne puis finir cet article ſans rapporter un paſſage d'Homere, quoiqu'il n'ait aucune liaiſon avec le ſujet précédent. Après la converſation de la Déeſſe & du Dieu, ce grand Poëte dit : » Jupiter fit un ſigne de ſes noirs ſourcils ; » les ſacrés cheveux furent agités ſur ſa tête » immortelle, & il ébranla l'Olympe.

Cette grande idée eſt impoſſible à rendre en peinture ; mais un Artiſte ne peut l'avoir trop préſente à l'eſprit ; c'eſt un moyen de croître ſon ouvrage, & d'exprimer au moins quelque légere partie de la grandeur, qui doit être d'autant plus l'objet de l'Art, qu'elle ſurprend, arrête le Spectateur, & le contraint à tenir ſes yeux fixes & plus ouverts. Les Anciens même nous apprennent que les Vers d'Homere, ſur le ſigne de tête que fait Jupiter, ont fourni à Phydias le caractere de ſon Jupiter Olympien, qui a fait l'admiration de l'Antiquité.

XIII. Tableau.

Page 48. Le festin des Dieux. Ce sujet, pour avoir été traité plusieurs fois, & principalement par Raphaël, n'a rien perdu de sa grandeur & de sa beauté, & n'est pas moins nécessaire pour la suite de l'Iliade ; le défaut de nouveauté peut au contraire animer le génie de l'Artiste. Il ne doit cependant point oublier que Vulcain, dans cette composition, présente la coupe à Junon pour adoucir & calmer l'humeur que lui donne la conversation de Thétis & de Jupiter ; il doit encore se souvenir qu'Apollon joue de la lyre, & que les Muses chantent pour l'amusement des Dieux.

La grande lumiere, indispensable dans ce Tableau, est, je crois, la plus grande difficulté de son exécution ; car en partant des nuages sur lesquels la bande sacrée est posée, le Ton doit se perdre dans l'Empirée ; il faut penser cette splendeur, en être affecté pour la rendre. Cette couleur, qui n'a pour ainsi dire point d'opposition, est ce qu'on appelle la magie de l'Art. On admire le fait ; les moyens sont cachés ; c'est aussi le sublime de l'Art. L'agencement des groupes & le jeu des figures, dont les caracteres & les attributs sont parfaitement connus, ne peuvent causer aucun embarras.

LIVRE DEUXIÉME.

I. TABLEAU.

Jupiter envoie un songe à Agamemnon.
La façon de traiter ces sortes de sujets est arbitraire & peu importante. En général le songe doit être une figure légere & participante de l'air, mais elle ne peut être éclairée dans cette occasion, ainsi que le lieu de la scene par un autre moyen que celui d'une lampe ; ce genre de lumiere apportera sans doute une grande variété dans la suite de ces Tableaux, mais diminuera l'effet de la couleur vague que peut exiger la représentation d'un songe. Il faut toujours tenir la figure d'une proportion un peu plus allongée que la nature, pour regagner par le trait ce qu'on perd par la couleur ; & pour le mieux, il faut que l'Artiste soit affecté de l'objet qu'il représente. J'ai toujours vu l'expression de l'Art obéir à l'impression de l'esprit.

II. TABLEAU.

Page 105. L'objet de ces recherches regarde la Peinture ; en conséquence il est bon de sçavoir qu'on doit exécuter l'habillement que prend Agamemnon à son réveil, & que pour suivre le Costume, ce Prince assis sur son lit, a pris une Tunique * très-fine, a mis son grand Manteau royal, & couvert ses pieds de brodequins, sans oublier son Baudrier d'où pend une riche épée, & le Sceptre de ses Ayeux. Cependant, l'attitude d'un homme qui s'habille sur son lit n'étant pas noble, on pourroit représenter ce Roi debout dans ce même équipage, levé ou se levant ; cette action suppose aisément celles dont elle a été précédée.

III. TABLEAU.

Page 115. Minerve vient parler à Ulysse dans son Vaisseau. Je ne balancerois pas à représenter ce Prince assis aux côtés de la Déesse, & s'entretenant avec elle. La familiarité des Dieux avec les hommes, établie par Homere, autorise cette attitude. Le Peintre peut à son choix placer ces deux personnages en dedans du Vaisseau, ou

* Voyez Tunique à la fin de l'Avertissement, Sceptre, Baudrier.

TIRÉS DE L'ILIADE. 23

sur le pont : je préférerois ce dernier, non-seulement pour faire mieux sentir le lieu où la scene se passa, mais pour représenter un fonds plus heureux, enrichi des mats & des voiles serrées, & des varietés que fournit l'assemblage de plusieurs Vaisseaux. De plus, la scene étant à découvert, comme je la propose, on peut représenter Junon dans le Ciel, attentive à l'exécution des ordres qu'elle a donnés.

Les efforts d'Ulysse, pour empêcher le départ des Grecs, sont décrits admirablement par Homere, & ne peuvent être mieux exprimés ; mais ils sont impossibles à peindre. L'objet du plus grand nombre est trop vague en comparaison d'un homme seul ; quelques autres sujets seroient ridicules & déplacés en Peinture. On me dira peut-être que cet Art éprouve souvent la même impossibilité dans les mouvemens & les détails des combats ; je répondrai que l'action de ceux-ci est connue, & qu'on a de plus la ressource d'un groupe dominant.

IV. TABLEAU.

Le sujet suivant n'est qu'un récit dans Home- Page 125
re ; mais il précede l'action de l'Iliade, ou

pour mieux dire le siége de Troye, & il en fait partie. Les Généraux de l'armée des Grecs offrent dans le Port d'Aulide un sacrifice sur un Autel à l'ombre d'un Plane, du pied duquel sort une fontaine; un dragon, ou grand serpent caché sous l'Autel s'élance autour d'un Plane, & dévore les huit passereaux dans leur nid, & la mere qui veut les défendre.

Le fond du Tableau, le lieu de la scene & l'action sont donnés au Peintre; l'étonnement, la surprise & l'attention des Spectateurs, sont les sentimens qui regnent dans cette composition : on ne doit pas oublier d'y donner une place distinguée à Calchas; il est naturel de l'animer de l'enthousiasme & de l'esprit prophétique. Mais pour faire sentir que le serpent est sorti de dessous l'Autel, sa queue, ce me semble, doit être encore cachée par l'Autel même.

V. TABLEAU.

Page 159. Ce Tableau présente l'intérieur de la Ville de Troye, c'est-à-dire, une place publique, sur laquelle le Palais de Priam domine. Ce Roi pourroit être environné du peuple & des Officiers distingués par la richesse de leurs armes : tous ces groupes doivent écouter avec attention un jeune homme qui leur parle avec un air d'épouvante ; & pour faire sentir, ou plutôt rappeller à l'esprit du Spectateur, que le jeune homme est Iris, la messagere des Dieux qui a pris cette figure, je ne connois point d'autre moyen dans la peinture, que de représenter cette Divinité enveloppée d'une vapeur qui fait sentir que sa divinité est invisible à tous les acteurs de cette scene : ce nuage ou cette vapeur seroit à côté du jeune homme. On pourroit encore placer l'arc-en-ciel au-dessus de la figure ; on la connoît pour la voiture ou l'attribut de la Divinité dont il est question.

LIVRE TROISIÉME.

I. TABLEAU.

IRIS sous la figure d'une belle femme, aborde Helene qui brode un voile. Ce Tableau dont l'action n'est pas fort animée, peut être intéressant par la beauté des objets & la magnificence de la broderie d'Helene. On peut introduire dans cet ouvrage des combattans, des armées, *Page 229.*

&c. c'est l'idée que nous en donne Homere, & cette idée est heureuse pour la Peinture.

II. Tableau.

Page 231. Helene couverte d'un voile blanc, paroît au milieu de plusieurs vieillards, du nombre desquels est Priam, distingué par les marques de la Royauté. L'Artiste doit s'attacher à faire sentir le triomphe de la beauté par l'avidité des regards, & par tous les témoignages d'admiration marqués sur le visage de ces hommes glacés par l'âge. La scene se passe sur le haut d'une des portes de la Ville. Je crois que le fond du Tableau établi sur le Ciel, sera plus heureux que sur les bâtimens de la Ville ; il sera du moins plus hardi, mais l'un est aussi convenable que l'autre.

III. Tableau.

Page 233. Hélene assise aux côtés de Priam, lui nomme les principaux de l'armée des Grecs.

L'adresse & le génie d'Homere paroissent dans la maniere dont il a introduit cette scene ; son art est si justement établi sur la Nature, qu'il rend presque tout possible à la Peinture. En effet, Hélene & Priam étoient placés sur une des portes de la Ville, comme on l'a vu dans le Tableau précédent ; & si l'on veut varier le lieu de la scene, il est aisé de supposer qu'ils ont fait quelques pas, & qu'ils sont venus sur une plate-forme, sur laquelle les deux personnages se découvrent dans leur entier ; & supposant l'œil du Spectateur placé entre la porte & la campagne, Hélene pourra voir & nommer plusieurs Généraux détachés en avant du corps de l'Armée des Grecs ; & si l'Artiste représente, comme il le doit, cette porte sur le premier plan de son Tableau, les deux figures pourront faire encore mieux sentir l'objet dont elles sont occupées, c'est-à-dire, qu'Hélene parle en montrant du doigt, & que Priam écoute.

IV. Tableau.

Le sacrifice au milieu des deux Armées. Page 241.

L'art du Peintre lui fournira sans peine le moyen d'indiquer la multitude armée, qui de chaque côté est attentive à la cérémonie : les Rois autour de l'Autel ; le Char que Priam vient de quitter ; l'Autel, les trois agneaux, la variété des expressions, & la richesse des armes; tout concourt à la beauté du sujet. Par rapport au Costume, il faut représenter avec exactitude les Armes de Paris, des cuissars bien travaillés, qui s'attachent avec des agraffes d'argent, la cuirasse, le baudrier qui portoit l'épée, un grand bouclier, un casque au haut duquel il y avoit pour aigrette une queue de cheval; enfin un fort javelot.

Page 245.

V. TABLEAU.

Page 247. Vénus dérobe Paris à la vengeance de Ménélas.

Cet instant peut, à mon sens, être très-bien rendu, si l'Artiste ne veut rien oublier de la description d'Homere. Ménélas furieux, le casque en tête, la lance en main, son épée brisée à ses pieds, ne voit plus devant lui qu'un nuage que Vénus présente pour se donner le tems d'enlever Paris : ce nuage libre du côté du Spectateur, permet de voir la beauté de Paris dans tout son entier ; car il doit être sans casque ; & comme il est dans les bras de Vénus, ce groupe fournit à l'Artiste l'occasion de peindre ce que la Nature peut présenter de plus beau dans les deux sexes. L'intérêt de l'action est encore augmenté par le contraste de Ménélas & celui des deux armées, combattantes avec plus d'animosité, & qu'on ne fait cependant qu'entrevoir.

VI. TABLEAU.

Vénus sous la figure d'une vieille, donne le bras à Hélene & la fait sortir de la chambre où elle l'a trouvée. L'opposition de la vieillesse & de la beauté produit un effet assuré, en même tems que le spectacle de toutes les femmes Troyennes, qui travaillent à différens ouvrages dans cette chambre plus éloignées, enrichit le second plan par un jour différent & par des objets variés. *Page 249.*

VII. TABLEAU.

Homere nous peint avec sa justesse & sa précision ordinaire, Hélene, Vénus & Paris. *Page 252.*

La Peinture ne peut rendre la finesse des discours convenables aux caracteres qu'il leur fait tenir, mais elle peut représenter Hélene & Paris assis à côté l'un de l'autre, indiquer que Vénus fait prendre cette place à la femme de Ménélas, mettre tous les desirs possibles dans les yeux de Paris, & l'indignation dans ceux qui les font naître, remplir la chambre de vases fumans & répandant des parfums, & sur-tout ne pas oublier que la chambre où la scène se passe, communique encore à une autre dont la porte ouverte permet de voir un lit nécessaire au raccommodement. Homere se contente de l'indiquer avec la plus grande modestie, & la composition traitée, comme je viens de le dire, suit exactement son idée.

LIVRE QUATRIEME.

I. TABLEAU.

Page 277. CE Livre, magnifique par l'abondance & la varieté des exhortations au combat, par la féconde & brillante opposition des caracteres, enfin par la netteté avec laquelle Homere arrange & dispose, sans laisser perdre de vue, la multitude de ceux qu'il veut mettre en mouvement; ce Livre, dis-je, ne peut être d'aucune utilité pour la Peinture. Le seul Tableau qu'on en puisse tirer, est celui des Dieux dans le Palais d'or buvant le nectar.

La décoration & les ombres que cette magnifique Architecture ne peut tirer que d'elle-même, rendroient ce morceau de Peinture plus varié, & peut-être d'une exécution moins difficile que le festin des Dieux dans l'Olympe qui termine le premier Livre ; je le croirois d'autant plus, que dans le Tableau dont il s'agit ici, les Dieux assis & groupés selon la volonté de l'Artiste, n'auroient pas besoin d'être à table, & par conséquent d'être soumis à un espace en quelque façon donné par l'assujettissement d'une table.

LIVRE CINQUIEME.

I. TABLEAU.

VULCAIN couvre Idée d'un nuage épais pour le sauver de la valeur de Diomede. Page 5.

Voilà le sujet du Tableau, dont la composition peut produire ce qu'on appelle un grand fracas en termes de Peinture. Il est vrai que cette action est la même pour le fond que celle de Vénus, Livre III. Tableau V. lorsqu'elle dérobe Paris à la fureur de Ménélas ; mais indépendamment de la maniere dont un homme de génie sçait *se retourner*, pour me servir d'un autre terme de l'Art, les accessoires suivans contribuent à la varieté.

Phegée mort & renversé dans le Char, dont les chevaux abandonnés peuvent fournir un contraste à volonté ; il seroit nécessaire, pour la vérité de l'instant, de marquer l'étonnement & la fureur de Diomede, voyant son ennemi soustrait à sa vengeance ; les groupes des combattans répandus sur les différens plans, le tout au choix de l'Artiste, produiront une composition étendue, & d'autant plus juste, que les batailles de ces premiers tems de la Grece n'étoient que l'assemblage d'un nombre infini de combats singuliers.

II. TABLEAU.

Mars & Minerve assis sur les bords fleuris du Scamandre, & jouissant du plaisir de voir les combats indiqués dans le lointain. Mais ce Tableau, dont l'action est nécessaire pour les ressorts du Poëme, est peu intéressant par lui-même me, & ne me paroît convenir que dans une suite telle que je l'ai supposée.

Au reste, la fécondité d'Homere est admirable pour le détail des blessures & des actions différentes des combattans ; chacune de ces actions particulieres fourniroit un Tableau ; mais les mouvemens les plus vifs, trop souvent répétés, deviennent aisément monotones, surtout en peinture. Je crois devoir ajoûter une autre réflexion à celle que je viens de faire. Le plus grand nombre des comparaisons d'Homere est favorable à la Peinture ; mais en s'arrêtant à les décrire, on répandroit nécessairement de la confusion dans la suite des actions principales : cependant ces comparaisons, souvent vives & toujours vraies, presque toutes tirées de la Nature, peuvent être utiles à des Artistes d'un genre inférieur aux Peintres d'Histoire. Un Amateur admet toutes les parties de l'Art, & voudroit les voir prospérer toutes.

Je croirois donc que ces ornemens de la narration d'Homere, seroient d'un très-grand secours aux Paysagistes, & serviroient à rendre leurs Tableaux intéressans. De pareilles repré-

C

sentations échaufferoient leur génie ; ces mêmes objets étudiés sur la Nature, seroient embellis & reglés par les idées d'Homere : ce n'est pas le seul avantage que les Peintres de ce genre peuvent en retirer. On peut dire en général que les paysages sont presque tous muets, & qu'on n'exige point qu'ils parlent à l'esprit ; on leur demande simplement un beau choix dans les sites, une grand justesse dans les plans, de la vérité & de la facilité dans la touche des arbres, des eaux, des fabriques, de beaux effets & de la légereté dans les Ciels. Les figures qu'on y voit n'ont presque jamais d'autre objet que celui d'animer la composition & de faire sentir la vérité & l'éloignement des plans. Sans exclure aucune de ces belles parties, qu'on ne sçauroit trop recommander, il est aisé de concevoir ce que deviendroient ces mêmes paysages, déja beaux par tous ces détails. Que ne diroient-ils point à l'esprit de tous les hommes, sur-tout de ceux qui seroient remplis d'Homere ? Lorsque voyant un lion chassé & poursuivi par des bergers, ils retrouveroient Ajax dans la fierté de sa retraite. *I. Liv.*

La vue d'un jeune frêne coupé sur le sommet d'une montagne par un bucheron, couvrant la terre de ses tendres branches, rappelleroit avec charme le souvenir du jeune Imbrius tué par Teucer. *Pag. 17. Liv. X.*

Ces deux sujets suffisent pour faire sentir mon idée ; elle me paroît d'autant plus juste, que si je veux croire qu'Homere eût perdu la vue quelques années avant sa mort, on peut du moins assurer que ce malheur a été précédé du plus exact & du meilleur coup d'œil qu'un homme puisse avoir ; qu'il étoit affecté des moindres effets de la Nature, & qu'enfin il les voïoit comme un Peintre.

J'ajoûterai, en finissant cette digression, que tous les Poëmes anciens, ou modernes, considérés sous ce point de vue, pourroient avoir souvent la même utilité. Il est vrai que les plus célébres sont les plus avantageux à cet égard, d'autant que l'esprit & l'imagination saisissent plus volontiers les sujets qu'ils ont fournis, & rendent plus sensible le plaisir de les reconnoître. Cependant si l'Artiste veut agir avec plus de sûreté, son talent lui permet d'introduire, sur le devant de sa composition, un arbre, une pierre, ou tout autre corps sur lequel il peut écrire sans affectation le nom de l'Auteur & l'endroit de son ouvrage dont il a profité ; le Peintre & le Poëte y trouveroient un avantage. Il seroit peut-être à desirer que les Peintres héroïques se conformassent à cet usage, au moins quand leurs compositions leur en donneroient la facilité. Les Artistes, plus assurés d'être entendus, seroient moins renfermés dans un cercle constamment trop étroit, & qui semble se rétrecir tous les jours. La mort du fils de Phénops donne occasion à Homere, qui ne néglige rien, de nous prouver l'ancienneté de nos usages sur les procès par rapport aux successions. *Pag. 16. Liv. V.*

III. TABLEAU.

Page 30. Vénus enleve Enée. Le sujet de ce Tableau est trop nécessaire pour ne pas le traiter. Le génie de l'Artiste doit profiter des varietés que présentent les détails ; ainsi la facilité de composer suffira pour éviter la ressemblance d'une action que l'Iliade nous a déja présentée deux fois. En effet, Dioméde arrêtant d'une main le Char & les chevaux dont il a fait un si grand éloge ; blessant Vénus d'un javelot qu'il tient de l'autre ; la différence des objets ; celle de l'action ; le désordre d'un combat ; Vénus ou la beauté blessée ; un javelot dans le bouclier de Dioméde ; Pandarus étendu & tué d'une fléche dans la tête : ces faits suffisent pour varier & enrichir une composition.

IV. TABLEAU.

Le Tableau de la beauté dont on voit couler le sang, est toujours un objet intéressant. *Page 32.*

La Déesse lasse de soutenir Enée ; cet abandon, & la maniere dont Apollon prend soin de ce Héros, forment un groupe très-difficile à bien composer, d'autant qu'il exige beaucoup de noblesse ; mais cette difficulté surmontée, c'est-à-dire, ce groupe bien trouvé, l'effet du Tableau est certain & magnifique. Dioméde furieux est à pied & dans l'action d'un homme qui voudroit redoubler ses coups. L'Artiste peut faire voir derriere lui un lointain qui présente toutes les oppositions que son goût lui indiquera, soit de combattans, de terrein, & même de mer. Les autres figures de Vénus, de Mars & d'Enée, placées sur le nuage, se trouvent sur un plan lumineux, plus élevé, &

concourent à l'élégance de la composition.

Homere parle en cet endroit d'Enyo ; c'est Bellone animant le combat. Ce progrès, cette augmentation de mouvement ne fait rien au Peintre ; Bellone, telle qu'elle doit être, sera toujours Enyo pour lui. Mais ces différentes dénominations que les anciens ont souvent données aux figures, & qu'ils ont en conséquence ornées de différens attributs, causent souvent de grands embarras à la vue des monumens qui les représentent. Tous les instans de la culture du bled étoient marqués chez les Romains par une figure qui y présidoit, & qui occupoit une place dans le Laraire ; comment les distinguer aujourd'hui ?

V. Tableau.

Page 34. Vénus pâle, blessée, presqu'évanouie, soutenue, & pour ainsi dire portée par Iris, passe au milieu des combattans, & marche sur les morts. Plus ces deux Déesses auront de jeunesse, de beauté & de délicatesse, plus le contraste sera frappant.

VI. Tableau.

Mars donne son Char à Vénus ; ce Dieu joint Page 34. l'empressement de la secourir, aux soins dont Iris est occupée pour placer la Déesse dans le Char. Les nuages dont il est environné, donnent un fond lumineux dont la richesse du sujet est encore augmentée. Enfin les chevaux noirs de Mars fournissent une magnifique opposition ; & pour accorder les deux instans que présente le Récit d'Homere, je placerois Iris dans le Char, tenant déja les rênes d'une main, soutenant Vénus de l'autre, & répondant aux soins de Mars, ou plutôt d'un amant empressé ; je prendrois d'autant plus ce parti, qu'il est confirmé par le Tableau suivant.

VII. Tableau.

Les chevaux de Mars conduisent les deux Page 34. Déesses à l'Olympe. L'Artiste ne doit rien épargner pour exprimer la rapidité de leur course. Iris conduit le Char ; Vénus est presqu'évanouie ; les nuages qui soutiennent ce beau groupe & qui le représentent sur les premiers plans, laissent voir la terre décorée de tous les objets le plus au gré du Peintre.

VIII. TABLEAU.

Page 35. Lorsque Vénus est arrivée dans l'Olympe, elle tombe évanouie dans les bras de Dioné sa mere, qui étanche le sang de sa blessure.

Sans m'arrêter à ce médiocre détail, que le récit peut rendre supportable, & que la Peinture ne peut traiter avec un genre suffisant de noblesse, je prendrois la licence de représenter Vénus descendue du Char, au bas des dégrés qui conduisent au Palais de Jupiter ; je représenterois ce Palais absolument d'or, & je ferois accourir au secours de Vénus Dioné éplorée & les bras ouverts : on fera cependant toujours mieux de suivre le Récit d'Homere ; il indique la composition dans laquelle il est vrai qu'il ne faut jamais oublier la Peinture de l'Olympe.

IX. TABLEAU.

Page 42. Apollon menaçant, présente son bouclier tout étincelant de lumiere à Dioméde, qu'il oblige de s'arrêter. L'action de ce guerrier doit indiquer que les mouvemens de sa fureur sont

TIRÉS DE L'ILIADE.

suspendus par une force majeure ; cette idée & l'expression qu'elle peut exiger, doivent être la principale attention de l'Artiste, & présentent une différence entre la rage d'un homme & la colere d'un Dieu irrité par l'insolence. Apollon toujours sur un nuage, doit soutenir du bras droit Enée blessé & appuyé sur lui, tandis qu'il présente son bouclier à Dioméde du bras gauche.

Au reste, on ne doit point critiquer la répétition des nuages que l'on voit dans le plus grand nombre de ces compositions ; il faut les regarder comme la voiture générale des Dieux. En effet, on ne fait point de scrupule de répéter les Chars, les chevaux, enfin tout ce qui est à l'usage des hommes ; on se plaît seulement à les varier. Les nuages sont encore plus susceptibles de cette varieté ; non-seulement ils permettent de conserver l'action des Divinités qui les emploient, mais ils fournissent de grandes beautés de lumieres, & sont d'un grand secours dans la composition, d'autant qu'ils ne contraignent l'Artiste ni pour la forme ni pour l'effet.

TABLEAUX

X. Tableau.

Page 42. Latone & Diane panfent la bleffure d'Enée dans l'intérieur du Temple d'Apollon. Ce fujet peut être agréable par la fituation de la fcene, & grand par la nature des perfonnages. Ces Divinités doivent conferver dans une telle action la nobleffe de leurs caracteres, & l'intérêt d'un pareil fecours rendu par deux femmes dont la beauté eft exprimée felon leurs âges; ces faits augmentent l'agrément d'une pareille compofition. Il eft inutile de dire que Diane eft fille de Latone; j'ajoûterai que je ne connois aucun attribut confacré à cette Déeffe. Pour embellir encore cette compofition, on pourroit faire voir Apollon s'éloignant fur le nuage avec lequel il a conduit Enée dans ce Temple; les Anciens en ont eu plufieurs découverts, on pourroit exprimer celui-ci de même.

XI. Tableau.

Minerve aidée par Hébé, attelle elle-même des chevaux dont les crins font attachés avec des anneaux d'or; Hébé a foin des roues à huit rayons; elles font de cuivre; les jantes font d'or, & les moyeux d'argent ; les bandes font travaillées ; le derriere du Char est relevé en demi cercle ; les courroies d'or & d'argent fervent de foupentes ; l'extrémité du timon, auquel le joug est attaché, est orné par des courroies pareilles. Le Poëte leur fait produire une richeffe pour la Peinture ; car étant plus longues qu'il ne faut, elles donnent du jeu par leur excédent. Les harnois doivent vraifemblablement être traités dans le même goût que ces courroies.

L'action de ce Tableau prouve la fimplicité des mœurs, confervée au milieu du luxe & des magnificences auxquels les hommes étoient parvenus du tems d'Homere. On peut inférer de cet endroit de l'Iliade, que les Rois, les Reines & les plus grands perfonnages, ne dédaignoient pas de fe rendre à eux-mêmes des fervices d'un certain genre, puifqu'en effet Homere, un des Auteurs les plus attentifs au Costume, donne une pareille occupation aux Déeffes. Cependant pour fauver en quelque façon une pratique fi éloignée de nos mœurs, & fi révoltante pour les ufages de l'Europe, l'Artifte doit animer les Déeffes de toute la vivacité & de tout l'empreſſement poſſible; Cette reſſource paroîtra aiſément trop foible; mais on pourra d'autant plus abandonner ce ſujet, que la ſuite de cette action fournit d'autres ſujets que la Peinture peut entreprendre. J'avoue cependant que j'abandonnerois à regret ces uſages ſimples des premiers tems; il eſt toujours bon d'en rappeller le ſouvenir pour faire voir que les plus grandes idées de l'humanité s'accordoient alors avec une ſimplicité ennemie de la molleſſe.

XII. TABLEAU.

Page 70. Minerve & Junon traverſent l'air & deſcendent de l'Olympe avec une rapidité à laquelle l'Artiſte doit employer toute ſon expreſſion. Les Déeſſes ſont placées dans le Char décrit dans le Tableau précédent; Junon conduit & anime les chevaux; Minerve eſt armée de l'égide, ornée de la tête de Gorgone, du caſque d'or ombragé de quatre pennaches; elle tient une lance d'une groſſeur & d'une longueur ſurprenante. Je ne voudrois cependant pas trop charger ce dernier article; il y a de certaines proportions ſouffertes dans le récit qu'on ne peut altérer impunément dans la Peinture.

XIII. TABLEAU.

Les deux Déesses arrivées au confluent du Scamandre & du Ximoïs, après avoir environné leur Char d'un nuage, partent sans toucher la terre, comme deux colombes qui planent, selon Homere, & s'avancent pour secourir les Grecs. Je ne dissimulerai point que cette marche me paroît hardie & difficile à traiter ; mais quand on suit un Auteur tel qu'Homere, on ne hazarde rien. Quel garant plus solide pourroit-on avoir ? Au reste, la beauté du payfage eft autorifée par le confluent des deux fleuves ; le combat vu dans le lointain ; la marche finguliere, mais animée des deux Déesses ; leurs armes décrites dans le Tableau précédent ; toutes ces circonftances font heureufes pour la Peinture. Le Sueur a traité deux figures de Saintes dans cette même pofition, & les a rendues avec fon élégance & fa précifion ordinaire, tant il eft vrai que l'efprit du Peintre fait tout paffer, & fçait même rendre agréable ce qui paroît impraticable au premier afpect.

Page 73

XIV. Tableau.

5e 74. Dioméde à l'écart du combat, se repose & lave sa blessure sans quitter ses Armes ; il est auprès de son Char ; ses chevaux peuvent être en sueur pour marquer la fatigue qu'ils viennent d'éprouver : Sthénélus son Ecuyer, est placé dans le Char. Minerve parle à Dioméde avec action.

XV. Tableau.

5e 78. Homere est si fécond pour la Peinture, que ce même événement fournit encore un sujet ; il décrit l'instant auquel Minerve fait descendre Sthénélus, & se place avec Dioméde dans le Char pour le ramener au combat. La noblesse des caracteres, la vivacité de l'action, sont les principaux moyens de ces sortes de Tableaux ; un Artiste dépourvu de noblesse & de feu, ne doit jamais les entreprendre.

LIVRE SIXIEME.

I. TABLEAU.

Diomede & Glaucus font un échange Page 153. de leurs armes, pour ainfi dire, au milieu du combat. Cette action facile à traiter en Peinture, ne doit point être négligée, non-feulement par rapport au texte d'Homere, mais par rapport aux ufages des Anciens, que les Artiftes ne peuvent trop s'attacher à conferver. La conduite de ces deux guerriers exprime la maniere dont on pouvoit, fans deshonneur, s'écarter de la bataille; elle autorife par conféquent le tête-à-tête & les converfations particulieres que les Modernes ont voulu & veulent encore tourner en ridicule. Les deux Chars attachés groupent heureufement dans la compofition dont il s'agit : le changement ou du cafque ou du bouclier, fuffiroit pour marquer la principale action de ce fujet.

II. TABLEAU.

La Reine Hécube accourt pour embraffer fon Page 155.

fils Hector. Les allarmes doivent être exprimées sur son visage, d'autant plus qu'elle est mere : cette vieille Princesse doit être représentée avec noblesse ; sa naissance & son état exigent cette attention. La situation d'Hector demande que ses mouvemens soient animés ; ces deux positions forment un beau contraste. Hécube étoit Reine ; on peut la caractériser par une couronne. Cette composition, simple en elle-même, est embellie par le lieu de la scene ; elle se passe dans la cour du Palais de Priam ; ce que l'Architecture a de plus riche peut être employé. Il est impossible de donner dans ce Tableau une idée de 50 beaux Pavillons qui précédoient l'entrée de ce Palais, & dans lesquels les fils de ce Roi étoient logés avec leurs femmes ; mais l'Artiste doit en être instruit pour se persuader qu'il peut représenter dans la façade & les autres parties du bâtiment, les objets les plus magnifiques de plan & d'élévation.

III. TABLEAU.

Page 158. Hécube dans un cabinet doré richement, & dans lequel il ne faut point oublier les cassolettes

lettes fumantes, fait choix du plus beau de ſes tapis pour le préſenter à Minerve ; des femmes occupées à les déployer ainſi qu'à les reployer, fourniſſent un Tableau agréablement varié : indépendamment du mérite de ce ſujet, il eſt intimément lié à l'action.

IV. Tableau.

L'intérieur du Temple de Minerve préſente une foule de Troyennes, dont les geſtes & les bras élevés indiquent les prieres à la Déeſſe, & par conſéquent le malheur de leur ſituation. Cette foule eſt à la ſuite de la Reine Hécube, qui préſente le tapis à Theano la Prêtreſſe. Je préférerois cet inſtant à celui de placer ce même tapis ſur les genoux de la figure. Dans la premiere diſpoſition, la ſtatue demeure découverte, & la Prêtreſſe laiſſe un intervalle entre elle & cette même ſtatue. Dans la ſeconde, elle eſt obligée de monter pour la parer du tapis ; cette action cache non-ſeulement pluſieurs parties d'une figure qu'Homere nous dit être aſſiſe, mais elle exige encore des attitudes baſſes & ignobles. Il me ſemble qu'en ce cas l'offrande ſuffit pour indiquer l'uſage qu'on doit en

Page 159.

faire ; de plus, cet ufage peu important en lui-même, eft indiqué par Homere, dont je fuppofe que le Poëme eft préfent à l'efprit, ou plutôt dont on tient le livre en confidérant la fuite de ces Tableaux.

V. TABLEAU.

Page 161. Hector avec des yeux qu'allume le feu de la colere & de l'indignation, fait des reproches à Paris, qu'il trouve dans fon Palais vifitant fes armes, tandis qu'Hélene travaille environnée de fes femmes. Le contrafte des occupations du mari & de la femme, eft heureux pour la Peinture ; mais il rappelle finement combien celle de Paris eft déplacée dans le tems des combats dont la Ville de Troye eft environnée. Le courroux d'Hector armé, préfente une oppofition d'autant plus belle, que le fujet s'y trouve renfermé. Je crois que pour exprimer l'action de Paris, fes armes doivent être attachées contre le mur, & le Prince les doit confidérer les bras croifés.

VI. TABLEAU.

Le Tableau d'Hector, d'Andromaque, de la Nourriffe qui porte Aftianax, eft fimple & rempli d'intérêt ; le lieu de la scene au bas du mur d'une Place de guerre, le rend encore plus touchant. L'Artiste doit lire les propres paroles d'Homere pour s'affecter davantage d'un sujet qu'il a décrit fort légerement, mais suffisamment ; car Homere a senti plus qu'un autre les différences que l'on doit apporter dans la touche, & les nuances sont aussi nécessaires au Peintre qu'au Poëte ; leur principe est également fondé sur la Nature, source commune où les Poëtes & les Peintres doivent puiser.

VII. TABLEAU.

L'adieu d'Hector, la douleur tendre du mari Page 174. & de la femme variée selon le sexe & le caractere ; l'effroi de l'enfant à la vue du Pennache, produisent une composition traitée déja plus d'une fois * ; elle méritera toujours l'attention des Peintres : un sujet dont les sentimens sont justes & bien placés, ne peut être trop souvent entrepris ; mais il est absolument nécessaire dans cette suite.

* Voyez la Fosse à Versailles.

VIII. Tableau.

Page 176. Andromaque au milieu des femmes éplorées devant leurs ouvrages ; cette Princesse en pleurs elle-même. Ces objets présentent une suite de l'action précédente, & fournissent un de ces Tableaux touchans par les objets, & plus encore par les idées qu'ils rappellent ; ces impressions sont dans le cœur ; & ce qui les réveille ou ce qui les fait naître, est toujours d'un succès assuré dans tous les Arts.

IX. Tableau.

Page 177. On pourroit peindre Hector & Paris sortans de la Ville pour aller au combat ; leur démarche doit être fiere & animée. Paris plus jeune qu'Hector, est aussi plus léger. Les murailles de la Ville serviroient de fond à ces deux figures ; cette bâtisse n'occuperoit qu'une partie de ce même fond ; les paysages, les combattans enrichiroient l'horison, & serviroient en même tems à indiquer l'objet de la marche des deux guerriers.

LIVRE SEPTIEME.

I. TABLEAU.

MINERVE & APOLLON près d'un grand chêne. Ces figures dépourvues d'action ne peuvent avoir d'autre caractere que celui de la curiosité animée des deux Divinités, & qu'on désigne par les regards avides avec lesquels elles fixent les combattans : on doit, ce me semble, les représenter debout ; cette attitude est une suite plus marquée du sentiment qui les conduit en cette occasion.

Page 215

II. TABLEAU.

Les neuf Princes se présentent pour le combat proposé par Hector : les armées sont rangées en bataille : les Princes tirent au sort dans le casque d'Agamemnon. Le texte dit que chacun fit sa marque. Ainsi on peut leur faire tenir ce que l'on voudra ; une pierre, un morceau de bois, tout est bon. D'ailleurs, les figures sont trop petites pour distinguer de pareils objets. L'attention à tenir quelque chose est suf-

Page 220

fifante ; mais la joie d'Ajax, en faveur duquel le fort a décidé, est nécessaire à faire sentir ; la façon dont il présente sa marque, est un moyen des plus assurés pour faire sentir l'action des autres. Ce passage semble nous apprendre que l'écriture n'étoit pas plus familiere aux Héros de ce tems, qu'à nos anciens Chevaliers.

III. TABLEAU.

Page 233. Hector & Ajax ayant été séparés par les Hérauts, dont l'action ne doit pas être douteuse, se font des présens ; l'un donne son épée, l'autre son porte-épée de pourpre ; leurs armes sont délabrées par les coups qu'ils se sont portés ; on voit auprès d'eux les grosses pierres qu'ils se sont lancées. D'ailleurs, l'approche de la nuit est essentielle à représenter. On ne doit point oublier que les deux armées sont toujours en présence, & que dans ce Tableau, ainsi que dans celui qui le précede, le grand chêne, auprès duquel on a vu plus haut Apollon & Minerve, est absolument nécessaire à rapporter : le site est le même, mais les actions sont différentes ; d'ailleurs, un Artiste est toujours le maître de prendre son terrein du côté qui lui convient ; il n'est obligé que de représenter un chêne. Mais dans ces deux dernieres compositions, Minerve & Apollon métamorphosés en Autours, sont perchés sur cet arbre : les Autours sont des oiseaux noirs.

IV. TABLEAU.

Le grand bucher sur lequel on brûle tous les corps des Grecs, & ces corps apportés de tous les côtés dans des chariots, fournissent une composition des plus riches. Page 236.

V. TABLEAU.

Le Hérault * des Troyens introduit au milieu du Conseil des Grecs : Agamemnon leve son sceptre vers le Ciel pour jurer & faire serment qu'il accepte la trêve. C'est une cérémonie des Anciens dont la Peinture doit conserver l'usage. Il est toujours bon de rappeller à l'idée de l'Artiste, que ce Conseil est tenu dans une tente ainsi que celui que l'on a vu plus haut. *Tableau II. Liv. I.* Page 233.

* Voyez son habillement dans l'Avertissement.

VI. Tableau.

Page 145. Les Grecs environnent leur camp de murailles & le flanquent de Tours. On pourroit réunir le quatriéme Tableau dans celui-ci, faire voir tous les foldats occupés à bâtir, tandis que d'autres portent les morts fur le bucher; & comme les Troyens firent de leur côté la même cérémonie, elle pourroit enrichir l'horifon qui feroit terminée par une portion de la Ville. Mais je craindrois que cette quantité d'objets ne chargeât & n'offufquât trop la compofition; ainfi je repréfenterois feulement ces retranchemens des Grecs : la joie que caufa cette trêve dans la Ville & dans le Camp, eft admirablement décrite & peinte par Homere, mais elle ne peut-être rendue par la Peinture.

LIVRE HUITIEME.

I. Tableau.

Page 273. JUPITER fur fon trône, placé fur le plus haut de l'Olympe, environné des Dieux; on peut voir la terre au-deffous des nuages & caractériser l'aurore. Cette opposition d'une lumiere sourde avec la lumiere supérieure, peut être avantageuse à la Peinture ; mais pour remplir les idées du texte & le suivre jusques dans la fiction, je ferois pendre de l'Olympe la chaîne d'or que Jupiter emploie pour comparer son pouvoir à celui des autres Dieux ; je crois que cette idée, dont l'exécution est neuve en Peinture, feroit honneur à l'Artiste ; elle serviroit à caractériser incontestablement ce Tableau de l'Iliade.

II. TABLEAU.

Jupiter arrive dans son Temple sur le sommet du Mont Ida ; les parfums brûlent sur l'Autel ; son Char est d'or & groupe heureusement devant la porte de ce même Temple ; ses Chevaux sont tressés d'or ; le Dieu est couvert d'armes éclatantes. Ce Tableau qui doit être clair & lumineux, produira le plus grand effet : mais il faut convenir que la majesté & l'action dignes de Jupiter, présentent d'autant plus de difficultés, que ce Dieu est seul dans cette composition : il est vrai que l'Artiste étant le maître de la largeur de ses Tableaux, peut tenir celui-ci fort étroit.

Page 276.

III. TABLEAU.

Page 279. Jupiter assis sur le haut du Gargate ou d'une montagne lumineuse, environné de sa gloire, tient ses balances, dont un côté l'emporte sur l'autre ; son Char est à ses côtés ; il pese le combat dont l'Artiste doit donner une idée dans une plaine éloignée, & il doit fixer les regards du Dieu sur cet objet.

IV. TABLEAU.

Page 279. Un cheval du Char de Nestor blessé, met les autres en desordre d'autant plus qu'il est tombé ; le maître du Char fait ses efforts pour couper les traits avec son épée : on voit d'un côté Hector qui s'avance avec ardeur sur Nestor pour le percer, & Dioméde qui accourt pour le secourir. Ces trois Chars, dont les directions & les situations sont différentes, doivent fournir une composition noble & de mouvement. L'Artiste ne doit point oublier qu'il y a toujours deux hommes dans chaque Char, le Combattant & l'Ecuyer qui tient les rênes.

V. Tableau.

Jupiter dans le Haut du Ciel ; la terre obs- Page 283. curcie par des nuages traversés par plusieurs éclairs : le foudre tombe aux pieds des chevaux de Dioméde ; ils se cabrent. Nestor simplement désigné par la vieillesse, laisse échapper les rênes. Le Char d'Hector doit être placé à quelque distance du premier en opposition, c'est-à-dire, en face, & courant sur l'autre : l'Ecuyer d'Hector sera représenté tombé mort & percé d'un dard.

VI. Tableau.

Agamemnon tenant un grand voile de cou- Page 290. leur de pourpre sur le Vaisseau d'Ulysse, parle aux Grecs pour les animer. Ce Tableau possible en lui-même, ne fournit point un sujet que l'on puisse traiter ; l'action de ce Prince auroit peine à se distinguer : d'ailleurs, ces petits Vaisseaux tirés à terre & présentés comme principal objet, choquent trop nos usages & démentent trop les idées que l'on se plaît à avoir de la flotte des Grecs. On la compare toujours, même sans en convenir, à la marine moderne.

Je n'oferois donc confeiller d'entreprendre cette Peinture; il fuffira de repréfenter l'inftant qui fuit celui-ci.

Page 292. Une aigle en l'air laiffe tomber un faon de biche auprès de l'Autel auquel Agamemnon & les principaux Grecs facrifient; on ne fçauroit trop exprimer leur douleur & leur faififfement à cette occafion. Les facrifices font toujours riches, & d'autant plus fufceptibles de variété, que celui dont il eft queftion eft interrompu par cet événement.

VII. TABLEAU.

Page 305. Les deux Déeffes, Minerve & Junon, dans le même Char, préfenteroient la répétition du fujet qu'on a vu plus haut dans le Tableau XII. du V. Livre; mais Iris avec des aîles d'or, qui vole à elles & qui fait arrêter leur Char, en leur montrant de la main Jupiter irrité, préfente non-feulement une grande variété, mais un furplus de richeffe & d'action.

VIII. TABLEAU.

Page 308. Les heures empreffées autour de Junon & de Minerve dans l'enceinte du Palais de Jupiter, ouvrent la porte, tiennent les chevaux, ou donnent la main aux Déesses pour descendre de leur Char : on voit dans l'éloignement les autres Dieux assis sur des Trônes d'or ; on peut en marquer deux vaquans auprès de Jupiter & aux côtés l'un de l'autre, pour indiquer que la femme & la fille du maître des Dieux vont s'avancer pour les occuper.

LIVRE NEUVIEME.

I. TABLEAU.

LEs députés d'Agamemnon & des principaux Grecs, précédés des Hérauts, arrivent dans la tente d'Achille ; ce Héros joue de la lyre & Patrocle l'écoute ; l'un & l'autre sont desarmés. Quand Homere auroit écrit pour la Peinture, il n'auroit pas indiqué autrement l'inaction d'Achille & le peu de part qu'il prenoit à toutes les horreurs de la guerre. Cette lyre, en effet, ne peut laisser aucun doute, ni dans le Récit, ni dans le Tableau.

Je ne connois point une plus belle allégorie que celle des prieres : on pourroit, absolument

Page 355.

parlant, en faire un Tableau ; mais il seroit triste & peu piquant, & la Peinture répondroit mal à l'esprit de la Poësie.

II. Tableau.

L'Episode de Méléagre fournit quatre Tableaux qui méritent d'être traités ; si l'on trouve qu'ils interrompent trop le fil du Poëme, on peut ne les point exécuter, ou plutôt on pourroit rassembler les Episodes à la fin de chaque Poëme, non-seulement pour rendre la justice que mérite l'imagination du Poëte, mais pour conserver à la Peinture toutes ses richesses.

Page 383. Diane dans le Ciel, assise sur un Trône d'or à côté de celui de Jupiter. La Déesse animée parle avec action. On voit un combat sur terre entre les Curétes & les Etoliens. Les représentations de ce genre ne demandent que la plus simple indication ; on ne les place ordinairement que pour prouver l'exactitude ; & les Dieux qui voient de l'esprit, n'ont pas besoin, dans ces occasions, d'avoir toujours les yeux sur l'objet dont ils s'entretiennent.

TIRÉS DE L'ILIADE.

III. TABLEAU.

Méléagre accompagné d'un grand nombre de chasseurs, & dans l'actionque l'ardeur de la chasse a coutume d'inspirer; Méléagre, dis-je, tue le terrible sanglier. Cette action est la seule contrainte de l'Artiste; toutle reste est à sa disposition.

Page 386.

IV. TABLEAU.

Méléagre mécontent, retiré dans une chambre de son Palais, ne veut prendre aucun parti dans la guerre; son Pere, c'est-à-dire un vieillard, lui présente des armes; sa mere joint ses larmes aux prieres de son mari: on doit distinguer ses refus. La Peinture nous présente plusieurs moyens pour les exprimer. Ces parties de l'esprit ont souvent leurs difficulés, mais elles donnent du ressort au génie; elles sont dans la Nature, & la recherche des expressions est l'étude la plus flatteuse d'un Artiste.

Page 390.

V. TABLEAU.

La belle Cléopatre, femme de Méléagre, aux pieds de ce Heros; elle pleure; elle le presse & le touche; il prend ses armes.

Page 391.

Cet épisode seroit d'autant plus agréable à traiter seul pour la décoration d'un cabinet, que la fin de l'action prouve le pouvoir d'une femme aimée, qui l'emporte ordinairement sur toutes les autres considérations : cette action conduit encore l'esprit au bonheur d'être attaché à une femme vertueuse ; elle n'exige que le juste & l'honnête. Que de maux arriveront encore par les raisons contraires !

LIVRE DIXIEME.

I. TABLEAU.

Page 454. AGAMEMNON se leve, c'est-à-dire, que l'on voit son lit auprès de lui. Dans le moment qu'il se couvre de la peau d'un lion d'une énorme grandeur, & qu'il prend sa pique qu'un Esclave lui présente, Ménélas arrive ; ses épaules sont couvertes d'une peau de léopard ; sa tête est casquée, & il tient sa pique. La scene se passe dans la tente d'Agamemnon. On peut prendre la licence d'introduire une ou plusieurs lampes pour éclairer cette composition : il est cependant vrai qu'Homere ne fait aucune mention

tion de cette lumiere, facile à supposer, & très-inutile à rapporter dans ses Vers.

Les détails de ce Livre sont de la plus grande beauté quant à la vivacité des descriptions; mais ils se passent dans la nuit. Il seroit ridicule d'entreprendre de les rendre par la Peinture; elle ne peut exprimer que ce qu'elle voit : de plus, ces faits ne sont point assez importans, quant à l'action du Poëme, pour les éclairer.

LIVRE ONZIEME.

I. TABLEAU.

JUPITER envoie la Discorde souffler son venin sur le camp des Grecs. Je prendrois la licence de faire planer cette Divinité sur leur camp, facile à distinguer par les bords de la mer & par les Vaisseaux tirés à terre; manœuvre qui se répete encore aujourd'hui pour les felouques à la côte d'Italie, principalement de Naples & de Sicile, & qui étoit en usage dans ces tems reculés, comme on le verra dans l'Odyssée, *Liv. II. Tabl. V.* Homere fait descendre la Discorde sur un Vaisseau, d'où elle parle à toute l'armée. Le Peintre, non-seulement rendroit mal cet inftant, mais il ne pourroit même en donner une idée, la Peinture & la Poéfie n'arrivant pas toujours à l'expreffion par les mêmes voies. Pour rendre cette defcription telle qu'elle eft donnée, une figure de femme, dont on ne peut augmenter la grandeur, feroit abforbée par le feul efpace, indépendamment du volume d'une flotte & de l'armée à laquelle elle parle. Au refte, la Difcorde pâle & livide, les yeux grands & cernés, a des ferpens pour attributs; elle en tient à la main; elle en eft ceinte. Il ne s'agit ici que de ce dernier fait; les autres caracteres ne font rapportés que pour les occafions où cette Déeffe infernale fera repréfentée fur le devant d'une compofition.

II. TABLEAU.

Page 15. Les fils d'Antimaque demandent la vie à Agamemnon; ils ont abandonné les rênes de leurs chevaux; ils font à genoux; l'effroi & la pâleur font peints fur leurs vifages. On doit juger par la façon fiére & terrible dont ce Roi fait pouffer fon Char contr'eux, qu'il ne leur fera point de quartier ; il paroît en effet au moment d'en percer un avec fa pique.

III. TABLEAU.

Jupiter encore placé dans l'éloignement, avec la feule différence d'être ici repréfenté fur le Mont-Ida, fait fentir autant qu'il eft poffible, dans une pareille diftance, qu'Iris eft envoyée par ce Dieu, c'eft-à-dire, qu'il la regarde & qu'il a le bras étendu de fon côté. Cette Meffagere des Dieux avec des aîles d'or, donne des confeils à Hector ; elle eft toujours en l'air & montre de la main celui qui l'envoie. Hector l'écoute dans fon Char arrêté à quelque diftance des murailles de la Ville, qui fourniffent un beau fond, au moins pour une partie du Tableau. Le Mont Ida ou les autres lointains, à la volonté de l'Artifte, ne font nullement embarraffans. *Page 19.*

IV. TABLEAU.

Paris derriere la colomne du tombeau d'Ilus, tire une fleche fur Dioméde, & lui perce le pied dans le tems que ce dernier prend le bouclier d'Agaftrophus qu'il a tué. Malgré la variété des bleffures qu'Homere a foin de rappor- *Page 36.*

ter, & le détail dans lequel il entre presque toujours, il ne dit point quelle partie du pied fut blessée ; l'Artiste prendra donc celle qui conviendra le mieux à sa composition : mais il doit se souvenir que la fléche tient en quelque façon le pied arrêté & cloué à la terre ; par conséquent elle entre par le dessus du pied. Ulysse accourt pour secourir Dioméde.

Je suis bien aise que le Peintre ait une occasion de conserver l'usage des Anciens sur la dépouille des armes ; ils sacrifioient leur vie pour enlever celles de leurs ennemis, ou conserver celles qui leur appartenoient ; leur honneur s'y trouvoit réciproquement attaché. Au reste, je ferois prendre à Dioméde le bouclier préférablement à toutes les autres armes ; sa forme est plus marquée, plus heureuse, & détermine peut-être plus l'action : Homere lui fait prendre aussi le casque. L'Artiste est le maître de choisir, ou de lui faire tenir l'un, & ramasser l'autre tandis qu'il a lui-même toutes ses armes.

V. Tableau.

Page 56. Nestor a conduit Machaon blessé dans une

TIRÉS DE L'ILIADE. 69

tente : Hécaméde leur présente des rafraîchissemens. Ils ont à leurs côtés une table de bois précieux, montée sur un pied dont la couleur est bleue céleste ; on voit sur cette table quelques plats & la coupe de Nestor, dont Homere fait la description suivante. Mais je dois dire auparavant que Patrocle arrive dans la tente lorsqu'ils sont dans cette situation.

» Cette coupe étoit d'une rare beauté, &
» ornée de cloux d'or ; elle avoit quatre an-
» ses soutenues chacune de deux colombes d'or ;
» il n'y avoit point d'homme qui pût la sou-
» tenir quand elle étoit pleine, mais Nestor la
» soutenoit facilement. «

Cette description est nécessaire pour la Peinture de la coupe, mais elle est utile pour donner aux Artistes une idée de la belle vieillesse de Nestor pour les représentations qu'ils seront obligés d'en faire.

VI. TABLEAU.

Eurypile est couché sur des peaux de bœuf : Page 75. Patrocle coupe le trait qui lui perce la cuisse ; des Esclaves tiennent à ses côtés un vase, une jatte, des plats & des linges pour panſer la bleſſure : la ſcene ſe paſſe dans une tente.

Je ne dois pas finir ce Livre ſans ajoûter qu'il eſt rempli de combats, ſi bien & ſi vivement décrits, qu'il n'y en a aucun qui ne pût fournir un Tableau ; ils ſont même ſuffiſamment variés par le récit, mais ils ne le ſont point aſſez pour la Peinture.

LIVRE DOUZIEME.

I. TABLEAU.

Page 109. APOLLON & NEPTUNE occupés à détruire les murailles que les Grecs avoient élevées pour la défenſe de leur camp.

On a traité ce Tableau, *Liv. VII. Tabl. VI.* mais on ne doit pas redouter la répétition du ſite. Ces murailles avoient une étendue, & ces Dieux renverſent une portion différente de celle qu'on a vu élever. Je croirois qu'Homere fait ce récit par anticipation, & qu'il rapporte au commencement de ce Livre, un événement qui n'arriva qu'après la priſe de Troye ; &

comme ce Tableau pourroit interrompre le fil de l'action, il sera facile de le rapporter à la fin, si jamais on exécute la suite que je propose ; mais en quelque lieu qu'il soit placé, le sujet est beau à traiter. Neptune à la tête de huit fleuves, dont Homere donne les noms, & qui doivent être personifiés, travaille au renversement de ces murailles ; Jupiter même y contribua ; ainsi on peut le faire présider à cette action. L'exacte observation du passage fournit la plus ample richesse ; j'exhorte l'Artiste à le lire, ainsi que le plus grand nombre des autres ; ces extraits auront rempli leur objet le plus essentiel, si la lecture d'Homere en est la suite.

II. TABLEAU.

Au milieu de l'assaut que donnent les Troyens, Page 12 dans lequel on voit des créneaux renversés, des fondemens attaqués par des leviers, &c. le combat de l'aigle & du grand serpent que le premier emportoit, & qui se recourbant sur lui-même, perce son ennemi, mérite d'être représenté. L'impression que ces sortes d'augures faisoient sur les Anciens ; celle que caufa dans cette occafion cet événement, le rendent d'autant plus néceffaire, qu'il enrichit l'air & qu'il fufpend de part & d'autre toutes les actions de mouvement, & jette les deux armées dans la furprife.

III. TABLEAU.

Page 145. Dans le nombre infini d'actions & de mouvement que fournit cette attaque, la pierre lancée par Hector contre la porte, me paroît un inftant à préférer, d'autant que cet événement termine l'affaut. On peut repréfenter la pierre déja lancée, parcourant l'air, ou plutôt ayant brifé la porte; elle occupe une partie de fon ouverture; & cette ouverture laiffant voir les Grecs étonnés & fuyans, préfente auffi des plans différens & des jours oppofés; effets certains, & que les Artiftes doivent chercher avec foin, & qu'ils ne doivent point laiffer échapper quand ils s'offrent auffi naturellement.

LIVRE TREIZIEME.

I. TABLEAU.

IL feroit hardi, mais piquant, de peindre le Palais de Neptune dans le fond de la mer; Homere fe contente de l'indiquer; on peut auffi fe difpenfer de le traiter. Cependant, pour donner une idée de la lumiere rompue qu'on pourroit employer dans ce Tableau, & qui me paroît fa plus grande difficulté, les jours qu'on a pû obferver fous la cafcade de Narni en Italie; ceux que l'on a pû voir chez le Roi Stanislas *, peuvent fervir à l'exécution de ce Palais, fingulier dans toutes fes parties.

Page 168.

II. TABLEAU.

Il n'en eft pas de même du fujet qu'Homere nous fournit enfuite; on doit y repréfenter Neptune fur la mer armé & monté fur fon

---

* Ce Prince recommandable par un fi grand nombre de vertus, intelligent amateur des Arts, a difpofé des cafcades ou des napes d'eau à toutes les fenêtres d'un appartement d'été, dans une de fes maifons de campagne en Lorraine.

Char, accourant à la côte sur laquelle les Vaisseaux des Grecs sont rangés ; objet dont une partie de l'espace ou du lointain est enrichie.

III. Tableau.

Page 170. Neptune toucha les deux Ajax avec son sceptre ou sa haste, & leur inspire un nouveau courage.

Le reste de ce Livre représente les combats les plus vifs & les plus variés ; mais, comme je l'ai dit plus haut, la Peinture ne peut entreprendre ces sortes de sujets dans la crainte d'une trop grande répétition, du moins apparente dans les dispositions générales du Tableau.

LIVRE QUATORZIEME.

I. Tableau.

Page 279. JUPITER méditant sur le Mont Ida, est apperçu par Junon assise sur un trône d'or. On peut, je crois, pour rendre la composition plus riche, prendre la licence de placer plusieurs autres Dieux & Déesses aux côtés de Junon, également sur des trônes d'or. Homere, il est vrai, ne le dit point, peut-être pour éviter une répétition, dans le fond aſſez inutile, & que je n'ai propoſé que pour meubler un Tableau qui ſeroit un peu nud ſans un tel ſecours.

II. Tableau.

Junon ſeule dans ſon appartement que Vulcain a travaillé pour elle. Cette citconſtance apprend aſſez à l'Artiſte qu'il peut employer toute la magnificence des métaux dans cette décoration. La Déeſſe eſt environnée de tout ce que les femmes peuvent rechercher pour être plus en état de plaire : les parfums, les boëtes aux eſſences, les vaſes, &c. doivent être placés autour d'elle. L'Artiſte aura ſoin de ne pas s'écarter, dans leur repréſentation, des formes antiques & ſimples. Junon ſera donc à ſa toilette, formant, au dire d'Homere, cent boucles de ſes beaux cheveux ; les pendans de ſes oreilles ont trois pendeloques : la robe que Minerve lui a brodée eſt auprès d'elle ; elle eſt remplie de figures agréables ; on la doit orner d'agraphes d'or ; & il eſt néceſſaire auſſi de faire grouper, avec toutes les richeſſes agréables de ce Tableau, le

Page 281.

voile très-fin que la Déesse doit mettre sur sa tête.

III. Tableau.

Page 282. Junon parle à Vénus avec amitié pour la séduire ; elle la conduit à l'écart & éloignée des autres Dieux, qui doivent être par conséquent représentés sur un plan plus éloigné : Vénus lui donne sa ceinture ; c'est un tissu diversifié, apparemment par ses couleurs. Si une telle diversité tomboit sur la varieté du tissu, elle seroit indifférente dans cet ouvrage. C'est à l'occasion de cette ceinture que la Peinture est bien inférieure à la Poésie ; mais on ne peut changer l'essence des récits & des points donnés.

IV. Tableau.

Page 287. Junon aborde le sommeil ; on la voit entrer dans l'antre où ce Dieu fait son séjour, & dans lequel il paroît couché sur un lit de mousse.

L'Artiste peut donner l'essor à son imagination, pour exprimer les environs de cette demeure, & rappeller par les objets de convenance & de vérité tout ce qui peut procurer aux hommes le repos si nécessaire & si confolant, qu'il n'eſt pas étonnant que les Anciens en aient fait un Divinité. On eſt d'autant moins contraint dans cette Peinture, qu'Homere n'eſt entré dans aucun détail : on pourroit remarquer à ce ſujet que ce grand homme a ſouvent eu l'adreſſe de négliger les petites deſcriptions. Cet artifice ne peut avoir d'autre principe que la grandeur & la juſteſſe du génie, qui n'aiment point à interrompre l'action. Le Poëte eſt en ce cas ſemblable au Peintre ; il évite de repréſenter dans une grande compoſition un petit Tableau terminé, pour ne détourner ni l'œil ni l'eſprit de l'objet qu'il repréſente.

Pour revenir au Tableau dont il s'agit ; je ferois la caverne peu profonde dans le deſſein de laiſſer diſtinguer la figure dominante & les ſonges différens, formés par des vapeurs légeres dont le Dieu doit être environné. Cet antre feroit placé dans un payſage tranquille, mais auſtere, l'image d'une nature heureuſe, fraîche & arroſée par un ruiſſeau qui formeroit une ou pluſieurs caſcades, pour appeller le bruit des eaux, ce grand ami du ſommeil & de ſes avant-coureurs, le calme & la rêverie. On pourroit répandre autour de cette caverne, & jetter sur les différens plans du terrein, quelques pieds de pavot, dont la fleur & la feuille sont également riches dans la Peinture. Les attributs absolument physiques, tel que celui-ci, ne perdent jamais leurs droits : c'est-à-dire, qu'ils sont toujours amis de l'esprit ; ils existent avec la Nature. La même raison m'engageroit à donner au Sommeil des aîles de chauve-souris ; leur forme piquante pour le dessein, porte un caractere distinctif qui ne laisse aucun doute, & qui détermine dans l'instant la Divinité que l'on veut peindre. Enfin, je crois que ce même Sommeil, cet objet si utile & si chéri, ne peut être représenté que beau, tranquille, reposé, & dans un âge fait & formé. La richesse & la magnificence du Char de Junon, arrêté devant la Caverne du Sommeil, produiroient un contraste heureux dans un site pareil à celui que je propose.

V. Tableau.

Page 291. Le Sommeil & Junon sont partis ensemble dans le Char de la Déesse ; on le voit arrêté dans la forêt du Mont Ida, tandis que Junon monte du côté de Jupiter, qu'on doit appercevoir fur un plan plus élevé : le Sommeil fe cache derriere les arbres.

VI. TABLEAU.

Junon arrivée à la Cime du Mont Ida : Jupiter enflammé d'amour lui tend les bras. Le Sommeil en forme d'oifeau noir eft perché fur un fapin peu éloigné du Dieu qu'il regarde, fans en être apperçu. *Page 291.*

VII. TABLEAU.

Jupiter eft endormi : la tête de la Déeffe eft nonchalamment panchée fur fon fein ; elle ne dort point ; on doit au contraire remarquer en elle toute la fatisfaction d'une femme contente de fes charmes & de fon adreffe. Cette compofition fine & délicate, demande toutes les expreffions de trait & de pinceau dont la Peinture eft capable. Cependant, fi ce Tableau paroiffoit trop difficile à rendre, comme il l'eft en effet, on pourroit le fupprimer, celui qui le précede fuffifant pour l'action du Poëme. *Page 291.*

LIVRE QUINZIÉME.

I. TABLEAU.

Page 331. JUPITER en courroux, careffé & calmé par Junon. On doit donner à cette Déeffe un air faux & coquet. Les Tableaux du genre de celui-ci & du précédent, pour être fimples & peu chargés, me paroiffent les plus difficiles de la fuite & n'ont qu'un objet, & cet objet doit fatisfaire ceux qui font remplis de la lecture d'Homere ; ainfi par les mêmes raifons on pourroit encore fupprimer celui-ci.

II. TABLEAU.

Page 335. Tous les Dieux à table dans l'Olympe viennent au-devant de Junon, & lui préfentent une coupe, mais elle ne la prend que de la main de Thémis : ces foules nobles & héroïques ne font point difficiles. L'empreffement eft la feule action de ce Tableau ; & toutes les expreffions qui ne feront ni baffes ni ignobles, font bonnes pour ce fentiment.

III.

III. TABLEAU.

Minerve court après Mars en fureur ; elle lui arrache son casque, son bouclier & sa pique, tandis que la terreur & la fuite sont empressées à atteller son Char, c'est-à-dire, deux figures de femmes auxquelles on donnera ce que l'on pourra du caractere indiqué par le Poëte : la scene se passe au dehors du Palais, & ne présente aucune varieté de site avec le Tableau précédent. On ne représentera dans celui-ci que les parties de ce même Palais que l'on jugera nécessaire de faire voir. Page 339.

IV. TABLEAU.

Apollon & Iris volent ensemble dans les airs ; ils arrivent auprès de Jupiter assis sur le Mont Ida. Ces vues de montagnes permettent d'enrichir ces Tableaux par des paysages & des vues champêtres qui ne tirent à aucune conséquence, & qui, sans trop occuper le Spectateur, ne servent qu'à l'amuser. Page 341.

V. TABLEAU.

Neptune abandonne l'armée des Grecs ; on le voit monté sur son Char, & ce Char avec les Page 346 chevaux s'enfonce dans les eaux. Ce moment me paroît assez neuf en Peinture, d'autant plus que l'on pourroit présenter les eaux suspendues, ou plutôt élevées sur la superficie, formant une voûte claire & lumineuse pour laisser passer & recevoir le Dieu.

VI. TABLEAU.

Page 348. Apollon vole au secours d'Hector. On voit ce Prince assis sur les bords du Xante, reprenant ses esprits, environné de guerriers qui le soutiennent; ils tiennent encore le vase qui contenoit l'eau qui l'a ranimé, & leurs différens mouvemens d'inquiétude & d'agitation, prouvent que l'arrivée d'Apollon étoit fort nécessaire; ce Dieu paroît en effet au moment d'arriver.

VII. TABLEAU.

Page 350. Le Combat des Troyens contre les Grecs sur leurs Vaisseaux tirés à terre. Cette composition est d'autant plus nécessaire à mettre dans cette suite, qu'elle rend exactement le texte d'Homere, & qu'elle donne une idée juste de la marine des Anciens; cette idée rappelle que jusqu'aux derniers siécles, les Vaisseaux se sont peu écartés de cette médiocre proportion.

LIVRE SEIZIÉME.

I. TABLEAU.

AJAX, dont le bouclier est hérissé des traits Page 423 qu'il a parés, s'éloigne de son Vaisseau auquel les Troyens mettent le feu ; ce bâtiment est à terre ainsi que tous les autres ; sa belle forme doit être représentée avec soin. Hector attaque, ou plutôt suit Ajax, qui se retire. La flamme, la fumée, la réunion de ces différens effets procurent à l'Artiste le moyen de faire un beau Tableau.

II. TABLEAU.

La Tente d'Achille est ouverte ; on voit la Page 425 flamme du Vaisseau d'Ajax. Patrocle prend les armes d'Achille, dont ce Heros lui donne la derniere, qui sans doute est la pique ou le bouclier. Le Char est attelé de trois chevaux à la porte de la Tente. Leur ardeur ne sçauroit être

F ij

trop exprimée ; & quant au Costume, voici les paroles d'Homere :

» Les bottines s'attachoient avec des boucles
» d'argent ; la cuirasse étoit peinte de différen-
» tes couleurs, & toute parsemée d'étoiles d'or ;
» le baudrier d'où pend la redoutable épée, dont
» la garde & la poignée étoient ornées de cloux
» d'argent ; le bouclier n'est indiqué que com-
» me pesant, & le casque orné d'un pennache
» de crin de cheval : il choisit les javelots les
» plus propres à sa main. «

III. TABLEAU.

Page 435. Achille dans sa Tente a fait ouvrir par des Esclaves un grand coffre rempli de robes & de tapis ; ces étoffes sont étalées. Achille en a tiré une coupe d'or admirablement travaillée ; il en fait une libation au milieu de plusieurs Officiers. Ses yeux élevés & son attitude de repos, apprennent qu'il adresse une priere au Ciel.

IV. TABLEAU.

Page 467. Apollon sur le bord du fleuve a lavé le corps de Sarpedon ; du moins on voit par les vases & les parfums, qu'il lui a rendu ces derniers devoirs ; après l'avoir couvert d'habits magnifiques, il le remet entre les mains du Sommeil & de la Mort, qui paroissent disposés à l'enlever. Cette fiction est belle, & cette composition n'a, je crois, jamais été exécutée. Il est fâcheux qu'Homere ne nous ait rien laissé sur les attributs qu'on donnoit de son tems au Sommeil ; nous ne connoissons, pour caractériser ce Dieu, que son action même, & nous le couronnons de pavots. Ces idées sont modernes ; la premiere est d'un médiocre service, mais elle ne peut être employée dans le cas présent, où même les fleurs me paroissent déplacées, sur-tout pour une figure qui groupe avec la Mort.

V. Tableau.

Apollon placé sur une Tour touche le bouclier de Patrocle & le repousse : cet ami d'Achille est animé d'une si grande fureur, que malgré ce Dieu, il vouloit entrer dans la Ville. Cette position d'Apollon ne s'accorde point avec l'idée d'une Tour : le Dieu seroit trop grand, ou le bâtiment trop petit ; ainsi m'écartant un peu d'Homere, je représenterois Apollon à pied

Page 469.

à terre auprès de cette même tour : la Poéſie ne marche pas toujours le compas à la main ; & la Peinture ne doit pas s'écarter de certaines proportions de la Nature ; elle oſe encore moins repréſenter Apollon comme un géant ; il ne ſeroit point reconnu.

VI. Tableau.

Page 475. Apollon au milieu des combattans, & placé ſur un nuage, à la volonté de l'Artiſte, a touché Patrocle du bout du doigt, & l'on voit qu'il demeure immobile. Les Tableaux de ce genre, & qui n'ont d'objet qu'un combat ou une action particuliere, feront les moins larges de cette ſuite : la deſcription du Poëte ne donnant point des corps éloignés à repréſenter, l'Artiſte ſera donc plus renfermé pour l'expreſſion particuliere dans les ſujets pareils à celui-ci, & les difficultés ſeront moins grandes.

LIVRE DIX-SEPTIEME.

I. TABLEAU.

ON voit les armes d'Achille portées avec une grande vénération, & arriver dans la Ville de Troye. Le moment avant que d'entrer me paroîtroit plus heureux. Les portes feroient un beau fond, le peuple sortant, admirant, témoignant sa joie ; une autre partie de ce même peuple sur les murailles enrichiroit encore la composition par un moyen simple & naturel, puisqu'il est tiré de la situation.

Page 524.

II. TABLEAU.

Les chevaux d'Achille éloignés de la bataille, immobiles, la tête basse, pleurant la mort de Patrocle. Il faut se souvenir qu'ils étoient immortels, & que cet endroit d'Homere est consacré : on ne doit pas oublier qu'ils n'étoient que deux de cette nature, quoiqu'on en eut attelé trois à ce même Char ; car Sarpédon, en se battant contre Patrocle, a tué le troisiéme cheval, celui qui étoit mortel. Automedon

Page 548.

fait de vains efforts pour faire marcher les deux autres.

III. TABLEAU.

Page 572. Menélas & Mérion emportent le corps de Patrocle du côté des Vaisseaux ; les deux Ajax les suivent, favorisent leur retraite, & font tête aux Troyens qu'ils épouvantent. Ce Tableau présente à mon gré de belles oppositions. La douleur & l'attendrissement de ceux qui portent le corps ; le courage animé de ceux qui les protegent dans leur marche ; la multitude des Troyens, qui n'osent approcher ; la flotte & la mer achevent d'embellir cette composition par la beauté du fond qu'elles permettent d'exécuter.

LIVRE DIX-HUITIEME.

I. TABLEAU.

ACHILLE dans fa tente, donnant toutes les marques d'une douleur qui demande à être traitée plus noblement qu'elle n'eſt indiquée dans Homere. La liberté du récit & les uſages de ces premiers tems, pourroient ne pas convenir aujourd'hui ; d'ailleurs, les détails du Poëte ne ſont point avantageux pour la Peinture. Mais ce Heros affligé au milieu de ſes captives, qui partagent ſa douleur, & dont le nombre n'eſt pas limité, rendront la compoſition ſuffiſamment riche, & toujours intéreſſante par rapport à la ſuite. Page 5.

II. TABLEAU.

Thétis dans les abîmes de la mer, qu'il n'eſt pas poſſible de repréſenter que par des grotes éclairées d'un jour doux, c'eſt-à-dire égal, en évitant de donner la moindre idée du ſoleil, par ces coups de lumiere qui réveillent la Nature d'une façon ſi brillante. Thétis donc aſſiſe Page 6.

auprès du vieux Nérée, paroit très-affligée : on peut faire paroître autour d'elle un aussi grand nombre de Néreïdes qu'on le trouvera nécessaire ; Homere en nomme trente-trois, & finit par un nombre indéterminé. Ces Nymphes attirées par les cris de Thétis, accourent avec tous les mouvemens de curiosité ou d'intérêt : leur empressement varié selon le degré de leur âge, doit fournir un contraste avantageux.

III. TABLEAU.

Page 8. Thétis sort de la mer auprès des vaisseaux des Grecs. Je me contenterois de faire sentir le lieu de la scene, & je répandrois l'effet du Tableau sur la coquille de la Déesse & sur les Nymphes de sa suite, dont une partie est déterminée à l'attendre dans son élément, tandis que la Déesse seroit suivie de plusieurs autres. Aucune de ces Nymphes ne doit être confondue, ainsi qu'elles le sont ordinairement, avec les Sirenes ; c'est-à-dire qu'elles ne doivent point avoir le corps terminé en poisson. Toutes les Nymphes qui suivent la Déesse, sont arrivées montées sur des poissons ; celles qui sont autour de la coquille, ont gardé leur monture &

paroiffent vêtues. Pour autorifer les habillemens qu'on ne peut fe difpenfer de donner à celles de la fuite de Thétis, elles feront couvertes de gaze, ou de ces belles draperies mouillées qui laiffent voir la juftefse des proportions, & que les Anciens préféroient avec tant de raifon aux draperies que nos Modernes emploient fouvent avec une ridicule profufion.

IV. TABLEAU.

Thétis fait des amitiés à fon fils ; elle lui témoigne l'intérêt qu'elle prend à fon malheur, autant qu'il eft poffible à la Peinture de faire fentir ces nuances délicates ; le Tableau eft enrichi par les groupes de beautés qui ont fuivi la Déeffe : la fcene fe paffe dans la tente d'Achille, & par conféquent elle eft refferrée ; & l'Artifte peut à fon gré relever ou fermer les étoffes de cette tente. Nous ignorons la forme de ces pavillons; l'Artifte n'eft donc affujetti à aucune ; & tout ce que fon goût ou fa commodité lui préfenteront, fera convenable. *Page 9.*

V. TABLEAU.

On voit Thétis prendre, fur un nuage, le chemin de l'Olympe, tandis que la mer eft cou- *Page 15.*

verte de son nombreux cortège ; ce cortège s'éloigne du rivage & conduit la voiture de la Déesse à vuide. Pour indiquer que ces Nymphes doivent se plonger dans la mer, & qu'elles vont retrouver leurs habitations, on peut voir les poissons, les tritons, &c. les plus éloignés du premier plan, commencer à s'enfoncer, ou plutôt à descendre sous une voûte d'eau pareille à celle du V. Tableau, *Liv. XV.*

VI. TABLEAU.

Page 17. Iris vient trouver Achille dans sa tente : ce Héros est dans l'abbatement de sa douleur. Il faut le représenter assis, car la Déesse légere lui dit, levez-vous. Je placerois Junon dans les airs sur un nuage éloigné, seulement pour faire sentir qu'Iris est envoyée de sa part. Du reste la tente sera ouverte plus ou moins, selon la volonté de l'Artiste.

VII. TABLEAU.

Page 19. Achille marche sans armes avec la fierté & la noblesse de son caractere. Pallas est à ses côtés ; elle le couvre de son égide ; sa belle tête est rayonnante de la lumiere que la Déesse a bien voulu lui communiquer. On voit Iris prendre son vol vers l'Olympe. Le camp, la flotte & la mer, sont des objets dont le Peintre peut profiter à son gré, selon l'étendue qu'il voudra donner à son Tableau.

VIII. TABLEAU.

Achille rencontre Patrocle porté par ses amis éplorés. La douleur du Héros doit être le plus grand objet de l'Artiste. Le Poëte dit que Patrocle étoit porté sur un lit, pour suivre les usages de ce tems ; ces lits, comme on l'a vu plusieurs fois dans ce Poëme, & comme on le voit dans l'Odyssée, n'étoient pas fort délicats. Je ferois porter ce corps sur quatre piques, dont deux en travers ; elles seroient couvertes, selon le choix du Peintre, d'une peau de tigre, de lion, &c.

IX. TABLEAU.

Le corps de Patrocle paré & gardé. Les vases, les parfums & les baumes qui ont servi à nettoyer & à laver le corps, seroient encore dans un des coins de la composition ; le corps seroit couvert d'un voile d'une éclatante blan-

94 TABLEAUX

cheur, mais artiftement arrangé ; de façon cependant qu'il laifferoit voir les piques ou l'efpece de lit repréfenté dans le Tableau précédent, pofé fimplement à terre : des guerriers armés, plongés dans la douleur, feroient affis autour de cette repréfentation, d'autant plus militaire, que la fcene eft dans une tente : c'eft ainfi que je vois la compofition de ce fujet.

X. TABLEAU.

Page 33. Thétis arrive dans le Palais de Vulcain. Cet édifice de cuivre eft parfemé d'étoiles : on apperçoit ce Dieu noir & enfumé au milieu de fes fourneaux ; il eft environné de trépieds pofés fur des roulettes. Vulcain eft fi occupé qu'il ne voit point Thétis : fa femme, la belle Charis, couverte d'un voile éclatant qui releve fa beauté, fort par une porte de l'intérieur de ce Palais ; elle accueille Thétis, & lui préfente l'appartement d'où elle vient de fortir.

XI. TABLEAU.

Page 35. Thétis dans un appartement plus magnifique encore, placée fur un trône d'or avec un petit marchepied. Charis lui préfente des rafraîchiffemens. Ce Tableau, quoique simple d'action, peut être agréable par la richesse du local & la beauté différente de ces deux Déesses.

La toilette de Vulcain & le dérangement de ses soufflets, possibles à peindre, ne me paroissent pas assez intéressans pour s'en occuper; ainsi content d'indiquer ces actions comme possibles en Peinture, je les passe sous silence, d'autant plus volontiers, que le Tableau suivant fait voir Vulcain différemment vêtu; ce qu'il n'a pû faire sans supposer les actions précédentes, & que je crois qu'on peut se dispenser de rapporter.

XII. TABLEAU.

Vulcain couvert d'une robe magnifique, un sceptre d'or à la main, soutenu par les deux belles esclaves d'or qu'il avoit autrefois forgées, arrive devant Thétis. Si l'on n'étoit point accoutumé à la figure de Vulcain, je craindrois que cette parure ne fût ridicule. Je trouve dans le Tableau d'Homere une raillerie fine des hommes qui veulent toujours faire parade de leurs ouvrages; les esclaves d'or me rappellent cette idée.

XIII. TABLEAU.

Page 42.   En conféquence des prieres de la Déeffe, on voit Vulcain dans fa même forge ; elle paroît plus enflammée qu'elle ne l'étoit dans le XI. Tableau de ce même Livre. Le Dieu a repris fon premier ajuftement, & il a déja fait le cafque & la cuiraffe ; ils font à fes côtés ; il travaille à ce fameux bouclier qui donne feul une fi grande idée de la connoiffance & de la pratique des arts chez les Anciens.

Je ne pourrois rien ajoûter à la fagacité avec laquelle M. Boivin a prouvé la poffibilité de repréfenter un fi grand nombre de fujets dans l'efpace d'un bouclier ; je renvoie donc à fa differtation ; la vue du deffein dont elle eft accompagnée, feroit fuffifante à tous les Artiftes pour leur faire fentir la réalité de cette idée ; mais tout le monde n'ayant pas cette differtation à fa difpofition, je vais continuer ma carriere à cet égard dans le goût des autres épifodes que j'ai crû devoir rapporter.

XIV. TABLEAU.

Page 42.   Suivant le projet de la fuite dont il eft queftion,

tion, je peindrois ce bouclier de sa grandeur naturelle, c'est-à-dire, d'environ quatre pieds de diamètre, & tel qu'Homere le suppose, c'est-à-dire, de bas-relief, & damasquiné avec la seule couleur des métaux dont ce bel ouvrage est décoré, avec un bord à trois rangs d'or, accompagné d'une courroie d'argent flexible, & l'océan faisant tout le tour de ce bel ouvrage.

XV. TABLEAU.

La terre, le ciel, la mer, le soleil & la lune, les astres & les constellations. Si l'on exécutoit ce Tableau, que je crois peu nécessaire, il faudroit consulter un Astronôme pour la position des astres. L'avantage des grandes Villes est de présenter des secours pour tout ce que l'on veut sçavoir. Une fausse honte, une sotte vanité ne doivent jamais empêcher l'aveu de son doute & de son ignorance. *Page 42.*

XVI. TABLEAU.

Dans une des deux Villes on voit des nôces & des festins : de nouvelles mariées sortant de leurs maisons, sont conduites dans les rues avec *Page 43.*

G

un bel ordre à la clarté des flambeaux : des troupes de jeunes gens précedent & suivent cette pompe en dansant au son des trompettes & des flûtes : les femmes de la Ville attirées par la curiosité sont à leur porte & admirent cette marche. Je crois que le lieu de cette scene ne peut être établi que dans une place publique, qui met seul en état de remplir tous les points donnés.

XVII. TABLEAU.

Page 44. Une assemblée du peuple que des Hérauts font ranger. Deux Citoyens qui plaident. Les Vieillards qui doivent juger sont assis dans un cercle sur des pierres polies & bien travaillées ; d'autres Hérauts à leurs côtés & debout, tiennent leurs sceptres ; on voit deux lingots d'or à leurs pieds. Cette scene se passe encore dans une place qui peut être formée & ornée par des bâtimens arbitraires, mais riches. Il faut se souvenir que les Grecs n'étoient somptueux que pour les bâtimens publics, & que les maisons particulieres étoient fort simples.

XVIII. TABLEAU.

Deux troupes de guerre, l'une menace une Ville du fer & du feu ; l'autre la protege. On voit les femmes & les vieillards fur les murailles pour la défendre. Mars & Pallas font à la tête des deux armées. Ces objets font grands ; ils ont été fans doute fort réduits fur le bouclier ; mais dans la fuite que je propofe, ce fujet fera des plus étendus en largeur.

Page 45.

XIX. TABLEAU.

Une de ces troupes embufquées fur le bord d'un fleuve : on voit des fentinelles en avant ; des troupeaux de bœufs & de moutons viennent pour boire à ce fleuve ; deux bergers les conduifent avec la plus grande fécurité ; ils jouent de leurs chalumeaux.

Page 46.

XX. TABLEAU.

Les foldats tuent les bergers, dévaftent les troupeaux. Le premier plan de ce Tableau aura fuffifamment d'action. Les troupes ennemies accourent pour fecourir ces bergers. Je crois que les Anciens, fur-tout ceux de ce tems là, ne marchoient point ferrés comme les légions

Page 47.

Romaines ont fait depuis ; ainsi on peut faire accourir ces troupes par pelotons & sans beaucoup d'ordre, ce qui produira un avantage pour le lointain de ce Tableau.

XXI. Tableau.

Page 47. Combat très-vif ; des hommes renversés, & au milieu des troupeaux égorgés & mis en fuite : la Discorde traîne une homme par les pieds.

XXII. Tableau.

Page 48. Plusieurs laboureurs travaillent un champ ; un homme leur donne une grande coupe de vin au bout de chaque sillon. Ce sujet nous apprend combien l'agriculture étoit alors recommandable, & le cas que l'on faisoit des laboureurs.

XXIII. Tableau.

Page 49. Des moissonneurs coupent les bleds avec leurs faucilles : des hommes servis par de jeunes gens qui leur portent des brassées, font les gerbes : le maître de la terre est assis au milieu du champ, le sceptre à la main : on voit à quelques pas de-là, à l'ombre d'un chêne, des viandes à la broche & des vivres préparés par des femmes & par des Hérauts pour le dîné des moissonneurs. Ce Tableau champêtre a toutes les oppositions que l'on peut desirer.

XXIV. TABLEAU.

Une vigne chargée de raisins. De jeunes filles & de jeunes garçons portent la vendange dans des paniers d'ozier ; on voit au milieu d'eux un jeune homme qui joue de la flûte, & toute cette jeunesse saute & folâtre. Le Costume, par rapport aux Tuniques, aux corps à moitié vêtus, ainsi qu'aux coëffures *, est d'une grande conséquence pour le mérite & l'agrément de ce sujet.   Page 50.

XXV. TABLEAU.

Un troupeau de bœufs sort de l'étable ; les bœufs qui marchent à la tête font voir que le troupeau va paître sur le bord d'un fleuve ombragé & garni de roseaux ; quatre bergers suivent ce troupeau ; ils sont accompagnés de neuf gros chiens.   Page 50.

* Voyez l'Avertissement.

XXVI. Tableau.

Page 51. Deux lions mangent un taureau ; les bergers ne peuvent leur faire abandonner la proie ; leurs chiens aboient, reculent & n'ofent en approcher.

XXVII. Tableau.

Page 51. Une vallée agréable préfente un pâturage rempli d'un nombreux troupeau de moutons ; on y voit des bergers, des parcs, des cabannes.

XXVIII. Tableau.

Une danfe de jeunes gens des deux fexes qui fe tiennent par la main ; les filles font habillées d'étoffes très-fines, telles que les Anciens aimoient à les employer, & qui défignent fi élégamment les deffous qu'elles recouvrent ; elles ont fur leurs têtes des couronnes d'or. Les jeunes hommes vêtus de couleurs très-brillantes, ont des épées fufpendues par des baudriers d'argent. Une foule de peuple regarde cette danfe au milieu de laquelle il y a deux fauteurs très-difpos, qui chantent & qui font des fauts merveilleux.

Ces hommes qui danfent avec leurs épées, nous indiquent que les Grecs ne portoient pas leurs armes auſſi bas que nous, & qu'ils les portoient plus haut peut-être que les Romains, & que ces épées avoient la pointe en bas, c'eſt-à-dire, que la lame ſuivoit le corps. On peut exagerer les Arts, mais on ne peut décrire leurs productions qu'autant que la pratique en eſt connue, c'eſt-à-dire, qu'on ne les imagine point. Homere nous donne par la deſcription de ce bouclier, non-ſeulement l'idée d'une connoiſſance très-étendue, mais encore celle du deſſein, de la cizelure & de l'intelligence du bas-relief. Sans entrer dans le détail de la réduction de ce même deſſein, & de la compoſition bien démontrée par les faits, l'accord de ces métaux prouve encore une connoiſſance de la Peinture que pluſieurs perſonnes ne veulent point accorder aux Anciens du tems d'Homere. Ce grand homme avoit trop voyagé en Egypte pour en ignorer au moins une certaine pratique, & l'on n'eſt point auſſi rempli de ſes effets généraux & de ſes dépendances, qu'on ne la connoiſſe elle-même. Cet ouvrage n'ayant pour but que la Peinture, je crois cette digreſſion pardonnable ; il eſt auſſi naturel de chercher à lui rendre son antiquité, que d'aimer à démontrer son avantage.

LIVRE DIX-NEUVIEME.

I. TABLEAU.

Page 86. LE lieu de la scene est le même que celui du Tableau IX. du Livre précédent ; c'est-à-dire, que Thétis arrive dans la tente d'Achille, mais l'action en est différente. Ce Héros est, il est vrai, accompagné de plusieurs Thessaliens autour du corps de Patrocle, occupé de la douleur que sa mort lui cause ; mais Thétis lui donne les armes que Vulcain a forgées. Il ne seroit pas naturel de les faire porter par la Déesse, quoiqu'il fut possible que telle ait été l'idée d'Homere. Comme il n'est entré dans aucun détail sur ce fait, on pourroit faire suivre la Déesse par des Nymphes, qui, chargées chacune d'une piéce de ces armes, produiroient un spectacle riche & agréable. Au reste, le lever de l'aurore est l'instant donné pour ce Tableau : Homere n'oublie rien ; il est attentif à tout ; il rapporte les foins de Thétis pour conferver quelques jours de plus le corps de Patrocle. Ces foins peuvent s'exprimer en Peinture par la façon claire & active dont le Poëte les a décrits ; mais l'objet, en lui-même, ne feroit point agréable ; d'ailleurs, ce détail eft peu néceffaire, & je me contente de l'indiquer.

II. TABLEAU.

Ulyffe à la tête de plufieurs jeunes foldats chargés de trépieds & de cuvettes, fuivis par des chevaux portant des talens ou des lingots d'or : Bryfeïs à la tête de fept autres captives, ferme la marche. Cette defcription fuffit, ce me femble, pour rappeller à l'Artifte les objets qui doivent entrer dans fa compofition. Le facrifice eft prêt : Ulyffe eft arrivé : Agamemnon les yeux levés au Soleil, tenant fon poignard, fait voir qu'il prononce un ferment. Achille & une grande quantité de guerriers font préfens ; la victime eft préparée & tenue par les Prêtres ; elle eft à la volonté de l'Artifte, car Homere ne la défigne point, & je préférerois le ferment à la cérémonie du facrifice. Nous avons déja quelques Tableaux de ce genre, & celui que je propose présenteroit cette variété; il est cependant vrai que l'un étoit lié avec l'autre.

III. TABLEAU.

Page 115. Achille armé des armes magnifiques de Vulcain ; cette magnificence est à la volonté de l'Artiste ; il suffit que l'aigrette du casque soit d'or & flottante, & qu'il tienne une forte pique. Il est sur son Char, un peu en arriere de celui qui tient les rênes : un de ses chevaux, auquel le Héros doit avoir l'air de parler, tourne la tête ; les crins de son col recourbé tombent le long du joug & traînent à terre.

L'éclat & le brillant d'Achille, sa fierté, mêlée d'une sorte d'étonnement causé par les paroles que son cheval prononce, & la mort qu'il lui annonce, doivent être l'attention principale de l'Artiste lorsqu'il voudra traiter ce beau sujet. Je sçais que des objets pareils ne se peuvent exprimer complettement, & qu'on auroit tort de l'exiger ; mais comme la pensée fait tout dans la Peinture, je demande qu'un Artiste soit occupé dans cette composition des idées d'Homere ; alors celui que ce grand homme a échauffé, fentira l'exactitude de la compofition ; les traits reffentis fe préfenteront à lui ; & plus l'Artifte aura rappellé les idées de l'Auteur, plus il recevra d'éloges du Spectateur.

LIVRE VINGTIEME.

I. TABLEAU.

HOMERE nous dit que Jupiter infpire dans fon Confeil un grand defir aux Dieux de fe battre & de fe partager pour les Grecs ou pour les Troyens, & qu'en effet ils fe diviferent. *Page 144.*

Pour rendre cette idée par la Peinture, je ne vois point d'autre moyen que de repréfenter Jupiter feul dans l'Olympe dans un éloignement arbitraire, & de peindre deux groupes volans vers la terre ; l'un compofé de Junon, de Pallas, de Neptune, de Mercure & de Vulcain pour les Grecs ; l'autre de Mars, d'Apollon, de Diane, de Latone, de Xante & de Vénus pour les Troyens. Cette difpofition de groupe n'eſt, dans la vérité, qu'une ſuite de l'action décrite par Homere ; mais le Peintre ne peut exprimer le Conſeil que par ſes effets. D'ailleurs, la compoſition que je propoſe, pittoreſque en elle-même, autoriſe les combats de ces mêmes Divinités dans les Livres qui nous reſtent à examiner.

Je ne puis m'empêcher de faire une réflexion étrangere à la Peinture, & d'admirer la juſteſſe de l'eſprit & la grandeur du génie d'Homere. Tous les Dieux énoncés ci-deſſus ſe cherchent dans le combat pour s'attaquer ; leurs mouvemens ne peuvent être ni plus clairs ni mieux décrits. Homere, pour ramener à ſon ſujet, finit cette deſcription en diſant, *mais Achille n'en veut qu'à Hector*. Quel art ! ou plutôt quel homme !

II. TABLEAU.

Page 160. Le combat d'Enée contre Achille eſt néceſſaire à repréſenter, autant pour l'Iliade que pour l'Eneïde dont il fait partie, du moins quant aux avantures de ce pieux Héros. Neptune arrache la pique qui tenoit encore dans le bouclier d'Enée. Je préférerois cet inſtant à celui

TIRÉS DE L'ILIADE.

de l'enlévement qui le fuit, pour éviter la répétition de ces fortes de fujets que l'Iliade préfente déja plufieurs fois : cependant l'Artifte eft le maître de choifir ; les fujets les plus rebattus deviennent neufs dans les mains du génie.

III. TABLEAU.

Apollon ayant enlevé dans un nuage Hector pour le fauver de la fureur d'Achille ; ce Héros continue à porter plufieurs coups de fon épée dans le nuage ; & cet inftant préfenté par la defcription d'Homere, me paroît à préférer fur les autres que l'on pourroit prendre, & que le texte indiqué en marge met à portée de comparer & de chercher dans l'ouvrage même.

Page 172.

LIVRE VINGT-UNIEME.

I. TABLEAU.

Page 203. LEs Troyens précipités dans le Xante ; le defordre des Chars, de l'Infanterie qui fe noie ; Achille, dont la pique eft plantée fur le bord du fleuve, fuivant les Troyens à la nage, tuant, eftramaçonnant, &c. Ce Tableau fera d'autant plus heureux pour un Peintre frappé du mouvement, que les objets n'ont aucun fentiment partagé, que les Troyens font épouvantés fans exception, & qu'Achille eft feul brave. Homere décrit ce Héros l'épée à la main dans l'eau ; cette attitude laiffe à defirer ; elle cache plufieurs mouvemens de la figure. Ne feroit-il pas plus heureux de repréfenter ce Héros dans le moment qu'il fe précipite dans le fleuve pour fuivre les Troyens, après avoir planté fa pique fur le rivage ?

II. TABLEAU.

Page 204. Achille a pris douze jeunes Troyens pour les facrifier fur le tombeau de Patrocle ; on

TIRÉS DE L'ILIADE.

les voit sur le bord du fleuve, demi morts de frayeur, les mains liées derriere le dos, & remis par Achille entre les mains de quelques soldats pour les conduire.

III. TABLEAU.

Le Scamandre sous la figure d'un homme, Page 218. parle à Achille. La colere du fleuve est autorisée par les objets de carnage dont Achille est environné pour la satisfaction de sa vengeance.

IV. TABLEAU.

Le Scamandre enfle ses eaux ; le gonflement Page 220. de ses vagues indique qu'Achille est l'objet de leur poursuite. Ce Héros doit paroître résister avec peine à ce dernier. D'ailleurs, pour la richesse de ces derniers Tableaux, il ne faut point oublier que le fleuve est rempli de Troïens ou morts ou mourans, de Chars brisés & de chevaux noyés ; le tout à la volonté de l'Artiste.

V. TABLEAU.

Achille est à l'abri dans l'irruption des eaux, Page 223. c'est-à-dire, qu'il est sur un très-petit espace de terre ; Neptune & Pallas viennent à lui, le confolent, & lui donnent des témoignages d'amitié & d'intérêt, comme de lui prendre la main ; l'autre touche fon cœur pour lui donner fa parole, &c.

VI. TABLEAU.

Page 224. Le Scamandre irrité appelle fon frere le Simoïs. Les deux fleuves perfonifiés enrichiffent la compofition, & autorifent la fureur des vagues, qui redoublent leurs efforts contre Achille. La campagne eft couverte d'eau, de débris & de tous les objets d'horreur.

VII. TABLEAU.

Page 228. Vulcain animé par Junon, oppofe fon fecours aux dangers de l'inondation : tout l'horifon paroît enflammé ; le feu même doit être difpofé de maniere à faire croire que cet élément doit l'emporter. Ce changement de fcene ne diminue point l'horreur de ce Tableau. Le mouvement & les événemens ont changé la fituation. La fierté d'Achille eft fufceptible de plus de quatre varietés ; c'eft le nombre des derniers Tableaux de la fureur des fleuves contre

TIRÉS DE L'ILIADE.

tre lui ; tantôt menaçant ces Dieux, tantôt ferme pour marquer son intrépidité, tantôt simplement appuyé sur son bouclier ou sur sa pique, il regarde sans remuer le combat ou l'agitation de ces élémens.

VIII. TABLEAU.

Le combat de Minerve & de Mars. Cette Déesse lance une pierre dont le Dieu Mars est renversé : on représentera ce que l'on voudra de combattans pour enrichir la composition ; mais il faudra qu'ils soient éloignés pour faire sentir le caractere de ces Divinités, & le respect qui leur est dû. *Page 223.*

IX. TABLEAU.

Mars étendu sur le champ de bataille, est secouru par Vénus ; elle arrive avec l'effroi & l'intérêt. Ces deux impressions doivent être l'objet de son expression ; elles suffisent pour rendre la composition capable d'affecter. *Page 234.*

X. TABLEAU.

Minerve accourt contre Vénus & la renverse sur Mars. Je crois qu'il est plus heureux pour *Page 235.*

la composition, de prouver par l'attitude de Minerve, qu'elle vient de porter un coup dans la poitrine de Vénus, & de faire sentir par le faux aplomb que cette Déesse doit nécessairement tomber sur Mars. La colere noble & la fierté de Minerve, la peur & l'effroi de Vénus ; enfin la honte de Mars, sont les passions dominantes de ce Tableau, que les Chars de ces Divinités concourent à rendre heureux pour la Peinture.

XI. TABLEAU.

Page 242. Junon & Diane en colere, font une espece de lutte ; la premiere prend d'une main les deux mains de la seconde, & de l'autre elle lui a enlevé son carquois dont elle la frape au visage, en même tems que les fleches se répandent par terre. Rien n'est aussi délicat à traiter que le combat de deux femmes. L'Artiste, pour éviter le danger de cette représentation, doit s'occuper du caractere des deux Divinités qu'il est obligé de représenter : le secours de leurs Chars ou de leurs nuages n'est point à négliger.

XII. TABLEAU.

Mercure s'éloigne doucement pour ne point prendre de part à la querelle. Latone ramasse les mêmes fleches qu'on a vu répandues dans le Tableau précédent. L'action de cette composition est du moins agréable pour le caractere & l'âge des figures dont elle est ornée : l'embarras consiste à faire connoître qu'il s'agit de Latone ; car Homere ne lui donne aucun attribut ; plus âgée, sa beauté doit être d'un caractere plus formé que celui de sa fille ; mais cette distinction n'est pas une raison suffisante pour la faire reconnoître, & les accompagnemens qui servent à caractériser cette Déesse, ne peuvent être placés dans ce Tableau. Il est vrai, pour la consolation de l'Artiste, que la suite du Poëme doit servir à l'explication du sujet. Si l'on n'est pas convaincu de ce moyen, on pourroit séparer cette composition de la suite, c'est-à-dire, ne la point traiter, & se contenter de reporter dans le Tableau précédent, Mercure qui s'éloigne du combat des deux Déesses pour n'être point obligé de prendre parti dans la dispute. Cette action est trop dans le caractere de ce Dieu pour ne la point exprimer.

XIII. Tableau.

Page 242. Diane toute en pleurs va trouver Jupiter dans l'Olympe. Ce sujet pourroit intéresser par lui-même ; cependant comme il ressemble parfaitement à plusieurs autres de ce même Poëme, & que cette démarche de Diane n'a aucune espece de suite, je crois qu'on peut se dispenser de le traiter.

XIV. Tableau.

Page 246. Combat d'Agénor contre Achille. Le fond du Tableau représente la porte de la Ville de Troye, assez voisine : Apollon est appuyé contre un hêtre ; il est enveloppé d'un nuage transparent, ce qui prouve qu'il est invisible aux combattans. Agénor a lancé son javelot contre Achille au-dessous du genou ; mais on voit que le trait retombe sans avoir fait aucune blessure. Le mouvement de plusieurs combattans occupe le lointain, à la volonté de l'Artiste.

XV. Tableau.

Page 250. Si l'on veut suivre exactement le Poëme par

les Tableaux, on peut repréfenter Apollon fous la figure d'Agénor, fuyant derriere Achille pour l'éloigner de la Ville, dans laquelle il eſt vraiſemblable, felon Homere, qu'il feroit entré dès le moment, peut-être même malgré l'ordre des deſtinées, tant la valeur a de pouvoir felon cet ancien Poëte.

LIVRE VINGT-DEUXIEME.

I. TABLEAU.

HÉCUBE & PRIAM fur une tour, c'eſt- Page 276. à-dire, deux vieillards de l'un & de l'autre fexe paroiſſent, dans la douleur, & témoignent toutes les démonſtrations poſſibles d'accueil & de prieres à Hector; ce Héros eſt arrêté dans fon Char en dehors de la Ville. Ce fujet n'exige pas un grand efpace en largeur.

II. TABLEAU.

Hector tirant un large cimeterre qu'il avoit Page 294. à fon côté, & ramaſſant toutes fes forces, fond fur Achille tête baiſſée; Achille vole en même tems contre Hector & lui perce la gorge

H iij

d'un coup de pique. Ce combat qui s'est donné à pied, est nécessaire à traiter ; l'action s'est passée auprès des sources du Scamandre, dans un lieu fertile & couvert de figuiers. On peut également placer dans le lointain, ou la Ville de Troye ou l'armée des Grecs ; on peut laisser l'horison simple ; le tout au choix de l'Artiste.

III. TABLEAU.

Page 301. Achille ayant passé une courroie dans les talons d'Hector, l'ayant attaché à la queue de son Char, sur lequel il a placé les armes du vaincu, que l'on peut croire arrangées comme une espece de trophée fait à la hâte, part avec rapidité. Il ne faut point oublier de représenter les beaux cheveux d'Hector qui traînent sur la terre ; il me semble qu'ils augmentent en cette occasion, l'intérêt que l'on prend à ce Prince malheureux.

IV. TABLEAU.

Page 367. Andromaque accompagnée de deux de ses femmes, & évanouie sur le haut d'une tour, d'où elle a vu le triste sort de son époux. Les soldats de la garde expriment leur douleur & l'intérêt qu'ils prennent à Andromaque, par des attitudes convenables à leur état. La Princesse est secourue par ses femmes ; les ornemens placés sur sa tête, tombent confusément ; ses bandelettes, ses nœuds, ses Poinçons, son voile. On peut rendre ce voile aussi riche qu'on en aura besoin ; c'étoit un présent de Vénus. Plus les richesses & les parures sont abandonnées & délaissées, plus on indique la douleur & le chagrin.

LIVRE VINGT-TROISIEME.

I. TABLEAU.

ACHILLE suivi des Thessaliens, donne de nouvelles marques de douleur à son ami Patrocle. Il faut rappeller une partie de la composition précédente, *Liv. XVIII. Tabl. I.* On voit ici que les Chars faisoient le tour de cette espece de représentation déja décrite, & qu'Achille a jetté Hector sur le sable, aux pieds du corps de Patrocle. Les murailles de la tente relevées, feroient une différence dans ce Tableau, & serviroient à faire voir la disposition des Chars, ou plutôt l'espece & l'ordre de leur marche.

II. TABLEAU.

Page 346. Les soldats qui coupent les chênes du Mont Ida, qui les ébranchent, qui les chargent sur des mulets, peuvent fournir un Tableau dépourvu d'intérêt, mais qui produira de la variété dans la totalité de cette suite.

III. TABLEAU.

Page 347. On voit une partie de ces mêmes mulets chargés de bois, arriver dans l'endroit choisi pour dresser le bucher de Patrocle ; il doit même être déja assez élevé pour ne laisser aucun doute : le mouvement nécessaire à cette construction ; celui des soldats arrivant, déchargeant le bois, tandis que d'autres sont occupés à son arrangement, fournit un Tableau d'autant plus agréable, qu'il n'exige aucune contrainte, & que le génie de l'Artiste est absolument libre.

IV. TABLEAU.

Page 347. La marche des Troupes & celle des Chars

ne peuvent être indiquées que par partie, encore faut-il recourir à des circuits pour donner de plus grandes idées sur leur nombre : cependant le groupe principal doit attirer toute l'attention. Il est composé des hommes armés qui portent Patrocle sur des piques, & dont le corps est orné de plusieurs chévelures offertes : on voit même plusieurs personnes qui coupent leurs cheveux, pour ne laisser aucun doute sur un usage des Anciens consacré aux témoignages de la douleur, & qu'il est bon d'exprimer. Achille soutient la tête de son ami. Ce Tableau sera peut-être fort étendu en largeur ; mais cette proportion ne doit jamais arrêter dans la supposition que j'ai faite.

V. Tableau.

Le corps est arrêté auprès du bucher ; on voit un groupe de victimes destinées à être immolées ; les douze Troyens, les chevaux, les chiens, les moutons, les urnes de miel & d'huile. Achille pose sur le corps une tresse de ses beaux cheveux ; on distingue aisément qu'il vient de les couper. Cette action rapportée dans le Tableau précédent, ne servira qu'à rendre

Page 249.

cette marque d'amitié plus sensible & plus distincte.

VI. Tableau.

Le grand art d'Homere lui fait toujours présenter son sujet de façon que le Lecteur ne peut oublier un seul moment ni les Grecs ni les Troyens. L'Intérêt des Dieux divisés à leur sujet, est souvent un moyen adroit dont il se sert pour l'exécution de son dessein : tel est le sixieme Tableau qu'il présente dans ce Livre ; au milieu de ce qu'il a décrit & de ce qu'il va décrire par rapport à Patrocle, il rappelle Hector.

Page 351. Vénus a lavé & parfumé le corps de ce malheureux Prince. Ce moment est passé dans la composition présente ; on peut en juger par les ustensiles qui ont servi à ces usages. Vénus s'éloigne ; Apollon en pied & auprès du corps, ordonne à un nuage qui porte ombre au corps, de s'arrêter & de se fixer. Le commandement est facile à indiquer ; le nuage proportionné au corps, représenté seul, ou beaucoup plus bas que les autres, me paroît ne laisser aucun doute sur les soins de ce Dieu pour un corps abandonné sur le sable. Homere nous donne par ce

TIRÉS DE L'ILIADE. 123

moyen une belle image des foins que le mérite & la vertu reçoivent tôt ou tard.

VII. TABLEAU.

Iris arrive dans l'antre de Zéphire, ou pour mieux dire, du Vent ; car nous avons aujourd'hui une autre idée de celui-ci. Homere pense à tout, & ses idées sont toujours grandes. Achille a besoin du Vent pour brûler plus sûrement le corps de son ami : Iris va chercher les Vents. Ils étoient à table ; on les voit sortir, s'empresser, se pousser, se culbuter pour recevoir les ordres de la Divinité. Je crois que ces desordres & tous ces différens mouvemens, doivent être d'autant plus agréables, que leur objet est absolument dans la Nature. *Page 352.*

VIII. TABLEAU.

Le Tableau de Borée & de Zéphire qui se mettent en chemin, qui chassent les nuées, qui élevent les flots de la mer, dont l'empressement renverse & dérange ce qu'ils rencontrent, est une composition piquante en elle-même, & dont l'exécution est favorable à la fougue du pinceau. *Page 353.*

IX. Tableau.

Page 354. Le bucher s'enflamme. Les effets du feu ; l'attention triste & recueillie des Spectateurs, & sur-tout les libations d'Achille, qui verse d'une coupe le vin qu'il a tiré d'une Urne d'or représentée à ses côtés, fournissent un Tableau qui doit saisir & frapper.

X. Tableau.

Page 357. Les Rois déposent une Urne d'or qui renferme les cendres de Patrocle dans la tente d'Achille ; ils arrangent un voile qui doit servir à la couvrir. On voit dans un éloignement assez considérable les soldats qui forment une élévation sur le terrein que le bucher occupoit quelques momens auparavant.

XI. Tableau.

Page 357. On voit des lices préparées ; les troupes sont rangées le long des barrieres. Les prix qu'Achille destine aux vainqueurs des jeux, formeront des groupes aussi brillans que magnifiques. Des vases, des trépieds, des chevaux, des mulets, des taureaux, de belles esclaves, des armes & des talens d'or, que je repréfenterois, comme je l'ai déja dit, par des lingots ; ces richeffes, ou les parties néceffaires pour en rappeller les idées, feront placées fur le devant du Tableau, & ces lices, dont au moins deux des parties fe trouvent dans l'éloignement, doivent produire un Tableau dont l'effet ne peut être douteux.

XII. TABLEAU.

La Peinture ne peut exprimer tous les événemens de la courfe des Chars ; cet exercice étoit lié aux opérations de la guerre, & les Grecs y attachoient tant d'idées, qu'Homere a dû s'étendre dans leur defcription ; ces détails, d'ailleurs fort inutiles pour nous, me paroiffent fuffifamment indiqués par un Char qui en précede plufieurs autres dans une carriere, & je placerois à fon extrémité, fur le premier plan, une captive jeune & belle, un trépied d'or à deux anfes, une jument avec fon poulain, une cuvette, deux lingots d'or, & une double coupe d'or, dont le pied creux eft auffi large que le deffus ; tels font les quatre prix qu'Achille donne aux vainqueurs de la courfe

Page 358.

des Chars. Cette quantité de preuves & leur valeur, prouve ce que j'ai dit en premier lieu fur le cas que l'on faifoit de cet exercice dans ces premiers tems.

XIII. Tableau.

Il ne nous refte que des idées affez imparfaites de l'exercice, ou plutôt du combat du Cefte. L'Artifte qui voudra repréfenter cette feconde action des funérailles de Patrocle, doit choifir fur les monumens le groupe de ces combattans qui leur paroîtra le plus convenable, & le pofer enfuite fur la Nature : mais l'action de cet exercice demandant à être vue de près, le lieu du combat doit être auffi fort refferré. Les hommes ne manquoient pas ; leur nombre étoit fuffifant pour donner en peu de tems les formes defirées à des matieres auffi légeres que des bois arrangés à la hâte ; & je placerois au milieu de l'efpace, comme le dit Homere, la mule & la coupe double deftinées aux deux combattans.

XIV. Tableau.

Page 357. Les détails de la lutte ne paroiffent pas nous

présenter les mêmes inconvéniens que ceux du Ceste ; il est cependant certain que nous n'en avons que des idées grossieres, en comparaison des Grecs qui pratiquoient ou voyoient journellement pratiquer cet exercice, avec des finesses dont ils sentoient jusqu'aux moindres détails. Homere a vraisemblablement rapporté dans cette occasion des mouvemens connus & sentis par les Lecteurs de son tems ; mais il nous a conservé dans cette occasion le caractere d'Ulysse d'une façon bien adroite. Quoi qu'il en soit, le Poëte nous présente un instant plus convenable à l'ignorance où nous sommes sur cet exercice, & je crois que l'Artiste doit en profiter ; c'est celui auquel les deux athlétes, Ulysse & Ajax, tombés à terre, se relevent pour recommencer la lutte. On voit dans un des coins de l'enceinte la belle captive & le trépied destinés aux deux guerriers qui ont combattu.

XV. TABLEAU.

Pour varier les compositions & ne point tom- [Page 399.
ber dans la répétition du Tableau XII. de ce même Livre, qui représente la course des Chars,

je ferois voir les barrieres par angle ; & pour exprimer l'inſtant, je ferois voir le but de la courſe. Ceux qui viennent de la diſputer feroient repréſentés en ſueur & dans un état d'altération naturel après une telle fatigue ; je leur ferois recevoir le prix de la main d'Achille ; il donneroit le dernier ; les trois autres déja diſtribués feroient dans les mains des vainqueurs ; cette diſtribution produiroit une richeſſe en même tems qu'elle répandroit de la clarté. Ces prix conſiſtoient dans une urne d'argent bien travaillée, un taureau ſauvage, & un petit lingot.

XVI. Tableau.

Page 403. Les armes de Sarpédon arrangées comme un trophée, ſont au milieu de l'enceinte, dans laquelle on voit le combat des deux guerriers armés de toutes leurs armes ; ils ne doivent combattre qu'au premier ſang. On peut donc prendre le moment auquel un Héraut vient les ſéparer avec ſon ſceptre.

XVII. Tableau.

Page 406. Une fort groſſe boule de fer lancée dans la lice,

lice, assez loin, par un des quatre jeunes hommes sans armes qui s'exercent à cette espece de disque. La boule de fer étant le prix du vainqueur, l'Artiste n'en a point d'autre à marquer. Ce Tableau sera si peu piquant, que je me dispenserois de le traiter, si les Tableaux d'Homere ne méritoient pas toujours une certaine considération ; cette composition sert au moins à éclairer sur un exercice que nous voïons aussi anciennement pratiqué.

XVIII. TABLEAU.

Dix grandes haches & dix plus petites sont les prix proposés pour tirer de l'arc. Deux jeunes gens, sans autres armes, sont dans l'enceinte, au milieu de laquelle on a dressé un mât : une colombe est attachée avec un long cordon à son extrémité. On voit que le jeune homme qui a tiré sa fléche, a coupé le cordon ; la colombe en emporte une partie ; le reste voltige au bout du mât, & l'on juge par l'action de l'autre jeune homme, qu'il tire sur la colombe envolée. Les haches pourroient être arrangées & piquées en terre par le manche dans un des coins de l'enceinte.

Page 407.

I

XIX. Tableau.

Page 409. La même enceinte repréfente un but qui devoit fervir pour lancer le javelot. Achille préfente les prix à Agamemnon qui vouloit les difputer. On voit donc Achille qui s'avance du côté d'Agamemnon defcendu dans la lice, & reconnoiffable par fon manteau & fa couronne, auquel un efclave préfente un javelot. Ces préfens confiftent dans une pique, un trépied orné de fleurs & de figures.

LIVRE VINGT-QUATRIEME.

I. Tableau.

Page 447. Iris vient trouver Thétis dans un antre, qu'on peut placer fur le bord de la mer; la Déeffe eft affligée; les Divinités de fon empire font autour d'elle. La furprife & la curiofité font les feuls mouvemens que l'on puiffe donner à cette affemblée; ceux qui la compofent doivent defirer d'être inftruits des motifs de l'arrivée d'Iris dépêchée par Jupiter à Thétis pour la faire monter à l'Olympe, & l'engager à faire rendre à Achille le corps du malheureux Hector.

II. TABLEAU.

On voit Iris précéder Thétis ; celle-ci cou- Page 449. verte d'un voile noir : l'une & l'autre volent en s'élevant pour arriver à l'Olympe. Je ne fçais s'il ne feroit pas plus agréable de placer Thétis dans un Char ; cependant Homere dit le contraire. L'Artifte fera voir à fon gré ce qu'il voudra de la terre & de la mer ; c'eft un moyen d'embelliffement dont la vagueffe de l'air, toujours un peu nue, auroit peut-être peine à fe paffer. Nous voyons par ce paffage, que le noir eft depuis long-tems confacré à la trifteffe & au deuil.

III. TABLEAU.

Thétis toujours en noir, eft affife auprès de Page 449. Jupiter au milieu de tous les immortels. Junon préfente la coupe d'or à Thétis ; on voit par fon gefte & fon maintien qu'elle l'accepte. Ce Tableau, malgré fa richeffe, ne peut manquer d'être froid par le défaut d'action.

IV. Tableau.

Page 451. Thétis arrive dans la tente d'Achille ; elle lui prend la main ; on diſtingue le déſir qu'elle a de le conſoler. Il avoit autour de lui pluſieurs de ſes amis : l'Artiſte eſt le maître du nombre & de la diſpoſition de leurs groupes. Pour témoigner qu'Achille eſt au moment de faire un ſacrifice, un eſclave peut tenir dans le fond de la tente une brebis, l'Autel étant d'ailleurs diſpoſé ; cette circonſtance confirmera le texte, & ne peut qu'embellir la compoſition.

V. Tableau.

Page 454. Iris arrive dans le Palais de Priam ; elle fend les airs en deſcendant de l'Olympe : ce Prince environné des enfans qui lui reſtent, & qui ſont aſſis autour de lui dans la cour, baignés de larmes ; ce Prince, dis-je, dont la vieilleſſe eſt vénérable, eſt couvert d'un manteau : on voit les Princeſſes ſes filles dans les portiques ou galeries éloignées ; elles témoignent par leurs geſtes la triſteſſe dont leur cœur eſt pénétré.

VI. Tableau.

Priam avec sa femme Hécube ouvre des cof- Page 460.
fres ; ils en font sortir des tapisseries, des couvertures, des tapis, des manteaux, des tuniques, des lingots d'or, deux trépieds, des vases très-riches & une coupe d'or. Le Tableau de ces richesses, agréable en lui-même, pourroit devenir un sujet convenable pour exprimer les soins avec lesquels la vieillesse conserve & renferme les meubles & les magnificences dont elle ne fait presque jamais d'usage. L'Artiste ne peut trop exprimer, dans ce Tableau, la douleur & l'affaissement de Priam & d'Hécube.

VII. Tableau.

Les coffres chargés sur un Char à quatre Page 463.
roues, tiré par des mulets & conduit par le Héraut Idée. Priam monté sur un autre Char, traîné par des chevaux & formé comme les autres Chars de bataille. Ces deux voitures attelées au milieu de la Ville, forment des groupes heureux en eux-mêmes, & riches par les fonds que produisent ou le palais du Roi ou les

maisons de la Ville. Les Spectateurs augmentent la richesse du Tableau. Hécube arrête Priam au moment qu'il monte sur son Char ; elle lui pré-

Page 466. sente une coupe d'or pour faire une libation. On voit une aigle à sa droite. Par ce moyen on réunit plusieurs instans décrits par le Poëte, & l'Artiste satisfait en un moment plusieurs points de curiosité.

VIII. Tableau.

Page 478. Priam arrive dans le camp d'Achille. Mercure s'envole. Les Thessaliens ont fait une baraque à Achille, couverte de cannes ; ils ont tracé une enceinte avec des pieux. Ce Tableau rustique & militaire, peut avoir de l'attrait ; il a au moins celui de la nouveauté dans cette suite ; de plus, il fait une opposition avec les autres sujets.

IX. Tableau.

Page 480. Priam entré dans cette espece de tente, trouve Achille dont les amis sont éloignés ; il est à table, servi par deux guerriers. Le vieillard tombe à ses genoux : l'étonnement & la surprise regnent sur tous les visages. Il est nécessaire

d'apprendre à l'Artiste qu'un homme entré dans la maison d'un autre, étoit dès-lors sous sa protection : cette action exigeroit plusieurs détails ; on en verra des exemples dans l'Odyssée ; il est bon d'en rappeller l'idée pour mettre au fait du mérite de cette démarche du Roi Priam.

X. TABLEAU.

Achille & ses deux amis placent le corps d'Hector, enveloppé dans un voile, sur le Char à quatre roues. Page 491.

XI. TABLEAU.

Les deux lits dressés par les captives pour Priam & Idée sous les portiques. On est d'abord surpris de trouver des piéces qui portassent ce nom dans un bâtiment de la nature de celui-ci ; mais ce passage confirme ce que j'ai cru devoir dire sur ces portiques, & qu'on peut lire dans l'Avertissement. Ces belles filles empressées, ces flambeaux, ce bâtiment rustique, tous ces objets sont heureux & peuvent fournir un Tableau agréable. Page 496.

I iiij

XII. Tableau.

Page 501.   Lés Troyens & les Troyennes sortent de la Ville. Cassandre, plus belle que Vénus, est à leur tête ; ils reçoivent les deux chariots ; le premier à quatre roues, conduit par Idée, est chargé du corps d'Hector ; Priam suit dans son Char à deux chevaux ; il pleure, & tout le peuple gémit, leve les bras, & doit exprimer la plus grande désolation.

XIII. Tableau.

Page 510.   Le bois coupé, le bucher, les libations, l'urne d'or qui renferme les cendres, tout ressemble aux cérémonies qu'Achille a fait pour Patrocle. Homere ne décrit par conséquent que très-légerement les honneurs rendus à Hector. Ces Tableaux étant absolument pareils, on doit se dispenser de les répéter, & je me contenterois, pour terminer la suite de l'Iliade, de peindre le tombeau qu'on a élevé dans la Ville à Hector. Selon Homere, il a été construit en très-peu de jours ; il seroit donc formé par des pierres informes & anciennement taillées. Priam, Hécube, Andromaque & Hélene, paroîtroient dans la plus profonde douleur autour de ce tombeau ; ainsi par une voie indirecte, je rappellerois le souvenir de ceux qui, dans Homere, ont adressé la parole à Hector & lui ont témoigné leurs regrets depuis que Priam a ramené son corps dans la Ville de Troye. C'étoit un usage général dans ce tems que de parler aux morts, comme s'ils avoient été capables d'entendre ; mais la Peinture ne peut en donner l'idée, ainsi que de plusieurs autres.

TABLEAUX
TIRÉS
DE L'ODYSSÉE.

LIVRE PREMIER.

I. Tableau.

Page 3. L'Assemblée de tous les Dieux, dans laquelle il faut se souvenir que Neptune ne doit point paroître.

Cette Assemblée, susceptible de plusieurs autres différences, présente encore celle d'être établie dans le Palais de Jupiter. Tout ce que l'esprit & l'imagination peuvent composer de sage, de grand & de magnifique, doit être employé par l'Artiste à la représentation de cette superbe habitation. La disposition de ces assemblées qu'on a vues dans l'Iliade, servira à éviter la trop grande ressemblance, & à représenter celle-ci avec des différences. La lumiere répandue dans l'Olympe ne fournit que des ombres fort légeres, & que les corps produisent sur eux-mêmes ; c'est une difficulté de ce Tableau ; mais le desir de vaincre une difficulté, produit ordinairement de grandes beautés, d'autant qu'il engage & contraint l'Artiste à faire des efforts, toujours avantageux pour l'art, & toujours sensibles au Spectateur le moins éclairé.

II. TABLEAU.

Mercure part, & s'envole de l'Olympe en se précipitant du côté de la terre, tandis que Minerve attache à ses beaux pieds ses talonnieres d'or ; on voit sa pique à ses côtés. Cette Déesse est en dehors du Palais de Jupiter, dont on a vu l'intérieur dans le Tableau précédent : cette composition donne par conséquent occasion de représenter l'extérieur de cette magnifique habitation, & de détailler encore plus les nuages sur lesquels elle est établie.

Page 9.

III. Tableau.

Page 10. Minerve paroît à la porte du Palais d'Ithaque ; elle a sa pique à la main. Cette Déesse a pris la figure de Mentés Roi des Thaphiens ; il doit être bien fait & agréable ; il est de l'âge d'Ulysse, c'est-à-dire, d'environ 40 ans.

» Les fiers poursuivans de Pénélope étoient
» assis sur des peaux de bœuf, se divertissoient ;
» de jeunes hommes & des Hérauts s'empres-
» soient à les servir ; les uns versoient du vin
» dans les verres.; les autres lavoient & es-
» suyoient les tables avec des éponges ; ils en
» couvroient successivement de plusieurs sortes
» de mets.

Ces paroles d'Homere peuvent être facilement rendues, si l'on représente une galerie ouverte, ou plutôt une salle soutenue d'un côté par des colomnes isolées. Il me semble que si on voyoit cette salle un peu par angle, l'action de Minerve seroit encore plus facile à distinguer, d'autant qu'elle ne doit point être vue par les poursuivans.

TIRÉS DE L'ODYSSÉE.

IV. TABLEAU.

Je répéterois la même architecture que dans Page 11. le Tableau précédent ; la fécondité de l'Artiste auroit occasion de paroître par la différence des plans de la salle, & celle du mouvement & des actions qu'il donneroit aux poursuivans. Télémaque s'approche de Mentés avec intérêt, lui présente la main, ou prend sa pique pour le soulager : toutes ces attitudes doivent donner l'idée de l'accueil le plus obligeant.

V. TABLEAU.

Télémaque a fait asseoir la Déesse, ou plu- Page 12. tôt ce Roi, sur un siége couvert d'un beau tapis de différentes couleurs, & qui avoit un marchepied, tandis qu'il est placé sur un siége plus simple ; une femme leur présente à laver avec une aiguiere d'or portée sur un bassin d'argent ; un homme leur sert de grands bassins de viandes. Ils ont devant eux des coupes d'or ; leur table, placée sur le devant de la composition, est éloignée de celle des poursuivans, dont le nombre & le mouvement de ceux qui les servent, enrichissent le fond de ce Tableau.

VI. Tableau.

Page 13.   Télémaque assis dans la même place, toujours sur le devant du Tableau, écoute attentivement Minerve qui lui parle. On voit qu'il ne fait aucune attention aux poursuivans, qui ne sont plus à table pour manger, mais qui écoutent Phémius qui joue de la lyre. Le changement de leur occupation produit nécessairement des différences dans leurs attitudes, & par conséquent dans les groupes qu'ils composent.

VII. Tableau.

Page 17.   Le vieux Laërte, soigné par une esclave fort âgée, présente un Tableau simple & rustique. La maison, ou si l'on veut, la chaumiere, doit occuper une partie de la composition ; l'autre est remplie par un enclos de vigne, dans lequel Homere dit qu'il alloit se lasser & se fatiguer : ce sujet n'est présenté qu'en récit dans le Poëme, mais quoiqu'épisodique, je le crois nécessaire pour établir les idées que l'on doit avoir sur la situation d'Ithaque pendant l'absence d'Ulysse. Laërte son pere, pénétré de chagrin, préférant la folitude aux objets que la Ville lui préfente, eſt un ſujet que la Peinture doit d'autant moins négliger, qu'il eſt lié eſſentiellement à l'objet de l'Odyſſée, & qu'il préfente des variétés dans la fuite des compoſitions.

VIII. TABLEAU.

Le Poëte, en nous diſant que Minerve prend ſon eſſor & s'envole comme un oiſeau ſans être vue que du ſeul Télémaque, fournit un Tableau qui veut être repréſenté dans l'extérieur de la ſalle, c'eſt-à-dire, dans quelque cour qui joigne à ſon aſpect celui de quelques parties de la Ville; les ſeuls maſſifs de cette ſalle cacheroient la vue de cet événement aux prétendans : l'Artiſte même n'eſt point obligé de les repréſenter ; ou s'il vouloit faire ſentir plus ſûrement le lieu de la ſcene, il ſeroit aiſé de ne repréſenter qu'une très-petite partie de ſon extérieur. *Page 27.*

IX. TABLEAU.

Pour faire voir Pénélope ſur la porte de cette ſalle, il faut la repréſenter ſous un point de vue oppoſé aux différens aſpects ſous leſ- *Page 29.*

quels elle a déja été préfentée. Sans m'embarraffer de faire voir toutes fes parties, je placerois cette Princeffe fur le fecond plan, pour mettre le Spectateur en état de diftinguer fa douleur, la beauté de fon voile & fa pofition, appuyée fur des femmes, éplorée, témoignant fa douleur, tandis que les pourfuivans font toujours occupés à écouter Phémius qui chante & joue de la lyre. Un gefte de Pénélope pourroit indiquer que les chants de ce muficien caufent fon indignation, & fon attitude pourroit exprimer en même tems qu'elle n'étoit defcendue dans la falle que pour écouter ce Chantre.

X. TABLEAU.

Page 37. Télémaque dans fa chambre, éclairée par des flambeaux. Euriclée, la nourrice de fon pere, & par conféquent âgée, le fert; elle arrange fes habits dans le tems qu'il fe couche. On aura plus d'une occafion dans la fuite de ce Recueil pour fçavoir de quelle façon les lits étoient difpofés dans le tems d'Homere. Ce Tableau fimple, très-bien décrit par Homere, paroîtroit devoir être fupprimé. Je conviendrai qu'il eft peu intéreffant; mais il fait une oppofition sition complette avec tous les autres Tableaux de cette suite. C'est un sujet de nuit : de plus, je rapporte tout ce qu'Homere présente, & dont la Peinture peut faire usage.

LIVRE DEUXIEME.

I. TABLEAU.

TÉLÉMAQUE, ce beau jeune homme, paré d'un baudrier ou porte-épée, d'où pend une épée magnifique, ses jambes ornées de riches brodequins, tenant une longue pique, & suivi de deux chiens, placé sur le trône de son pere, les Vieillards, par respect, éloignés de lui. Ce jeune Prince parle au peuple assemblé ; par conséquent la scene se passe dans une place publique. On voit deux aigles planer dans le Ciel, & tous les yeux en paroissent occupés.

Page 112.

Page 124.

Je remarque, à l'occasion de ce Tableau & de quelques autres que fournissent ces premiers Livres, qu'il est plus facile de réunir plusieurs instans dans l'Odyssée, que dans l'Iliade ; ainsi le jugement que l'on a porté, par d'autres raifons, fur ces deux Poëmes, fe trouveroit confirmé par rapport à la Peinture ; c'eft à-dire, que l'action de l'un eft plus ferrée, plus vive & plus élevée que celle de l'autre.

II. TABLEAU.

Page 133. Télémaque fur le bord de la mer, fe lavant les mains, & regardant le Ciel. On doit faire fentir qu'il prie les Dieux ; & pour augmenter en quelque façon les acceffoires, l'Artifte peut prendre la licence de placer fa pique à terre, auprès de lui, & de le faire accompagner par fes deux chiens : je dis licence, par la raifon qu'Homere ne rapporte point, dans le cas préfent, ces petites circonftances, capables cependant de meubler une compofition fi fimple en elle-même, & d'ailleurs fi peu intéreffante.

III. TABLEAU.

Page 137. Le fite eft le même dans ce troifiéme Tableau que dans le précédent. Minerve doit y paroître fous la figure de Mentor ; elle aborde Télémaque & paroît le confoler. Je crois cependant que le lieu de la fcene étant le même, il feroit plus avantageux de réunir ces deux Tableaux dans le même ; c'est-à-dire, que Télémaque étant dans la situation du Tableau précédent, on voit Mentor qui arrive auprès de lui.

IV. TABLEAU.

Télémaque prêt d'entrer dans son Palais, Page 139. voyant dépouiller des chevres & rôtir des cochons, est abordé par Antinous, jeune homme bien fait, mais plus âgé que lui ; ils n'ont point l'air altéré, mais on voit que Télémaque retire ses mains qu'Antinous a prises par honnêteté, & qu'il est dans l'intention de s'éloigner. Au reste, le détail désagréable de ces animaux dépouillés, qui présente plutôt une boucherie qu'une cuisine, peut aisément se sauver par les fumées & par le mouvement des figures occupées à la préparation de ces viandes.

V. TABLEAU.

Télémaque dans les celliers d'Ulysse. Les Page 141. Anciens ne faisoient point usage de caves ou de souterrains pour la conservation de leurs vins & de leurs provisions. Les celliers dont il s'agit doivent être représentés comme de grands hangards éclairés par la porte, garnis des deux côtés de grandes urnes de terre pour contenir le vin, de tas de bled & de farine. Télémaque, dis-je, est avec Euriclée, cette nourrice dont on a parlé plus haut. On voit par la disposition des urnes, qu'elle doit transvaser le vin dans une vingtaine de ces vases, & qu'elle a séparé des tas de grain ; en conséquence elle est environnée de sacs de peau ; les uns sont remplis de farine, les autres ne le sont point encore.

VI. Tableau.

Page 144. On lance un Navire à la mer ; Minerve préside à ce travail : ce sont les paroles du texte. Cette preuve de la petitesse des bâtimens de ce tems, augmente par la diligence de l'appareil *, puisque le bâtiment étoit le soir même en état de partir ; cette preuve, dis-je, ne doit pas être négligée par la Peinture. Si l'Artiste a voyagé en Italie, il aura vu les felouques tirées à terre presque toutes les nuits, quand elles sont en voyage ; c'est-à-dire, qu'elles ne sont point dans le Port. On a quatre ou cinq petits madriers sur lesquels on fait glisser

---

* Voyez pour les Vaisseaux l'Avertissement.

la quille ; sept ou huit hommes suffisent pour cette opération. On étaie le bâtiment des deux côtés avec un pareil nombre de petits morceaux de bois ; on met le tendelet, qui ferme exactement & ne laisse point entrer de vent. On y couche, & l'on seroit plus mal à son aise dans beaucoup de maisons. J'avoue que je m'y suis trouvé très-bien plus d'une fois. Quand le jour est venu, on met la felouque à la mer, plus aisément qu'on ne l'en avoit tirée, & par les mêmes moyens.

J'ai cru devoir placer ici cette petite digression ; elle rend raison de plusieurs momens de l'Iliade, de l'Odyssée & des anciens Auteurs, dont on ne concevroit pas toujours le sens, si l'on ne vouloit admettre cette comparaison, tirée d'après des usages pratiqués encore aujourd'hui.

VII. TABLEAU.

Les jeunes gens que Minerve a déterminés à suivre Télémaque, au nombre de douze ou quinze, portent les urnes & les sacs de peau que l'on a vus dans les celliers d'Ulysse ; Télémaque est à la tête de ces jeunes gens ; on voit

Page 144.

qu'il va s'embarquer, par la route qu'il prend & qu'il dirige du côté du vaisseau dont il est même assez peu éloigné.

VIII. Tableau.

Page 145. Les poursuivans paroissent dans une salle, encore éclairée par des flambeaux ; ils sont yvres ; les coupes tombent de leurs mains ; les uns dorment, les autres chancelent. La représentation de ces desordres doit conserver une sorte de noblesse.

IX. Tableau.

Page 146. Ce Tableau fera voir le départ de Télémaque ; Minerve, ou plutôt Mentor, assis sur la poupe, Télémaque à ses côtés ; les jeunes gens qui le suivent occupés à différentes manœuvres ;
Page 147. les uns élevent le mât, les autres arrangent les voiles, ou font toute autre manœuvre, à la volonté de l'Artiste.

TIRÉS DE L'ODYSSÉE.

LIVRE TROISIEME.

I. TABLEAU.

LE Vaisseau de Télémaque arrivé & amaré Page 186. dans le Port de Nélée ou de la célebre Pilos. La vue de cette Ville, les objets de ce Port lui-même, le spectacle préparé du pompeux sacrifice, ou plutôt du repas des Piliens divisés par bandes. La Peinture a peu de scenes plus grandes & plus magnifiques. Minerve, ou plutôt Mentor, sort le premier du Vaisseau & conduit Télémaque.

II. TABLEAU.

Télémaque & Mentor arrivés au lieu où Nes- Page 189. tor est assis avec ses enfans & les principaux de ses sujets *, on prépare le festin. Pisistrate, fils aîné de Nestor, beau jeune homme, un peu plus âgé, plus grand & plus formé que Télémaque, les fait asseoir sur des peaux éten-

* Me Dacier dit ses compagnons. Ce seroit une belle image des sentimens d'un Roi pour son peuple.

dues ; il tient une coupe & la présente à Minerve.

III. Tableau.

Les perſonnages du Tableau précédent ſont debout. L'Autel brûle & conſume les langues des victimes. Chacun des Spectateurs tient une coupe d'or & fait ſa libation. Télémaque ſur le devant de la compoſition, regarde avec une ſurpriſe mêlée d'admiration, une chouëtte qui s'envole. On voit qu'il reconnoît Minerve. Au reſte, ce jeune Prince doit être placé dans tous ces Tableaux d'une façon qui attire la vue ; il eſt la figure dominante, celle dont le Poëte eſt le plus occupé, & que le Peintre doit par conſéquent mettre le plus en vue.

IV. Tableau.

Télémaque ſe couche dans un beau lit, c'eſt-à-dire, dont la couverture eſt plus riche ; ce lit eſt dreſſé dans un portique*. On voit que Piſiſtrate ſe prépare à en occuper un autre, placé dans le même endroit, mais moins riche.

* Voyez l'Avertiſſement.

V. Tableau.

La genisse, le Doreur qui bat l'or, ses autres outils sont à ses côtés; & pour ne laisser aucun doute sur l'objet de ses manœuvres, la genisse devroit avoir une de ses cornes déja dorée. Nestor assis sur des pierres blanches & luisantes, placées à la porte de son Palais; ses enfans des deux sexes & sa femme, sont placés autour de lui.

VI. Tableau.

Il est bien difficile de faire baigner Télémaque par la belle Polycaste, la plus jeune des filles de Nestor; nos mœurs s'opposent trop à la représentation de ce Tableau. Je conseillerois donc de le supprimer, malgré le présent que nous en fait Homere.

Une autre raison de l'art autorise cette suppression. Il faudroit, pour suivre le texte, faire sortir Télémaque de cette assemblée, & le ramener ensuite dans le même endroit. Cette répétition doit s'éviter dans la Peinture autant qu'il est possible; on est assez à plaindre d'être obligé d'y recourir nécessairement dans la suite d'un Poëme. Cependant si l'attrait de ce bain engageoit à le traiter, j'exhorterois l'Artiste à examiner les ouvrages faits sur ces monumens antiques qui repréfentent des bains : nous n'avons cependant que les bains des Romains, & qui n'étoient pas de la même conftruction que ceux de ces tems reculés.

VII. TABLEAU.

Page 217. Le foin d'atteler le Char, celui d'embarquer les provifions, fourniffent autant de Tableaux que d'inftans. Je pafferois au moment auquel les deux jeunes Princes font montés dans le Char ; j'éviterois par ce moyen la repréfentation de ces différentes actions. Elles fe paffent néceffairement dans le même endroit, & la Peinture aime à repréfenter des lieux différens. Je me contenterois de faire voir Pififtrate & Télémaque dans le même Char, déja fortis de la Ville de Nelée ; les murailles foutiendroient la compofition, & formeroient un fonds avantageux aux figures ; la campagne, fes différens plans, la richeffe d'une culture qui rappelleroit le fage gouvernement de Neftor ; tous ces objets fuffiront à un Artiste intelligent pour présenter une agréable variété.

LIVRE QUATRIEME.

I. TABLEAU.

LEs Esclaves de Ménélas obéissent à un Chef ; Page 270. ils sont occupés autour du Char dont Pisistrate & Télémaque descendent ; quelques-uns tiennent les chevaux ; d'autres commencent à les dételer, tandis qu'on en voit plusieurs occupés à ouvrir les écuries & à préparer les superbes remises. Là scene de ce Tableau se passe par conséquent dans une cour environnée de bâtimens peu élevés, mais d'un excellente architecture.

II. TABLEAU.

Les belles esclaves qui les ont baignés & par- Page 271. fumés, conduisent ces deux Princes dans la somptueuse salle du festin, & leur présentent, auprès de Ménélas, des siéges à marchepied. Ces chaises, dont les monumens fournissent des exemples, ne font point arbitraires ; elles étoient une marque d'honneur & de diftinction. Les richeffes que Ménélas avoit rapportées de de fon voyage, autorifent tout ce que l'Artifte voudra repréfenter de plus magnifique pour le trait & les matieres. Je croirois, par rapport au Tableau fuivant, qu'il feroit néceffaire de faire voir dans celui-ci la falle par angle & du côté du fond.

III. Tableau.

Page 271. On fert les Princes fur une petite table peu éloignée de Ménélas ; on voit une efclave qui tient une aiguiere d'or dans un baffin d'argent ; Télémaque & Pififtrate effuient leurs mains, ce qui fait fentir le fervice que l'efclave vient de leur rendre. Pendant ce tems, une autre femme, la maîtreffe de l'office, arrange encore la table ; à fes côtés on voit une corbeille dans laquelle les pains font proprement rangés ; en même tems le maître-d'hôtel fert un baffin Page 277 de viande ; des efclaves qui les fuivent en portent plufieurs autres. Il me paroît que l'on peut joindre à cette compofition l'arrivée d'Hélene, fuivie de trois femmes : il ne s'eft paffé aucun événement dans l'intervalle du service des Princes, & rien n'a changé dans ce lieu, le même pour les deux actions. Cette réunion ne sert qu'à augmenter la richesse essentielle du Tableau, & ne peut avoir aucun inconvénient.

IV. TABLEAU.

Les esclaves sont encore occupées à faire les lits, ce qui peut donner le moyen d'enrichir la composition & de satisfaire la curiosité, en indiquant que ces lits étoient composés de peaux multipliées & de riches couvertures. Deux Hérauts portant des torches, précedent les deux Princes, & les conduisent dans ce même lieu, éclairé déja par d'autres lumieres. Le Tableau représente le moment de leur arrivée dans cette chambre.

Page 292.

V. TABLEAU.

Le récit des avantures de Ménélas fournit les deux Tableaux suivans ; ils ne sont qu'épisodiques, mais je me suis fait une loi de les rapporter ; la Peinture peut en tirer trop d'avantage pour les passer sous silence.

Eidothée, fille de Protée, Divinité marine,

Page 298.

fort de la mer avec l'équipage ordinaire à ces Divinités ; elle parle à Ménélas, qui doit être représenté fort triste & sur le rivage. On voit ses soldats occupés à pêcher à la ligne & à ramasser des racines. Ils servent non-seulement à enrichir les différens plans, mais ils expriment la disette des vivres qu'ils éprouvent ; & pour éviter la monotonie de deux Tableaux, dont le site seroit le même, je joindrois à cet instant celui qu'Homere place plus bas ; c'est-à-dire, que dans cette premiere apparition, Eidothée donneroit à Ménélas les peaux nécessaires au déguisement qu'elle lui conseille.

Page 304.

VI. TABLEAU.

Page 362.

Protée couché au milieu de ses monstres marins, qui ne peuvent être dessinés que sous la figure de veaux marins, est lié & garotté par Ménélas & ses trois compagnons. Le mouvement qu'ils se donnent a dérangé la peau des animaux dont ils étoient couverts, & ce dérangement permet de les dessiner à la volonté de l'Artiste, & de les faire reconnoître pour des hommes armés.

VII. TABLEAU.

Télémaque & Ménélas s'entretiennent dans un appartement du Palais ; & quoiqu'Homere dife que ce fut dans le portique, où Télémaque étoit couché, je prendrois d'autant plus la licence de varier le lieu de la fcene, que Pififtrate n'eft point préfent à cette converfation ; & malgré ce que dit Homere, que les officiers amenent des moutons pour le dîné, je me contenterois de les faire voir en dehors par l'ouverture de la porte, où j'établirois leur converfation, & je peindrois les femmes de ces officiers avec des corbeilles remplies de pain, dreffant les tables, portant du vin, &c. dans la falle magnifique qu'on a déja vue, & que l'on pourroit découvrir de la piece où les Princes font en converfation. Pour enrichir encore leur tête-à-tête, je ferois tenir à un efclave la belle urne travaillée par Vulcain, que Ménélas veut donner à Télémaque ; elle eft d'argent, & fes bords font d'un or très-fin.

Page 193.

Page 320.

VIII. TABLEAU.

On voit le dehors du Palais d'Ulyffe à Itha-

Page 320.

que, tel qu'on l'a déja représenté, & cette décoration fait le fond du Tableau. Les prétendans jouent au difque, lancent le javelot, tandis que plufieurs autres font affis & les regardent. Ces Tableaux, qui repréfentent les exercices des Anciens, font avantageux pour les Peintres qui deffinent bien, d'autant que les Grecs étoient nuds dans les gymnafes, dont ce Tableau doit être une image.

IX. TABLEAU.

Page 320. Pénélope évanouie au milieu de fes femmes. Un Héraut eft debout devant elle. Le métier, les ouvrages, les corbeilles de laine de différentes couleurs, l'empreffement de fes femmes, leurs différentes impreffions, font la richeffe de cette compofition.

X. TABLEAU.

Page 331. Pénélope avec des habits magnifiques, fur le plus haut de fon Palais, que l'on doit traiter en terraffe, & d'où on peut diftinguer plufieurs autres bâtimens élevés, eft accompagnée de fes femmes ; elle préfente, en levant les yeux au Ciel, du grain dans une corbeille.

On

On pourroit supposer dans ce même lieu une statue de Minerve, pour faire voir que Pénélope implore cette Divinité. Quand ce seroit une licence, je n'y vois aucun inconvénient. On sçait d'ailleurs que les Anciens avoient des statues de leurs Dieux répandues de tous les côtés; & si les Romains avoient des laraires, les Grecs avoient des endroits séparés pour les Divinités aufquelles ils avoient une dévotion particuliere.

XI. TABLEAU.

L'embarquement de quelques-uns des pour- *Page 333.*
suivans, est décrit à peu près de la même maniere que celui de Télémaque; cependant il doit être traité différemment pour l'agrément & la convenance d'une suite. Homere distingue lui-même une particularité qu'il ne faut point oublier. Ici les esclaves portent les armes de leurs maîtres; mais dans le sujet présent, il n'y a, comme dans le précédent, qu'un seul Vaisseau.

XII. TABLEAU.

Pénélope couchée, plongée dans un profond *Page 335.*

162 TABLEAUX

sommeil, sa chambre étant éclairée par une lampe, voit en songe Iphthime sa sœur : ce phantôme doit être placée à ses côtés, & lui parler sans l'éveiller.

XIII. TABLEAU.

Page 338. Le Vaisseau qu'on a vu armé par les poursuivans, représenté entre deux Isles, au milieu des rochers auxquels il est amaré, présente une composition austere, & dont l'opposition ne peut être qu'heureuse dans une suite de sujets si magnifiques, d'autant même qu'elle n'exige qu'une vue de marine, & que le Vaisseau en question sera placé sur le plan qui conviendra à l'Artiste.

LIVRE CINQUIEME.

I. TABLEAU.

Tous les Dieux assemblés dans l'Olympe, Minerve leur parle; ils écoutent. *Page 3.*

Homere semble permettre de représenter ces Dieux debout, en disant simplement qu'ils étoient assemblés pour le Conseil; c'est une varieté dont je crois qu'il est d'autant plus permis de profiter dans cette occasion, qu'il a fallu traiter plusieurs fois ce même sujet. Il est vrai que cette attitude s'oppose à l'idée de ce repos, qui faisoit, selon les Anciens, le bonheur des Dieux, mais il faut quelquefois qu'un art s'écarte des regles les plus austeres, ou du moins qu'il profite des plus foibles circonstances qui peuvent être à son avantage : après tout je ne fais que proposer.

II. TABLEAU.

Mercure avec ses talonnieres & sa verge d'or, abbat son vol dans l'Isle de Calypso; il trouve cette Déesse à l'entrée de sa grotte. On ne peut *Page 7.*

rendre cette habitation rustique en elle-même, trop agréable & trop bien décorée. Homere nous disant qu'on y voyoit de grands brasiers d'argent, allumés & chargés des bois les plus odoriférens, c'est aussi ce que l'Artiste doit indiquer : il doit encore représenter la Déesse travaillant à un métier, qui, je crois, étoit celui de tisseran, avec une navette d'or *. Le dehors de la grotte est couvert de toutes sortes d'arbres : on voit qu'ils sont garnis de plusieurs especes d'oiseaux. On doit aussi distinguer des seps de vignes chargés de raisins, & plusieurs fontaines qui coulent au loin & forment des canaux dont les prairies émaillées de fleurs sont environnées.

III. TABLEAU.

Page 10. La table & le petit repas d'ambrosie que prennent Mercure & la Déesse ; le nectar qui leur est servi dans des coupes d'or, forment un sujet assez médiocre & dans le fond assez inutile.

IV. TABLEAU.

Page 15. Calypso trouve Ulysse assis sur le rivage,

* Voyez les Estampes d'après le Primatice.

pleurant, & les yeux attachés sur la mer; il ne voit point la Déesse; elle sort d'un bois qui fait le fonds de ce Tableau. La vérité des objets & l'intérêt des personnages, doivent rendre ce Tableau de paysage très-agréable.

V. Tableau.

Ulysse dans la grotte mange sur une petite table les mets qui nourrissent les mortels. La Déesse est servie à une autre, par ses Nymphes; le nectar & l'ambrosie lui sont prodigués. Une coupe d'or & un plat creux, qui cachent aisément ce qu'ils renferment, levent la difficulté qu'il y auroit à désigner leur caractere. Voici encore un usage, ou du moins une opinion reçue du tems d'Homere : les hommes couchoient avec les Déesses, mais ils ne mangeoient point avec elles, lors même qu'ils vivoient dans la plus intime société. L'étiquette est singuliere. Page 18.

VI. Tableau.

Calypso vêtue d'une robe d'une blancheur éclatante, & arrêtée par une ceinture d'or, la tête couverte d'un voile admirable, regarde

Ulysse coupant des arbres avec une hache à deux tranchans. On voit auprès de lui son manteau & plusieurs instrumens nécessaires à la charpente.

VII. TABLEAU.

Page 22. Le Radeau est formé ; il a un mât, une antenne, une voile, des cordages, un gouvernail, deux outres de vin, des peaux qui renferment des provisions. Ulysse quitte la terre & reçoit les adieux de la Déesse placée sur le rivage. Homere n'ajoûte point cette particularité ; mais l'Artiste peut prendre cette licence pour exprimer la douleur que Calypso a témoignée à Mercure, lorsqu'il lui a proposé de renvoyer Ulysse.

VIII. TABLEAU.

La tempête excitée par Neptune est si forte, qu'Ulysse se tient à peine sur le Radeau. Son
Page 29. attitude doit exprimer sa cruelle situation, & par conséquent intéresser. Telle qu'elle soit, Ulysse doit avoir les yeux tournés vers le Ciel ; Iris vole dessus le Radeau & lui donne un voile.

IX. Tableau.

Ulysse renversé de la solive que l'on voit sur l'eau à quelque distance de lui ; il nage. Le fleuve dans l'embouchure duquel il est entré, applanit les eaux devant lui, & l'on distingue qu'il ne court plus aucun danger. La terre devant lui, dans un médiocre éloignement, les débris du Radeau, la tempête sur une des parties latérales du Tableau ; car je prendrois la composition un peu de côté : tous ces objets fournissent des ressources à un Artiste ; il pourroit encore exprimer les bontés du fleuve en le faisant paroître lui-même, applanissant les eaux ; & cet accessoire enrichiroit la composition par une voie des plus simples & des plus naturelles.

Page 32.

Page 38.

X. Tableau.

Ulysse au milieu de deux arbres, faisant un lit avec des feuilles dont la terre est couverte ; ce qui prouve que ce naufrage est arrivé dans l'automne. L'Artiste ne doit point négliger cette circonstance. Les arbres à moitié dépouillés, encore chargés de quelques feuilles, dont les

Page 40

teintes font infiniment variées, comme on les voit dans cette faifon, augmentent les beautés d'un payfage, enrichi déja par la fertilité d'un fleuve, par l'oppofition d'une mer, dont les brifans font d'autant plus fenfibles, que la côte eft couverte de rochers. Tous ces objets font abfolument arbitraires, & donnent toute liberté à l'Artifte.

LIVRE SIXIEME.

I. TABLEAU.

Page 71. Nausicaa dort ; fon appartement eft magnifique : l'Artifte peut le décorer à fon gré. Minerve placée à fes côtés lui parle. Il eft aifé de faire fentir qu'elle lui apparoît en fonge, en couvrant la Déeffe d'un nuage. De plus, on peut repréfenter cette apparition au jour du matin ; Homere ne dit point qu'elle arrivât la nuit ; & les Tableaux à la lumiere des flambeaux font toujours moins avantageux.

Mon Dieu ! la belle defcription de l'Olympe qu'on lit à la page 72 ! Quel dommage que la Peinture ne puisse en profiter ! Cependant cette proposition n'est pas absolument vraie ; car l'esprit plein d'un objet en exprime toujours quelque portion.

II. TABLEAU.

Nausicaa arrive dans l'appartement du Roi son père ; il est avec la Reine. Celle-ci est assise auprès de son feu, c'est-à-dire, devant un brasier ; elle est au milieu de ses femmes & file des laines de couleur de pourpre. Alcinoüs est debout. *Page 73.*

III. TABLEAU.

Le Char est attelé avec des mulets ; on y voit monter Nausicaa avec quatre ou cinq de ses femmes. Ce n'est donc point un Char de guerre ; ce doit être une voiture à quatre roues, découverte & fort espacée, d'autant que les pacquets & les vivres, qui doivent encore y trouver leurs places, sont d'un volume considérable : plusieurs esclaves les portent à leur suite à dessein de les arranger dans la voiture. *Page 75.*

IV. Tableau.

Page 76. On voit Nauſicaa arrivée ſur le bord du fleuve ; le Char eſt dételé ; les mulets ſont lâchés dans les prairies ; quelques femmes portent les pacquets ; les autres ſont déja occupées à laver dans le fleuve.

V. Tableau.

Page 76. Les robes ſont étendues ſur le rivage pour ſécher ; la Princeſſe & ſes femmes ſe baignent dans ce même fleuve.

VI. Tableau.

Page 76. Elles font un repas ruſtique ſur une table qu'elles ont dreſſée : on voit briller en elles cette joie inſpirée par la campagne, & la liberté ſoutenue dans la jeuneſſe par les charmes des beautés réelles de la Nature.

VII. Tableau.

Page 70. Elles jouent ; elles courent ; elles jettent une balle en l'air ; elles folâtrent.

VIII. TABLEAU.

Le Char est attelé ; Nauſicaa jette une balle Page 78. à une de ſes compagnes. On voit qu'elle va tomber dans le fleuve, & que ces jeunes perſonnes font des cris. Cet événement, qui paroît peu important, ſeroit aſſez inutile à peindre s'il n'avoit pour objet que l'amuſement de cette jeuneſſe ; mais il eſt néceſſaire pour le réveil d'Ulyſſe, qu'Homere a laiſſé endormi la veille ſur le rivage.

IX. TABLEAU.

Ulyſſe paroît avec les cheveux en deſordre, Page 79. dans l'état où peut ſe trouver un homme que l'on a vu plus haut échapper du naufrage. Les femmes de Nauſicaa prennent la fuite ; leur étonnement préſente des variétés dans leur action. La Princeſſe reſte ſeule & n'eſt point épouvantée : Ulyſſe n'oſe approcher ; on voit qu'il implore & qu'il demande ſecours.

X. TABLEAU.

Les femmes raſſurées portent à Ulyſſe, qui Page 80. s'eſt caché dans de petits arbres ſur le bord du fleuve, des habits & des secours.

XI. Tableau.

Ulysse se baigne dans le fleuve. L'Artiste doit le placer d'une façon qu'il ne soit point vu de la Princesse ni de ses femmes : elles paroissent s'entretenir avec chaleur ; Nausicaa domine toujours sur les autres par la figure, la noblesse ou l'action.

XII. Tableau.

Page 88. Ulysse paroît avec ses habits ; il est d'autant plus beau que Minerve l'a embelli : Homere décrit sur-tout l'agrément de ses cheveux formant les plus belles boucles. Nausicaa l'admire ; ses femmes témoignent entr'elles leur étonnement par des gestes & des actions variées.

XIII. Tableau.

Page 88. Elles ont apporté une table, & servent Ulysse dans le repas qu'elles lui présentent. Je crois que l'on doit placer Nausicaa auprès de lui.

XIV. Tableau.

Nausicaa montée sur son Char paroît s'éloi-

gner doucement ; elle eſt même à quelque diſ- *Page 89.*
tance. Ulyſſe marche du même côté & la ſuit
avec les femmes de la Princeſſe.

XV. TABLEAU.

Ulyſſe dans un bois conſacré à Minerve ; *Page 97.*
c'eſt-à-dire, qu'on y voit une ſtatue de cette
Déeſſe, à laquelle il fait ſes prieres. Le bois eſt
agréable à peindre ; il eſt arroſé d'une fontaine
& environné d'une prairie. Le Char paroît déja
éloigné ; il eſt alors rempli de toutes ces jeunes perſonnes, dont les différentes actions ont
préſenté des Tableaux ſi riches & ſi agréables,
par les beautés de la Nature ſimple & ſans fard.
L'ombre des arbres, la vénération que l'épaiſſeur des bois inſpire naturellement, & auxquels les Anciens attachoient beaucoup d'idées,
forment une maſſe décidée ſur le devant de
cette compoſition ; elle eſt d'autant plus heureuſe que l'ouverture de ce bois, qui découvre le Char de Nauſicaa, peut être fort éclairé.

LIVRE SEPTIEME.

I. TABLEAU.

Page 123. LEs freres de Nauſicaa viennent dans la cour du Palais au devant d'elle, l'aident à deſcendre de ſon Char, & tiennent les chevaux. Je prendrois la licence, malgré le ſilence d'Homere, de faire ſuivre ces Princes par des eſclaves, qui augmentent la richeſſe des groupes, & font un cortège d'accord avec les idées que nous avons des Princes. Eurimeduſe, nourrice de la Princeſſe, ſeroit diſtinguée dans ce cortège. Il eſt vrai que plus ce cortège ſera nombreux & magnifique, plus la voiture de Nauſicaa ſera ridicule ; car on a beau faire, ce ſera toujours un chariot, peut-être même une charette : j'attelerois cependant les mulets de front à cette voiture, comme on fait encore aujourd'hui en pluſieurs endroits de l'Italie.

II. TABLEAU.

Page 124. Ulyſſe prêt d'arriver dans la Ville, dont les

murailles feroient une partie du fonds de la composition, rencontre une jeune fille qui porte un vase sur sa tête ; il lui parle. On doit d'autant plus représenter cette fille avec toutes les graces de la Nature, que Minerve avoit pris cette figure pour l'aborder.

III. TABLEAU.

Ulysse entre dans le Palais d'Alcinous. Les murailles étoient de cuivre massif ; la corniche étoit d'un bleu céleste ; les portes d'or & les chambranles d'argent ; le parquet de cuivre, ainsi que les dessus de portes, & les anneaux étoient d'or. Aux deux côtés de ces portes on voyoit des chiens d'une grandeur extraordinaire ; les uns étoient d'or, les autres d'argent. Les sièges magnifiques étoient d'une seule piéce, (c'est-à-dire des bancs) couverts de beaux tapis. Enfin, sur des piédestaux magnifiques, on voyoit des figures d'or représentant de jeunes garçons portant des flambeaux. Par une ouverture de porte on peut distinguer les 50 filles, ou plutôt un très-grand nombre d'ouvriéres, dont Homere dit que tous les mouvemens étoient égaux.

Page 129.

Page 131.

Il étoit nécessaire de représenter ce détail à l'Artiste pour peindre à son esprit une représentation d'autant plus agréable, qu'elle est absolument neuve. En effet, la vue de 50 mains droites ou gauches, élevées à la fois, ne pouvoit se soutenir que dans une distance éloignée, comme elle se trouve ici. Au reste, quoiqu'on ait vu Alcinous dans son appartement, *Liv. VI. Tabl. II.* il faut se souvenir qu'il n'étoit point alors dans ce magnifique Palais, destiné sans doute pour recevoir les Etrangers; ainsi le lieu de la scene du premier est différent de celui-ci.

IV. TABLEAU.

Page 132. L'Artiste peut s'amuser, pour faire une varieté agréable dans cette suite, à peindre les jardins de ce même Alcinous; il représentera pour cet effet un verger d'arbres chargés de fleurs & de fruits, entourés d'une haie vive. Cependant la fertilité sera la plus grande parure de ces lieux si renommés.

V. TABLEAU.

Une vigne chargée de raisins que l'on doit cueillir

TIRÉS DE L'ODYSSÉE.

cueillir fucceffivement ; c'eft-à-dire , qu'on y voit des grappes mûres & des grappes avancées par dégrés ; les unes font en fleur ; les autres ont des grains verds & très-petits.

Il eft bon de remarquer à cette occafion, que les vignes des Anciens n'étoient point baffes comme les nôtres, & que plantées au pied des arbres, elles s'enlaçoient & formoient des feftons en fe réuniffant d'un arbre à l'autre, comme on le voit encore aujourd'hui dans quelques endroits de la Lombardie, & plus généralement encore dans le Royaume de Naples, auprès de Capoue. Ces vignes font très-heureufes pour l'art : Jules-Romain en a profité avec autant de fuccès que de grandeur.

VI. TABLEAU.

Un potager environné de canaux formés par des fontaines naturelles.

Ces lieux doivent conferver un air ruftique. Les Anciens ne connoiffoient point la propreté & le peigné de nos promenades, ni rien de ce que nous regardons comme l'architecture des jardins. Ceux d'Alcinous ont été cités pour être les plus beaux de l'ancienne Grece. La description qu'Homere nous en a laissée, met en état de juger de la vérité Les Anciens n'estimoient que la culture nécessaire & le produit de la terre ; mais comme ce Tableau & les deux précédens pourroient paroître nuds, c'est-à-dire, dénués de figures, puisqu'en effet Homere ne dit rien qui puisse rappeller aucune idée de mouvement & de richesse étrangere, je ferois voir tantôt quelques esclaves travaillant à ces jardins, tantôt l'Intendant de ces mêmes esclaves qui leur donneroit des ordres, ou qui leur feroit cueillir des fruits, &c. enfin je représenterois tout ce que l'utilité & l'agrément produisent d'objets & d'actions nécessaires dans ces jardins agréablement situés & cultivés avec soin.

VII. Tableau.

Page 136. Alcinous environné des Princes Phéaciens, faisant des libations, étonné de voir Ulysse assis sur la cendre du foyer. Pour habiller ce fait à la moderne, on pourroit représenter Ulysse embrassant les genoux de la Reine. Je donnerois, quant à moi, la préférence au premier moment, non-seulement à cause de sa singularité, mais par les idées d'afyle inviolable & de protection demandée, dont cette attitude rappelle le souvenir : il se trouve encore qu'elle est plus liée au Costume des Anciens *. Au reste, il ne paroît point qu'on eût alors l'usage des cheminées comme les nôtres. Je croirois donc que leurs feux étoient dans des brafiers, ou sur des élevations de pierre au milieu des pieces qu'ils destinoient à l'ufage du feu, & que ces élévations étoient semblables à celles que l'on pratique encore aujourd'hui en Espagne & sur les côtes d'Afrique. Un pays auffi chaud que la Grece, & dans un tems où les mœurs étoient auffi fimples à de certains égards, autorife ce préjugé.

VIII. TABLEAU.

Alcinous releve Ulyffe, le conduit à une table dreffée & fervie pour lui. Une efclave apporte des plats ; une autre belle & bien faite, tient une aiguiere & un baffin. Le fiége vuide qu'Alcinous montre de la main à Ulyffe pour le faire affeoir, eft de la derniere ma-

* Voyez l'Avertiffement.

gnificence. Il ne faut point oublier d'y mettre un marche-pied.

IX. Tableau.

Page 150. Plusieurs esclaves tenant des flambeaux allumés, accompagnent & conduisent Ulysse au lit qui lui est préparé.

LIVRE HUITIEME.

I. Tableau.

Page 175. Alcinous avec Ulysse sur le Port & devant les Vaisseaux, occupent une place dominante. On voit les Phéaciens arriver de tous côtés & par pelottons, pour prendre leurs places dans l'assemblée. La forme & la proportion des pierres polies, qui ne sont point encore occupées, font imaginer que celles sur lesquelles les Phéaciens ont déja pris leurs places leur ressemblent.

II. Tableau.

Page 179. Le dîné des 50 rameurs que l'on donne à Ulysse pour conduire son Vaisseau ; c'est-à-dire, que le Tableau doit repréſenter les broches, la fumée, enfin une cuiſine groſſiere. Le repas de ces matelots eſt placé dans une cour du Palais d'Alcinoüs, qui laiſſe voir l'habitation de ce Prince par angle, de façon cependant qu'on diſtingue par les ouvertures & les entre-colomnes la foule des Phéaciens, dont Homere fait mention dans ce même tems & dans ce même Palais.

III. TABLEAU.

Les tables ſont levées. Démodocus chante; on l'écoute avec attention. La varieté des impreſſions peut être avantageuſe à l'Artiſte. Ulyſſe a l'air affligé; il répand quelques larmes. Homere dit qu'il a la tête couverte de ſon manteau: cette attitude eſt trop éloignée de nos mœurs, & ne nous eſt point aſſez familiere pour oſer la traiter, du moins pour être aſſuré d'être entendu. Je placerois donc ce Prince la tête appuyée ſur une main, qui lui ſerviroit à cacher ſes larmes: mais pour faire ſentir une pareille action, je croirois qu'il ſuffiroit de repréſenter une partie de la ſalle & des perſonnages qui ſe trouvoient avec Alcinoüs &

Page 181.

Ulysse ; la totalité du festin royal ne pourroit qu'obscurcir & noyer cette petite circonstance.

IV. Tableau.

Je ne peindrois point la course, la lutte & le saut, non-seulement par la raison que ces trois spectacles sont abrégés dans cette occasion, & que les autres sont peu intéressans, mais parce qu'il faudroit nécessairement répéter ce que l'Iliade a présenté plus en grand dans ce genre. Cependant si l'Artiste veut s'en occuper, il trouvera ce qu'en dit Homere à la page 183 & 184.

V. Tableau.

Page 189. Ulysse avec son manteau au milieu de l'assemblée, jette un disque prodigieux & le lance beaucoup plus loin que les autres. Nous ne connoissons point assez cet exercice pour exprimer le mérite de la différence dans les proportions : cependant Homere fournit, ce me semble, un moyen de comparaison qui pourroit lever toutes les difficultés ; il parle de ceux qui marquoient les disques ; par conséquent, en les peignant frappés d'étonnement de la distance d'un difque beaucoup plus éloigné que les autres, & ce même difque paroiffant encore plus fort & plus grand, l'efprit pourroit comprendre que ces avantages regardent la figure que l'on voit dans la lice, encore dans l'effort qu'elle vient de faire. Au refte, tout ce que nous fçavons du difque, c'eft qu'on peut le comparer à un palet pour la forme, mais non pour le poids ni pour le volume ; l'un & l'autre étoient prodigieux, fur-tout dans les mains des hommes tels que les Héros de la guerre de Troye.

VI. TABLEAU.

Démodocus chante fur la lyre les amours de Mars & de Vénus ; de jeunes gens danfent. Page 196.
Un pareil fujet fera toujours mal exprimé par rapport à nous ; je ne dis pas feulement en Peinture, mais encore dans le récit. Nous n'avons aujourd'hui qu'une feule idée fur la danfe. Les Anciens en avoient conftamment de plufieurs efpeces ; ils donnoient même ce nom à des chofes que nous définiffons autrement ou que nous ne connoiffons plus. Suppofé que la danfe dont il eft queftion, fût une pantomime

dont les jeunes gens exprimeroient l'action, tandis que le musicien faisoit le récit en accompagnant le chant avec sa lyre ; non-seulement un Peintre ne pourroit exprimer ce divertissement, mais il nous feroit difficile d'en rendre compte. Je croirois donc qu'il faudroit supprimer ce Tableau en attendant les découvertes réservées aux Sçavans à venir.

VII. Tableau.

Page 197. Mars & Vénus pris dans les filets de Vulcain. Ce sujet traité mille fois par les plus grands Maîtres, peut être rapporté dans cette suite quoiqu'il n'y soit qu'épisodique ; mais il est juste au moins de le rendre à son Auteur ; car Homere est le premier, du moins des Auteurs que nous connoissons, qui ait fait mention de cet événement.

VIII. Tableau.

Page 204. Neptune au milieu des autres Dieux, tient la main de Vulcain & semble lui donner sa parole. En effet, Homere dit qu'il répondit que Mars donneroit à Vulcain tout ce qu'il lui avoit promis pour avoir sa liberté. En conséquence de cet engagement de Neptune, on voit les filets rompus, & Mars & Vénus s'envoler de différens côtés. Je ne me souviens point d'avoir vu ce Tableau exécuté. Au reste, il faut sçavoir qu'on ne doit introduire que des Dieux dans cette composition, & que les Déesses étoient demeurées par pudeur dans le Palais.

IX. TABLEAU.

Les Graces habillent Vénus dans l'Isle de Paphos. Ce sujet, ainsi que celui de Mars & de Vénus dans les filets, ont été souvent traités : il est bon de sçavoir que nous les devons à Homere. D'ailleurs, si on ne vouloit pas les placer dans la suite, où je conviens qu'ils sont étrangers, ils peuvent faire l'ornement d'un cabinet où l'on n'auroit besoin que de trois Tableaux.

Page 204.

X. TABLEAU.

Héleus & Laodamas, jeunes Princes, fils d'Alcinoüs, dansent seuls, en se jettant l'un à l'autre un balon rouge. C'est une espece de gymnastique que la Peinture peut rendre, en la représentant selon nos idées ; mais on ne fera

Page 205.

nullement satisfait d'une représentation qui n'est point agréable en elle-même, & qui présente d'autant moins à l'esprit, qu'Homere donne à cet exercice le nom de danse haute, & qu'il fait ensuite exécuter à ces deux Princes une danse basse, dont les mouvemens sont terre à terre, & qui ayant plus les graces pour objet, pourroit se rapporter à celle que nous connoissons; il est vrai qu'elle dévroit être soutenue par quelque instrument : cependant elle ne paroît soumise à aucune cadence. Démodocus même, qu'il étoit facile de faire jouer de sa lyre, si la chose eût été nécessaire, ne paroît entrer pour rien dans ces deux exercices : on pourroit, à la rigueur, représenter les deux Tableaux de ce récit, le balon & la danse ; l'admiration & le contentement des Spectateurs, est le seul moyen de faire passer dans l'esprit une idée de la belle exécution & des talens de ces jeunes Princes : plus j'en ai été occupé, & plus je me suis convaincu qu'il falloit supprimer cette composition ; nous sommes au moins trop ignorans pour l'exécuter, & les Spectateurs en général trop peu éclairés pour en admettre sa représentation.

XI. TABLEAU.

Euryale donne à Ulysse une épée d'acier, dont la poignée est d'argent & le fourreau d'yvoire ; il la présente au Roi d'Ithaque, au milieu de l'assemblée, avec un air de soumission & de déférence nécessaire pour exprimer l'excuse qu'il lui demande pour les paroles indiscrettes qu'il avoit tenues en premier lieu. Page 108.

XII. TABLEAU.

Alcinous dans l'appartement d'Areté. On y voit un coffre que la Reine fait remplir des présens que les Phéaciens font à Ulysse. Des esclaves exécutent ses ordres. La chambre est remplie & décorée, à la volonté de l'Artiste, de tous les habits & les morceaux d'or, dont le nombre est indéterminé, mais qui produisent de la richesse & de la varieté. Ulysse doit être présent, car la Reine le prie de mettre son nœud à ce coffre ; ce qui prouveroit que la serrurerie n'étoit pas encore en usage, si Homere ne nous avoit décrit les celliers d'Ithaque fermés d'une double serrure, & s'il n'avoit fait mention de leurs clefs, *Odyssée*, Liv. II. Page 141. Page 109.

Pour suivre l'Auteur, il faut donc faire pendre à ce coffre de petites courroies capables de former ce nœud.

XIII. Tableau.

Nauſicaa, qu'on ne ſçauroit peindre trop belle, accueille Ulyſſe paré qui ſort du bain ; elle le prie de ne la point oublier. Ce Tableau me paroît trop dénué d'action pour être entrepris, d'autant même qu'il n'eſt plus fait mention de Nauſicaa dans le reſte du Poëme ; je n'en parle que pour faire honneur à l'attention d'Homere, qui place tout, & qui, comme un grand Peintre, préſente ſans affectation des acceſſoires qui nourriſſent & embelliſſent ſa propre compoſition.

XIV. Tableau.

Page 215. Ulyſſe engage Démodocus à chanter la priſe de Troye ; ce Poëte lui obéit. Homere, ſous ce prétexte, rapporte pluſieurs faits qui regardent les malheurs de cette Ville infortunée, & qui n'ont pû trouver place dans l'Iliade. D'autant que ce Poëme n'avoit pour objet que la colere d'Achille, ce Prince étant vengé, l'entreprife étoit achevée. Le récit de Démodocus fait mention du cheval de bois ; c'eft un fujet convenable à la Peinture. La joie des Troyens, ce coloffe au milieu des bâtimens de la Ville, la breche même qu'on a faite aux murailles pour en faciliter l'entrée, peuvent fervir à faire voir, fur l'horifon, le feu que les Grecs avoient mis à leur camp, dans le deffein de perfuader encore plus leur départ.

XV. TABLEAU.

Les Héros fortis du cheval, faccagent & pillent la Ville. Ce Tableau d'horreur & de carnage eft fufceptible de grands effets ; cependant ces deux derniers Tableaux étant ici poftiches, c'eft à-dire épifodiques, ils pourroient fe reporter à la fuite de l'Iliade. La Peinture trop ferrée à plufieurs égards, n'eft pas foumife aux mêmes loix que le Poëme ; un inftant lui fuffit fans pouvoir prefque en réunir plufieurs. La plus grande galerie eft une plus grande fucceffion de momens, qui font autant de petits Poëmes foumis eux-mêmes à des regles prefcrites ; moins vaftes, mais auffi précifes dans leur efpece que celle de l'Epopée.

Page 215.

LIVRE NEUVIEME.

I. TABLEAU.

On voit qu'Ulysse abordé dans un Port, a fait une descente ; que ses soldats pillent, brûlent une Ville, & tuent les habitans. La flamme & les fumées indiquent, dans les parties de la campagne que l'on découvre, qu'on éprouve le même traitement. Le premier plan de ce Tableau représente la flotte d'Ulysse au nombre de douze Vaisseaux (ce nombre n'en est pas déterminé dans cet endroit, mais on le trouvera plus bas.) Pour prouver que les desordres sont commis par les soldats de ce Prince, je représenterois sur le second plan quelques-uns de ces mêmes soldats chargés de butin & conduisant des bestiaux du côté de la flotte.

II. TABLEAU.

Page 263. Les soldats d'Ulysse repoussés & suivis par les Ciconiens, se rembarquent avec toutes les marques de la peur & du désordre. Déja quelques-uns des Vaisseaux d'Ulysse sont éleignés, & l'on ne doit pas douter que les autres n'aient le même dessein : toutes les manœuvres doivent concourir au départ le plus précipité.

III. Tableau.

Les Vaisseaux d'Ulysse sont représentés à l'ancre, ou plutôt amarés à une côte différente de la précédente : quelques soldats sont à terre. On voit que les habitans leur présentent des fruits, qu'ils mangent ; & pour faire sentir le goût délicieux qu'Homere suppose à ces fruits, qu'il nomme *lotos*, je ne crois pas qu'il y ait de meilleur moyen, que de représenter les deux soldats liés & garottés que l'on ramene aux Vaisseaux, & qui montrent de la main le pays qu'on les oblige de quitter. On en voit d'autres auxquels on arrache de ces fruits ; enfin tout ce que l'imagination présentera pour exprimer le texte, sera bon.

Page 265.

IV. Tableau.

Ce Tableau présentera la vue d'un autre paysage, dans lequel on est obligé de faire voir une basse fontaine qui sort d'une grotte

Page 269.

couverte d'arbres, vis-à-vis de laquelle les Vaisseaux d'Ulysse se trouvent mouillés. Le pays est couvert de bois, quelques intervalles occupés par de petites plaines, laissent voir les soldats d'Ulysse chassant & prenant des chèvres. On doit même avoir attention de répandre dans la campagne une grande quantité de ces animaux seuls ou attroupés.

V. TABLEAU.

Page 171. On voit Ulysse qui part avec un seul Vaisseau ; les autres sont au même endroit où on les a vus dans le Tableau précédent. Ce Prince dirige sa route du côté d'une Isle peu éloignée de celle d'où il part, & dans laquelle on distingue des cavernes, des fumées, &, s'il se peut, des troupeaux.

VI. TABLEAU.

Page 274. Ulysse devant un antre fort exhaussé, couvert de lauriers. On voit des troupeaux de brébis aux environs. Ulysse & ses douze soldats sont entrés dans une cour formée par des pierres brutes & très-grosses. Une futaie de grands pins & de grands chênes donne de l'ombre

bre à cette cour. Il ne faut point oublier qu'un des soldats de la suite d'Ulysse est chargé d'un outre de vin , & que les autres prennent le lait & les fromages arrangés avec beaucoup d'ordre dans des vases & dans des paniers de jonc. On peut encore faire voir des brebis parquées avec leurs agneaux. Cette composition peut être une des plus agréables & des plus pittoresques de cette suite.

VII. TABLEAU.

Poliphéme , géant & cyclope , arrive chargé d'une grande quantité de bois sec : Ulysse & ses Compagnons se cachent à sa vue. Il est aisé de rendre ce géant la figure dominante , & sa présence apporte suffisamment de changement dans une composition, pour trouver quelque danger à répéter le lieu de la scene. Page 277.

VIII. TABLEAU.

Polyphéme dans son antre , assis , tire le lait de quelques brebis dont il est environné ; il n'est éclairé que par la lumiere de son feu, que l'Artiste peut cacher en quelque sorte par des pierres placées à sa fantaisie. Ulysse & ses Page 279.

Compagnons paroiffent devant lui en fuplians.

IX. Tableau.

Page 281. La Géant, fans fe lever, en prend deux & les écrafe contre le mur de fa grotte. Leurs membres épars produifent une repréfentation horrible ; Ulyffe & fes Compagnons font cachés & ne paroiffent point.

X. Tableau.

Page 289. Poliphéme endormi par le vin qu'Ulyffe lui a fait boire, & couché par terre ; il eft éclairé par la lumiere de fon feu, & le même feu permet de diftinguer les Compagnons d'Ulyffe, qui foutiennent un épieu pointu que ce Prince conduit dans l'œil du Cyclope.

XI. Tableau.

Page 293. Poliphéme tout enfanglanté, ayant à fes côtés la groffe pierre qui fermoit fon habitation, touche le dos de fes brebis dans l'efpérance de faifir ceux qui l'ont bleffé. On voit Ulyffe fe tenant fous le grand bélier, dont il fe fervit pour échapper à la vengeance du Cyclope. Les Compagnons d'Ulyffe font déja fortis ; ils font à quelque distance, sous les trois brebis que leur Prince leur avoit fait attacher ensemble dans le même dessein ; quelques-uns se relevent ; & cette composition peut aisément ne laisser aucun doute sur toutes les circonstances nécessaires.

XII. TABLEAU.

Le Cyclope aveugle paroît sur le bord de la mer ; il est sur un rocher, & lance une pierre d'une grosseur énorme contre le Vaisseau d'Ulysse, qui rame. On voit cette pierre en l'air & tomber un peu par derriere. Page 298.

XIII. TABLEAU.

Ulysse revenu dans le mouillage du IV. Tableau de ce Livre, & dans lequel il avoit laissé les autres Vaisseaux de sa flotte, est accueilli par ses Compagnons ; il leur donne les moutons qu'il a pris & prépare un petit sacrifice. Les soldats & les moutons que l'on débarque encore, prouvent que le Vaisseau d'Ulysse vient d'arriver. Je placerois Ulysse auprès d'un petit Autel de gazon, pour indiquer qu'il va témoigner sa reconnoissance aux Dieux : il est vrai Page 309.

qu'Homere n'en fait aucune mention positive, & qu'il ne s'agit peut-être que d'une libation ; mais cette cérémonie marque peu dans la Peinture, & ne fait pas une grande impression sur ceux qui ignorent les pratiques & les détails de la religion des Anciens.

LIVRE DIXIEME.

I. TABLEAU.

Page 339. La flotte d'Ulysse arrive dans l'Isle d'Eolie, ceinte d'une muraille d'airain, & bordée de rochers escarpés. Le peuple sur le rivage embellit toujours ces sortes de compositions.

II. TABLEAU.

Page 340. Le Palais d'Eole rempli de cassolettes fumantes & de Musiciens : la table dressée & servie : Eole environné des Princes ses enfans & de leurs femmes, venu au-devant d'Ulysse sur les marches de son Palais, lui donne la main, ou l'embrasse.

L'habitation des Vents paroîtroit devoir être traitée différemment ; mais Homere ne peint

TIRÉS DE L'ODYSSÉE. 197

Eole que comme un Roi vivant dans les délices, chargé de la garde des Vents, qu'il retient à son gré, ou auxquels il donne la liberté. Homere suppose apparemment qu'ils étoient renfermés dans des cavernes qui ne paroissoient point, ou qui n'étoient connues que de leur Roi.

III. TABLEAU.

Ulysse reconduit par Eole, à peu près dans la même disposition de son arrivée, reçoit de ce Prince un outre, qu'Ulysse fait prendre à un soldat de sa suite ; cet outre est lié avec un cordon d'argent, & doit être l'objet principal de cette composition. *Page 340.*

IV. TABLEAU.

On distingue une Ville, dont la flotte est peu éloignée. Ulysse dort sur son Vaisseau : les soldats délient l'outre. L'avarice, ou du moins l'empressement & la curiosité, doivent être peints dans leurs yeux. *Page 343.*

Il semble par les feux allumés sur la côte, & par le sommeil d'Ulysse, que cet événement soit arrivé la nuit. Mais je prendrois la licence de le faire arriver pendant le jour; fans cette précaution, on fent aifément qu'il ne faudroit point penfer à l'exécution de ce fujet.

V. Tableau.

Page 343. Ulyffe battu de la tempête & prêt d'arriver à l'Ile d'Eole : elle eft facile à reconnoître par la defcription d'Homere. Le fecond Tableau de ce Livre donne une grande facilité pour reconnoître ce Port.

VI. Tableau.

Page 345. On reconnoît le Palais d'Eole. Ulyffe avec un Héraut s'étoit mis en pofture de fuppliant; il eft chaffé par le Roi. Les Grecs n'étoient pas fi délicats que nous. La Peinture peut profiter de la fimplicité des mœurs & des ufages de ces premiers tems ; & pour ne point laiffer de doute à l'action & au récit d'Homere, elle peut indiquer des efclaves avec des bâtons, fortant du Palais, & courant après Ulyffe & fon Héraut pour les chaffer, du moins ces efclaves, ou ces domeftiques, doivent les repouffer l'un & l'autre, & les mettre dehors avec indignation.

VII. TABLEAU.

Deux Compagnons d'Ulyſſe, accompagnés d'une jeune fille chargée d'un vaſe : elle leur montre un Palais dans une Ville, & de ce Palais il ſort une Géante épouvantable. *Page 348.*

C'eſt un malheur que d'avoir de tels objets à peindre, toujours déſagréables en eux-mêmes. Ils s'oppoſent encore plus quand ils ſont placés ſur les ſeconds plans, aux idées que l'habitude nous a données de la perſpective, & aux agrémens d'une compoſition. Mais quand on entreprend une ſuite, il faut ſe prêter à des ſujets que l'on ne choiſiroit pas pour des Tableaux ſeuls.

VIII. TABLEAU.

Le Roi des Leſtrigons, géant lui-même, prend un des ſoldats qu'on a vus dans le Tableau précédent, & le déchire ; l'autre prend la fuite. La jeune fille eſt témoin de cette barbarie. On voit par la compaſſion répandue ſur ſon viſage, qu'elle deſapprouve une pareille cruauté ; la Géante au contraire applaudit. *Page 349.*

IX. TABLEAU.

;c 349. Les Vaisseaux d'Ulysse étoient mouillés à cette côte dans un Port environné de rochers, & dont l'embouchure étoit fort étroite. Ce Prince même n'avoit pas voulu s'engager dans cette enceinte, il étoit demeuré en dehors. Cette précaution le sauva, car il perdit tous ses autres Vaisseaux, au nombre de onze. Au reste, ces positions doivent être observées avec exactitude ; elles sont nécessaires pour exprimer la façon dont les Lestrigons attaquerent les Grecs, sur lesquels ils faisoient voler de grosses pierres. Ces peuples étoient tous géans ; & pour marquer leur taille & leur cruauté, Homere a soin de nous rapporter qu'un de ces hommes portoit sur son épaule trois ou quatre des soldats d'Ulysse, comme des poissons embrochés : il ne faut point oublier cette circonstance ; il est vrai que je la présenterois sur le plan le plus éloigné qu'il me seroit possible. On doit aussi marquer l'empressement avec lequel Ulysse cherche à s'éloigner de ce rivage avec son seul Vaisseau.

X. TABLEAU.

Ulysse débarqué au lever de l'aurore, armé de sa pique, de son épée, de son casque, tue un cerf dans un pays fertile. On voit dans l'éloignement un Palais agréable, & des fumées qui prouvoient qu'il est habité.

Page 351.

Le Tableau d'Ulysse, tel qu'Homere nous le présente, portant sur son col le cerf qu'il a tué, après avoir lié les quatre jambes, dégrade trop les Héros, & s'oppose trop à nos idées pour être exécuté; c'est du moins mon avis : je croirois donc qu'il seroit convenable de le faire porter par des soldats.

XI. TABLEAU.

Les soldats détachés par Ulysse pour aller reconnoître le Palais que l'on voyoit dans l'éloignement, étoient au nombre de 22 ; l'Artiste fera voir le nombre qui lui conviendra. Ils sont caressés par des loups, des lions & d'autres animaux féroces : les uns ont peur ; les autres sont étonnés. Les bois & les prairies rendent la situation de ce Palais délicieuse ; la porte en est ouverte, & Circé, belle & na-

Page 356.

blement parée, les accueille & leur fait signe d'entrer.

XII. Tableau.

Page 358. Le Tableau représente l'intérieur de ce même Palais. Circé, après avoir fait asseoir les Grecs sur des siéges couverts de beaux tapis, leur présente un breuvage dans une coupe ; elle leur donne ensuite un coup de sa baguette, & ils deviennent cochons. Pour faire sentir la métamorphose, il faudroit, ce me semble, qu'il n'y eût encore que la moitié de métamorphosée, sur laquelle les autres n'eussent pas même les yeux. Un des derniers tient la coupe, & elle donne un coup de sa baguette sur celui qui le précede.

XIII. Tableau.

Page 361. Ulysse seul dans ce même paysage, différemment paré : car les points de vue varient par la situation de celui qui marche. Le Palais de Circé doit toujours être placé à quelque distance, pour faire mieux sentir la beauté du pays & l'action qui vient de se passer. Ulysse donc tient une plante, & si l'on veut, avec

TIRÉS DE L'ODYSSÉE.

sa racine ; & pour faire sentir qu'elle vient de lui être donnée par Mercure, qui prend son vol assez près de lui, on voit qu'il lui parle & qu'il lui témoigne sa reconnoissance en lui montrant encore la plante qu'il tient, & ce mouvement est dans la Nature.

XIV. TABLEAU.

Ulysse dans le Palais de Circé, tient de la main gauche la coupe dans laquelle il a bû. Circé dans l'attitude de le frapper de sa baguette, est arrêtée par l'action du Roi d'Ithaque, qui met l'épée à la main. *Page 365.*

XV. TABLEAU.

Les quatre belles Nymphes différemment occupées, embellissent & changent la face de cette même salle ; l'une met des tapis sur les siéges ; l'autre dresse une table d'argent & des corbeilles d'or ; la troisiéme verse du vin dans une urne d'argent ; la quatriéme fait chauffer de l'eau sur le brasier. Ulysse & Circé s'entretiennent avec amour. Ce changement de situation est prompt ; mais Homere le donne, & la Peinture doit en profiter. *Page 367.*

XVI. Tableau.

Page 370. Circé rend la forme aux Compagnons d'Ulysse en les touchant de sa baguette. Je placerois la scene dans une cour du Palais pour les faire sortir de l'étable, que le Tableau de leur métamorphose ne pouvoit représenter, & dans laquelle Homere dit qu'ils allérent se retirer; & l'on verroit ceux auxquels la figure humaine est déja rendue, embrasser les genoux d'Ulysse.

XVII. Tableau.

Page 381. Circé vêtue d'un grand manteau de toile d'argent avec une ceinture d'or, coiffée d'un voile fait par les graces, attache deux moutons noirs au mât du Vaisseau d'Ulysse ; & pour indiquer le départ de ce Prince, je représenterois les voiles préparées & les rameurs tenant leurs rames.

LIVRE ONZIEME.

I. TABLEAU.

Les victimes, c'est-à-dire, les deux mou- Page 423.
tons noirs, égorgés dans la fosse quarrée au
pied d'une roche, sur le bord d'un des fleuves de l'enfer. On voit le Palais de Pluton
dans l'éloignement. Ulysse est accompagné de
deux de ses Compagnons.

II. TABLEAU.

» Les ames accourent en foule; on voit pêle- Page 424.
» mêle de jeunes femmes, de jeunes hommes,
» des vieillards desséchés par de longs travaux,
» de jeunes filles décédées à la fleur de leur
» âge, des guerriers couverts de larges bles-
» sures, victimes du Dieu Mars, & dont les
» armes étoient encore teintes de sang «. Tandis que les Compagnons d'Ulysse brûlent les
victimes, & que la flamme de ce bucher éclaire
encore plus le lieu de la scene, Ulysse, l'épée
à la main, contient ces ames empressées de
boire le sang de ces mêmes victimes.

III. Tableau.

Page 428. Tyréfias boit dans la foffe avec empreffement : Ulyffe remet fon épée. Bouchardon a traité ce fujet avec une élégance digne d'Homere, mais il a réuni les trois fujets en un, & il a principalement exprimé la légereté & l'empreffement des ces ames, avec un feu & une beauté d'imagination qui méritent les plus grands éloges.

IV. Tableau.

Page 432. On voit Tyréfias ceffer d'entretenir Ulyffe & retourner au palais de Pluton.

Les ombres évoquées par Ulyffe, lui font le récit de plufieurs hiftoires qui préfentent des fujets à la Peinture : ils font fort éloignés de l'objet du Poëme, & ne pourront peut-être pas faire partie de la fuite. Cependant, comme ils font donnés par Homere, je crois devoir les décrire.

V. Tableau.

Page 439. Ulyffe environné de ces ames, eft affis pour écouter les différens récits des épifodes fuivans.

TIRÉS DE L'ODYSSÉE.

Tyro étant amoureux du fleuve Enipé, Neptune prit sa figure ; il endormit la Nymphe dont il eut deux enfans. Les eaux s'étoient levées comme une montagne, & courbées comme une voute pour couvrir les amans.

La Nymphe endormie, Neptune commandant aux eaux, les arrangeant de la façon qu'il avoit méditée, leur transparence ; tout me paroît fournir un Tableau agréable & d'un genre nouveau, & que je ne crois pas qu'on ait jamais traité.

VI. Tableau.

La mort d'Agamemnon, que son ombre détaille à Ulysse, fournit un Tableau terrible en lui-même, & que je crois absolument neuf, si l'on s'attache à suivre les idées d'Homere : je me contenterai de rapporter ses paroles. *Page 453.*

» Tous mes Compagnons ont été égorgés au-
» tour de moi, autour de l'urne sacrée & de la ta-
» ble où nous étions assis. Dans le moment même
» qu'on m'assassinoit, j'entendis la voix plain-
» tive de la fille de Priam, de Cassandre, que
» la perfide Clytemnestre tuoit pour me faire
» mourir plus cruellement. «

Les derniers regards d'Agamemnon tombés sur Cassandre, qu'il peut voir assassiner à quelque distance, tiendroient dans le Tableau la place que la voix plaintive occupe dans le récit.

VII. Tableau.

Page 465. Minos assis sur son trône, le sceptre à la main & rendant la justice aux morts. Toutes les ombres comparoissent devant son tribunal pour être jugées ; les unes sont assises, les autres sont debout.

VIII. Tableau.

Page 466. Tytius, fils de la terre, étoit étendu. Deux vautours attachés incessamment à cette ombre, lui déchirent le foie sans qu'il puisse les chasser.

IX. Tableau.

Page 468. » Sysiphe tenant dans ses mains un gros ro-
» cher qu'il tâchoit de pousser sur le sommet
» d'une montagne, en grimpant avec les pieds
» & les mains ; mais lorsqu'après des efforts
» infinis il étoit presque parvenu jusqu'à la
» cime, & qu'il alloit placer son rocher, une
» force

TIRÉS DE L'ODYSSÉE.

» force majeure le repoussoit, & cette énor-
» me pierre retomboit en roulant jusques dans
» la plaine ; ce malheureux la reprenoit sur
» l'heure & recommençoit son travail. «

Ce sujet pourroit fournir deux compositions. Celle du rocher poussé sur la montagne, présenteroit une belle étude pour les mouvemens du corps ; & celle du rocher retombant, fourniroit une belle expression de douleur & de désespoir sur le visage de Sysiphe.

X. TABLEAU.

» Tantale consumé par une soif brûlante, Page 467.
» étoit au milieu d'un étang, dont l'eau plus
» claire que le cristal montoit jusqu'à son men-
» ton sans qu'il en pût prendre une goutte pour
» se désaltérer ; car toutes les fois qu'il se bais-
» soit pour en boire, l'eau disparoissoit autour
» de lui, & il ne voyoit à ses pieds qu'un sa-
» ble aride qu'un Dieu ennemi desséchoit. Ce
» n'étoit là que la moitié de son supplice ; éga-
» lement dévoré par la faim, il étoit environ-
» né de beaux arbres, d'où pendoient sur sa
» tête des fruits délicieux ; mais toutes les fois
» que ce malheureux levoit les bras pour en

» cueillir, un vent jaloux les élevoit jufqu'aux » nues. «

Ce dernier fujet préfenteroit encore deux Tableaux : il faut cependant convenir que la foif ne feroit ni heureufe ni facile à traiter. Les arts ont très-fouvent repréfenté Tantale ; mais ces compofitions appartiennent de droit à Homere ; ce feroit une injuftice que de n'en pas donner au moins une légere idée, d'autant qu'il eft toujours admirable d'être grand, neuf & fécond jufques dans les épifodes.

LIVRE DOUZIEME.

I. Tableau.

L'Isle d'Æéa à laquelle Ulysse aborde, est simplement désignée par le lieu où sont les chœurs & les danses de l'aurore. Cette image est riante ; elle exprime la situation de la nature à cet instant du jour. Il est possible, mais difficile d'en faire un Tableau : il seroit d'autant plus agréable de l'entreprendre, qu'il est purement arbitraire, & que toutes les maniéres de le traiter sont bonnes ; il seroit même très-beau pour un Tableau de cabinet. *Page 3.*

II. Tableau.

On voit encore les restes du bucher auprès du tombeau élevé à Elphenor ; il est orné d'une colomne de bois : sans doute la rame du défunt est placée dessus, & le tombeau est élevé sur une pointe de terre avancée dans la mer. Les Grecs sont autour ; leur Vaisseau est mouillé à une médiocre distance. Circé arrive suivie de ses femmes & de ses esclaves, char- *Page 4.*

gées de corbeilles remplies de vivres, de rafraîchiffemens & d'urnes de vin.

III. TABLEAU.

Page 6.   Circé entretient Ulyffe à l'écart : le choix du fite eft à la volonté de l'Artifte. Je voudrois feulement que l'on pût voir à quelque diftance du lieu où ils font affis, quelque objet qui rappellât à l'efprit la compofition précédente, c'eft-à-dire, le Vaiffeau d'Ulyffe, les femmes de la fuite de Circé ou les foldats mangeans. Ces groupes néceffaires repandent encore des richeffes.

IV. TABLEAU.

Page 15. Ulyffe met à la voile. Il ne faut pas oublier qu'il n'a plus qu'un Vaiffeau depuis l'avanture des Leftrigons.

V. TABLEAU.

Le Vaiffeau d'Ulyffe arrive à l'Ifle des Sirénes ; la côte eft bordée de ces enchantereffes. On voit ces belles femmes jouer des inftrumens, chanter, & faire tous leurs efforts pour arrêter ces Etrangers : mais une partie est occupée à se boucher les oreilles avec la cire qu'Ulysse leur a donnée, tandis qu'il est lié lui-même au mât du Vaisseau. Le reste de l'équipage rame de toutes ses forces. Au reste, Homere ne nous dit point que les Sirénes eussent le corps terminé en poisson, comme nos Modernes * se plaisent à les représenter ; ainsi je crois que l'on pourroit s'en dispenser, autant pour celles que l'on représenteroit sur terre, que sur les eaux.

VI. TABLEAU.

Ulysse est armé de toutes ses armes ; il a deux javelots à la main, tandis que son Vaisseau passe le détroit de Scylla & de Carybde : ce dernier est un gouffre qui reçoit & qui rend les eaux de la mer avec un bruit & des bouillonnemens affreux. Ce gouffre est situé au bas d'une montagne sur laquelle il y a un gros figuier sauvage. Scylla de l'autre côté du détroit, ne présente qu'une caverne au niveau de l'eau. Ce détail doit être observé pour les événemens suivans.

Page 22.

* Annibal Carache a traité ce sujet dans la galerie Farnese.

VII. TABLEAU.

Page 10.   Scylla est décrite par Homere comme ayant douze griffes d'une grandeur énorme, ou plutôt douze pattes ; ce monstre a six cols, sur chacun desquels est une tête dont la gueule béante a trois rangs de dents. Le corps demeuroit ordinairement dans la caverne, & les six têtes en sortoient pour pêcher ou pour prendre ceux des voyageurs qui pouvoient tomber en son pouvoir.

Page 23. Ulysse ne put empêcher cette effroyable bête de prendre six de ses Compagnons. C'est le moment de ce Tableau. On voit encore les pieds des uns qui s'agitent en l'air, ou les mains qui implorent du secours. Le desordre de cette action rend la figure de Scylle plus aisée & moins désagréable à peindre, car on n'en fait paroître que ce que l'on veut. Ulysse doit être représenté dans la douleur.

VIII. TABLEAU.

Page 28.   Le Vaisseau d'Ulysse est mouillé auprès d'une belle fontaine. Le pays riche & magnifique est rempli des plus beaux troupeaux de bœufs ; ils appartiennent au Soleil. La richesse de la terre

& la fertilité des prairies, préfentent le payfage le plus agréable.

IX. Tableau.

Ulyffe à terre paroît fur un des côtés de la compofition ; il voit fes Compagnons égorger des bœufs fur le rivage ; on y voit même un petit Autel ruftique : d'autres foldats plus éloignés choififfent dans les troupeaux, & conduifent les animaux au bord de la mer. La figure d'Ulyffe doit exprimer tout ce qui peut donner l'idée du défefpoir. Il déchire fa robe en invoquant les Dieux, &c. & c'eft pour cette raifon que j'ai propofé de le placer fur le premier plan & dans une des parties latérales du Tableau, pour mettre l'Artifte plus en état d'exprimer la douleur de ce Prince, & faire voir en même tems ce qui la peut caufer. Pour enrichir cette compofition & diminuer le nombre des Tableaux, je joindrois le fujet fuivant à celui que je viens de propofer ; j'ouvrirois le Ciel, & je ferois voir Apollon devant le trône de Jupiter paroiffant en colere. Le pere des Dieux le confole & lui promet fatisfaction fur le carnage que les Grecs font de fes troupeaux.

X. TABLEAU.

Page 37.   La mer est en courroux ; un nuage noir menace le Vaisseau ; la foudre tombe ; les voiles sont déja déchirées & le mât rompu ; le Pilote tombé dans la mer : & je représenterois sa chute à la renverse, pour faire mieux sentir qu'il est blessé, & rendre plus exactement le récit d'Homere.

XI. TABLEAU.

Page 38.   Le Vaisseau brisé ; l'équipage répandu sur les vagues, nâgeant & faisant des efforts pour se soutenir sur l'eau ; Ulysse encore debout, environné de quelques débris & d'une partie du mât.

XII. TABLEAU.

Page 39.   Le gouffre de Carybde. On voit les débris qui portent Ulysse, commençant à s'enfoncer. Ce Prince saisit le figuier sauvage, cité plus haut dans le Tableau VI. de ce même Livre, & demeure suspendu dans l'action de s'établir sur le figuier.

XIII. TABLEAU.

Le gouffre rend ces mêmes débris ; Ulysse s'élance dans la mer & tombe assez près d'eux pour faire concevoir que son dessein réussira ; c'est-à-dire, qu'il pourra les reprendre & qu'ils serviront à le tirer d'un pareil danger.

Ces deux derniers Tableaux, assez peu chargés d'actions & d'objets, peuvent tirer parti des vues de la côte d'Italie & de celle de Sicile, telles que la Nature les présente aujourd'hui. Il est vrai que l'Artiste ne trouvera point Carybde & Scylla répondant à la description d'Homere ; & cette circonstance fait encore partie des preuves de la médiocrité des Vaisseaux Grecs ; car à peine m'a-t-il été possible de reconnoître dans ma felouque ces petites Isles, que je crois n'avoir pas été plus dangereuses qu'elles le sont encore aujourd'hui.

LIVRE TREIZIEME.

I. TABLEAU.

Page 77. CEs derniers Tableaux font tirés du récit qu'Ulyſſe fait à Alcinous. Le Poëte met en action les événemens qui ſuivent.

Alcinous ſacrifie un taureau en préſence d'Ulyſſe & des principaux de ſa cour. On voit dans le Palais de ce Prince, qu'on a déja préſenté, les apprêts d'un grand feſtin.

II. TABLEAU.

Page 81. Ulyſſe eſt conduit à ſon Vaiſſeau dans le Port de la Ville où regne Alcinous, & dont le ſite doit être repréſenté comme on l'a vu plus haut *Livre VIII. I. Tableau*. Ce Prince eſt ſuivi de pluſieurs eſclaves qui portent les préſens ; il eſt précédé d'un Héraut.

III. TABLEAU.

Page 82. Ulyſſe eſt couché ſur le pont, dans l'attitude d'un homme qui s'endort. L'action & l'ardeur des rameurs eſt bien peinte dans Homere.

IV. TABLEAU.

Le Vaisseau des Phéaciens arrivé dans le Port du Vieillard de Phorcine ; il est formé par des rochers hérissés ; le fond est couvert d'un bois qui, par son ombre, entretient une fraîcheur admirable. On voit un antre environné de fontaines. L'ouverture de cet antre doit être assez large pour donner quelqu'idée des urnes de pierre dont il est garni tout autour, ainsi que des métiers taillés dans le roc, où travaillent les belles Nymphes auxquelles cet antre est consacré. Les Phéaciens ont porté à quelque distance Ulysse sans l'éveiller, & ont placé à ses pieds tous les présens qu'on lui a faits ; tels sont des étoffes, des vases, des trépieds, des coupes, des talens d'or, ou, comme je l'ai déja dit, des lingots.

Page 83.

V. TABLEAU.

Le Vaisseau des Phéaciens, devenu pierre, au milieu d'une mer irritée. On pourroit prendre la licence, cette métamorphose ayant pour objet la vengeance de Neptune, de représenter ce Dieu irrité, venant de frapper de son

Page 90.

trident ce malheureux Vaisseau : sa conque marine & ses chevaux en mouvement répandroient une grande richesse dans cette composition ; sans un pareil secours elle seroit bien seche, pour ne pas dire froide & insipide.

VI. Tableau.

Page 95. Ulysse dans la même position où il a été placé dans le IV. Tableau de ce Livre, s'éveille ; Minerve arrive auprès de lui.

VII. Tableau.

Page 109. Minerve précede Ulysse, qui porte une partie des présens qu'il a reçus ; ils sont l'un & l'autre dans l'antre des Nymphes, & la Déesse lui montre le lieu où il doit cacher ses richesses.

VIII. Tableau.

Page 113. Minerve & Ulysse sortis de la caverne. On voit que la Déesse vient de toucher ce Prince de sa baguette ; elle est même encore en l'air. Ce n'est plus celui que l'on a vu dans le Tableau précédent, bien fait, noble & bien vêtu ; » c'est un vieillard sans cheveux, couvert de » haillons & d'une vieille peau de cerf dont

» les poils font tombés, qui tient un bâton &
» qui porte une beface rapiécée, attachée à une
» corde, & qui pend jufqu'au milieu du corps.

LIVRE QUATORZIEME.

I. Tableau.

Ulysse couvert de haillons, tel qu'on l'a Page 141.
vu dans le dernier Tableau, arrive devant
une maifon bâtie de groffes pierres de taille;
elle eft fans toit : la haie vive qui forme fon
enceinte, foutenue de diftance en diftance par
de gros pieds de chêne groffierement travaillés, empêche de voir cette maifon en entier ;
on en diftingue quelques parties à travers l'ouverture de la porte, fermée par une barriere
ruftique.

II. Tableau.

Ulyffe, pour fe garantir de la fureur des Page 143.
quatre grands chiens qui gardoient la ferme,
fe couche par terre. Ces animaux peuvent fournir un beau contrafte. Eumée, c'eft un homme

d'une cinquantaine d'années, vient à son secours & chasse les chiens avec peine.

III. Tableau.

Page 144. Ulysse dans l'intérieur de la cour, conduit par Eumée. Cette situation permet à l'Artiste de représenter la maison en entier. On voit les hangards & les étables dont elle est environnée ; & selon le récit d'Homere, je crois qu'elle étoit placée au milieu de la cour, c'est-à-dire, qu'elle étoit isolée.

IV. Tableau.

Page 147. Eumée ayant relevé ses vêtemens, sert le dîné sur une petite table. On voit à côté l'urne dans laquelle est le vin mêlé d'eau, selon
Page 151. l'usage des Anciens. Il y a une coupe sur la table & deux petits cochons dans un plat; ils ont encore les broches avec lesquelles ils ont été rôtis. Eumée & Ulysse sont assis sur des fagots & placés vis-à-vis l'un de l'autre.

V. Tableau.

Page 176. Les bergers reviennent des champs, & conduisent les troupeaux de vaches, de brébis

& de chèvres ; ces animaux remplissent la cour, & donnent l'idée de l'abondance & des soins de celui auquel la garde en est confiée ; on les voit prendre le chemin de leurs étables. On peut donner à ces bergers des bonnets & des habits de peaux de chèvres, une ceinture & des especes de brodequins grossiers. Je les habillerois comme Laërte, *Tableau XIII. du Livre XXIV.* de ce Poëme ; ils feront la plus grande singularité de ce Tableau. Il faut encore regarder avec soin les mouvemens qui nous ont conservé des traces de ces anciens pastres ou bergers.

VI. TABLEAU.

Les bergers font un sacrifice sur un petit autel qu'on a dû voir dans le troisiéme Tableau de ce même Livre. Eumée est le Prêtre ; il fait sa priere aux Dieux, tandis qu'un des bergers recueille le sang. Au reste, la victime est un cochon de cinq ans.

Page 177.

VII. TABLEAU.

Eumée avec un baudrier, une épée, habillé d'une peau de chèvre recouverte d'un grand

Page 185.

manteau, un javelot à la main, dans l'équipage d'un homme qui va partir, fait arranger le lit d'Ulysse, c'est-à-dire, des peaux de bêtes, & le fait approcher du grand feu allumé dans la cour, autour duquel les bergers vont aussi passer la nuit.

LIVRE QUINZIÉME.

I. TABLEAU.

Page 221. MINERVE entretient Télémaque à Lacédémone. Ce jeune Prince est éveillé, tandis que Pisistrate dort du sommeil le plus profond. Cette scene de nuit ne peut se passer qu'à la lumiere de la lampe.

II. TABLEAU.

Page 231. Hélene & Ménélas, suivi de son fils Mégapenthés, portent leurs présens à Télémaque; Ménélas présente une belle coupe d'argent à double fond & dont les bords sont d'or : il est bon de sçavoir que ce double fond n'a aucun rapport à l'intérieur de la coupe, ainsi qu'on qu'on pourroit l'entendre dans la langue françoise ; mais deux coupes jointes par leurs fonds préfentoient toujours une coupe ; car on pouvoit faire également ufage de celle de deffous ou de celle de deffus, l'une fervant toujours de pied à l'autre. Mégapenthés met à fes pieds une urne d'argent. Ce jeune homme eft encore moins âgé que Télémaque, auquel Hélene fait préfent d'un voile magnifique.

III. TABLEAU.

Ménélas avec Hélene voyent partir Télémaque & Pififtrate, montés dans leur Char. Ménélas tient une coupe d'or pour faire une libation avant le départ ; mais ils font tous occupés, & leurs actions font fufpendues par l'examen d'une aigle qui vole à leur droite, & qui tient dans fes ferres une oie domeftique. *Page 232. Page 234.*

IV. TABLEAU.

Télémaque à pied auprès de fon Vaiffeau, que fes rameurs appareillent, eft abordé par un homme d'un âge mûr, qui tient une pique. *Page 239.*

P

On voit à quelque distance Pisistrate seul dans le Char & qui s'éloigne.

V. Tableau.

Page 245. Télémaque a fait embarquer dans son Vaisseau l'Etranger qu'on a vu dans le Tableau précédent ; il est assis à ses côtés, & le Vaisseau s'éloigne du rivage, soit à la voile, soit à la rame, soit à l'un & à l'autre, à la volonté de l'Artiste.

VI. Tableau.

Page 261. Eumée conte son histoire à Ulysse ; elle ne fournit qu'un Tableau : tout épisodique qu'il puisse être, je crois devoir le rapporter.

Une grande femme conduit un enfant qu'elle tient par la main ; les Phéniciens la reçoivent & lui donnent la main pour l'embarquer dans leur Vaisseau, avec d'autant plus de soin, qu'elle leur montre trois coupes qu'elle tient cachées sous sa robe.

VII. Tableau.

Page 265. Télémaque sur le bord de la mer, débarqué de son Vaisseau qui paroît à l'ancre, est avec Théoclymene, cet Etranger qu'il a embarqué, & facile à reconnoître par la pique dont il est encore orné. Cet Etranger lui parle avec action & lui fait remarquer un Autour qui tient une colombe, & qui la plumant en l'air, fait tomber les plumes entre Télémaque & son Vaisseau.

VIII. TABLEAU.

On voit le Vaisseau éloigné de la côte, & Télémaque seul avec des brodequins, le bras armé d'une pique, marchant avec ardeur & s'avançant dans les terres. Page 267

Il est bon de faire remarquer à l'Artiste, qu'à la réserve des lieux décrits par Homere, & désignés comme fertiles & couverts de bois, tout le pays de la Grece doit être représenté avec une espece d'aridité.

LIVRE SEIZIÉME.

I. TABLEAU.

Page 299. TÉLÉMAQUE arrivé chez Eumée, caressé par les chiens : Eumée le reconnoît & court au devant de lui. Le fonds de ce Tableau est le même que celui du second dans le Livre XIV. mais il peut être varié par la différence du point de vue, ou de l'instant du jour qui éclaire différemment les parties.

II. TABLEAU.

Page 302. Eumée pleure de joie ; il arrive avec Télémaque dans l'intérieur de la cour ; ils joignent l'un & l'autre Ulysse. Il est frappé de voir son fils, mais il se constraint, & ce dernier moment est celui du Tableau.

III. TABLEAU.

Eumée arrive avec un plat ; un des bergers porte une corbeille remplie de pain ; un autre jette des tapis sur les broussailles qui leur servoient de chaises ; un troisiéme berger prend la pique de

Télémaque. Enfin, l'on voit par le nombre des places qu'ils vont se mettre à table tous les trois, & dans le même endroit où l'on a déja vu Ulysse & Eumée. Il est inutile de répéter les moyens de varieté que la Peinture sçait mettre en usage pour éviter cette uniformité qui lui est si fort opposée.

IV. TABLEAU.

Minerve parle à Ulysse dans un coin de la cour. Télémaque ne la voit point. La Déesse touche Ulysse de sa baguette & s'envole. Page 310.

V. TABLEAU.

Ulysse revient avec sa beauté, ses cheveux & les mêmes habits qu'il avoit avant sa métamorphose. Le pere & le fils se reconnoissent. Si l'on ne peut faire sentir leur saisissement & ces mouvemens tendres de l'ame, les embrassemens serviront à cacher le défaut d'expressions nécessaires pour une semblable reconnoissance. Page 313.

VI. TABLEAU.

Les poursuivans tiennent conseil. De jeunes Page 327

gens de cet âge, ou plutôt d'un tempérament si violent, ne peuvent avoir qu'une assemblée tumultueuse ; ainsi je les représenterois debout & par pelottons, pour donner une idée de la différence de leurs avis.

VII. Tableau.

331. Pénélope suivie de deux de ses femmes, arrive dans cette salle ; ils se rangent autour d'elle : mais il faut que cette Princesse puisse être vue, & que l'on reconnoisse la noblesse de sa douleur & celle de son maintien, quoiqu'elle demeure toujours sur le seuil de la porte. Ces points nécessaires ne peuvent s'exécuter que par l'attention à choisir le point de vue de la salle.

VIII. Tableau.

334. Eumée revient dans sa maison essoufflé, ou plutôt sa robe relevée, un bâton à la main, comme un homme las & fatigué de la course qu'il vient de faire : Ulysse, que Minerve a fait reparoître vieux & couvert de haillons, & Télémaque l'écoutent avec autant de curiosité que d'intérêt. Un Tableau rustique tel que ce-

lui-ci, & qui succede aux deux précédens, fournit un de ces contrastes heureux pour la Peinture ; le plus grand Décorateur n'auroit pas mieux disposé ses Tableaux pour les faire valoir réciproquement.

LIVRE DIX-SEPTIEME.

I. TABLEAU.

TÉLÉMAQUE seul marche à la Ville ; il médite fierement. Page 367.

II. TABLEAU.

Les embrassemens de Pénélope & de Télémaque. Euriclée la vieille nourrice, toutes les femmes de la Reine, sont au moment de l'entourer : on les voit accourir. Page 368.

III. TABLEAU.

Télémaque dans la Ville, marchant avec noblesse ; il tient une pique ; il est suivi de deux grands chiens ; il aborde trois amis de son pere. Page 370.

IV. Tableau.

Page 372. Télémaque est à table avec Théoclymene dans un coin de la salle de son Palais, qu'on a déja vu plusieurs fois. Pénélope est assise vis-à-vis de la table & toujours auprès de la porte; elle a sa quenouille & ses fuseaux. On peut enrichir la composition des femmes destinées à servir les tables. Homere nous apprend que les femmes veuves, ou éloignées de leurs maris, ne se trouvoient point à table; du moins c'est l'exemple que Pénélope nous donne plus d'une fois dans le Poëme de l'Odyssée.

V. Tableau.

Page 378. Les poursuivans s'exercent à jetter le disque & à lancer le javelot dans une cour du Palais. On voit dans le fonds de cettte composition les apprêts d'un grand festin, c'est-à-dire, des broches, de la fumée, des quartiers de viande. Car la cuisine se faisoit dans ce tems-là à l'air; elle participoit toujours des sacrifices dont elle perpétuoit l'usage; & si dans la suite les Prêtres n'ont donné à ceux qui faisoient les frais du sacrifice qu'une très-petite portion de la victime, nous voyons que ces mêmes sacrifices n'étoient, dans les premiers tems, qu'une façon de faire la cuisine, mêlée de reconnoissance pour les Dieux.

VI. Tableau.

Eumée, & Ulysse sous la figure du mendiant, Page 380. sont arrêtés auprès de la Ville à une fontaine; elle est revêtue & située dans un bois arrosé de plusieurs canaux, dont la source tombe d'un rocher sur lequel on voit un Autel. L'action dont ces beautés champêtres sont animées, est celle d'un homme qui leve le bâton sur Ulysse, & cet homme est suivi de deux bergers qui conduisent plusieurs chévreaux.

VII. Tableau.

Ulysse en dehors de la porte du Palais, re- Page 385. connu par un vieux chien abandonné sur un & 387. fumier. Ce Tableau, simple en lui-même, peut être touchant par les idées de reconnoissance qu'il rappelle à l'esprit, d'autant que l'on sçait que ce chien fidèle expire aussitôt après avoir reconnu son ancien maître. Au reste, ce sujet est trop dans la bouche de tout le monde pour ne le pas traiter.

VIII. Tableau.

Page 391. Les Poursuivans à table & remplissant la salle, comme on l'a déja vu dans les Livres précédens : Phémius jouant de la lyre ; Eumée à table avec eux : Ulysse assis sur les dégrés & mangeant sur sa besace.

IX. Tableau.

Page 401. Ulysse mendiant est dans la salle ; un des poursuivans prend un marchepied, dont chaque siége étoit accompagné comme une marque d'honneur, il le jette avec fureur à la tête d'Ulysse. On voit ce meuble en l'air, & l'on ne peut douter qu'il n'aille frapper l'épaule d'Ulysse.

LIVRE DIX-HUITIEME.

I. TABLEAU.

ULYSSE & IRUS nuds, ceints de linge, comme les athlétes, ou les lutteurs les portoient apparemment dès le tems d'Homere. Les poursuivans admirent la beauté & la force des membres d'Ulysse. L'Artiste ne sçauroit trop s'attacher à les bien prononcer ; ils sont en opposition avec ceux d'Irus, qui doit paroître un grand rustre, gras & mol. *Page 456.*

II. TABLEAU.

Tous les poursuivans regardent le combat. Ulysse renverse Irus d'un coup sur l'oreille. On le voit chanceler, & sa chute doit paroître certaine. L'Artiste peut varier à son gré une pareille composition, fort embellie par les Spectateurs & la magnificence des bâtimens ; car la scene se passe dans une cour du Palais. *Page 457.*

III. TABLEAU.

Irus à la porte, la tête en sang, nud, & *Page 457.*

un bâton à la main ; quoiqu'assis, il lui sert d'appui. Ulysse sur les dégrés du Palais, r'habillé & tranquille comme il étoit avant le combat.

IV. Tableau.

Page 459. Ulysse à table avec les poursuivans. Son attitude est simple, mais noble, quoique toujours couvert de haillons. On peut lui faire prendre une coupe, pour suivre plus exactement le texte.

V. Tableau.

Page 467. Pénélope avec ses deux femmes, toujours sur la porte, comme elle a déja été représentée deux fois. Les poursuivans lui font des présens ; ils les ont offerts séparément : ils consistent en parures ; un collier, des brasselets, des pendans d'oreilles à trois pendeloques, une robe superbement brodée. Celui des poursuivans qui sera choisi pour le dernier, lui présente, en effet, une de ces magnificences. Les deux femmes tiennent les présens déja offerts, les montrent ou les regardent avec l'attention naturelle au sexe, pour ce qui regarde l'ornement & la parure.

TIRÉS DE L'ODYSSÉE. 237

VI. TABLEAU.

Les brasiers allumés dans cette même salle Page 475. du festin ; les torches placées de distance en distance. Ulysse renvoye, ou plutôt chasse une très-jolie fille du Palais ; il prend la torche qu'elle portoit. On doit distinguer que les trois ou quatre autres, qui peuvent former un groupe autour de lui, sont mécontentes, ou se moquent de lui.

VII. TABLEAU.

L'Echanson renversé avec l'aiguiere & le Page 482. bassin. Ulysse baissé, de façon qu'on voit que le marchepied étoit lancé contre lui. Le désordre parmi les poursuivans, les différens groupes qu'il peut produire, ont de l'attrait pour un Artiste, par la facilité qu'il trouve à retourner sa composition à son gré.

LIVRE DIX-NEUVIEME.

I. TABLEAU.

Page 6. ULYSSE & TELEMAQUE emportent de la falle les cafques, les boucliers, les piques & les épées. Ces armes heureufement groupées fur ces deux figures, doivent produire un effet noble & agréable. Quoique l'inftant de ce Tableau fe paffe dans la nuit, on ne doit point craindre de l'éclairer; car Minerve porte devant eux une lampe d'or qui jette une lumiere extraordinaire. (Car Télémaque fe recrie fur l'éclat de tous les corps fur lefquels cette lumiere peut frapper.) Il faut feulement obferver que les ombres de ces fortes de lumieres doivent être plus fortes & plus tranchantes, que celles du jour ordinaire.

II. TABLEAU.

Page 8. Pénélope affife fur une fiége d'yvoire, travaillé au tour, orné d'argent & couvert d'une belle peau; toutes fes femmes, ou plutôt fes fervantes, nettoient la falle, apportent du bois

TIRÉS DE L'ODYSSÉE. 239

dans les brafiers. Ulyffe, toujours en mendiant, attend à l'écart les ordres de Pénélope : une de fes fervantes, qui doit être la plus jolie, l'infulte. Et comme les paroles du récit d'Homere ne peuvent être rendues par la Peinture, je lui ferois lever fur lui une des buches qu'elle porteroit à un des brafiers ; toute autre action méprifante & qui conviendroit mieux à l'Artifte, feroit également bonne. Au refte, le nombre des torches rend la lumiere fuffifante pour éclairer tout ce qu'on voudra repréfenter, d'autant que l'Artifte eft maître de les difpofer à fa volonté.

III. TABLEAU.

On voit plufieurs de ces femmes autour d'un fiége qu'elles achevent de préparer ; c'eft-à-dire, qu'elles arrangent encore le tapis dont il eft recouvert : ce fiége eft vis-à-vis de Pénélope. Ulyffe avance pour y prendre place.

IV. TABLEAU.

Dans le nombre des queftions que Pénélope fait à Ulyffe en femme fage & avifée, pour être bien convaincue qu'il eft véritablement fon mari, il fait le récit de son habillement, & ce récit présente des idées trop favorables aux arts de ce tems, pour ne pas en rendre compte, au moins en partie.

Page 23. « Un beau manteau de pourpre, très-fin &
» très-ample, qui s'attachoit avec une double
» agrafe d'or, & qui étoit brodé par devant.
» On voyoit au bas un chien de chasse qui te-
» noit un faon de biche, prêt à le déchirer.
» Cette peinture étoit si naturelle & si vive,
» qu'on ne pouvoit la voir sans admiration. Le
» chien & le faon étoient tous deux d'or : le
» chien étrangloit le faon pour le dévorer ; &
» on voyoit les efforts que faisoit le faon pour
» se tirer de la gueule en se débattant.

Je veux que Mr Dacier ait employé de son chef le mot *Peinture*, dont Homere ne parle dans aucun de ses Poëmes. Il résulte toujours une opération, ne la regardant même qu'exécutée en broderie, dont le trait est non-seulement recommandable, mais qui ne peut être qu'une suite de la Peinture, bien connue & pratiquée selon les regles de la grande imitation. Il n'est pas douteux que cette description ne pût produire des Tableaux ; mais que voudroient-ils droient-ils dire, épisodiques & peu intéressans? On ne doit les rapporter que comme des faits utiles pour la connoissance des anciens usages qu'un Artiste ne doit point ignorer, pour exprimer plus hardiment tout ce que son art exigera de lui pour suivre Homere, & pour secouer les préjugés que des Modernes n'ont que trop établis.

V. TABLEAU.

Euryclée, la nourrice d'Ulysse, le reconnoît à une cicatrice de sa jambe ; elle laisse tomber le vase dans lequel elle lui lavoit les pieds. Ulysse lui met la main sur la bouche. Tous ces instans réunis ne font qu'une action ; mais il est essentiel de placer Pénélope, de façon que présente, elle n'en soit point frappée : non-seulement elle peut être tournée d'un autre côté, mais elle a des raisons suffisantes pour être rêveuse & occupée. *Page 42.*

VI. TABLEAU.

La blessure qu'Ulysse a reçue dans sa jeunesse est épisodique, quant à l'objet du Poëme qui n'est que le retour d'Ulysse à Ithaque : *Page 41.*

cependant, comme cette blessure est liée à l'histoire de ce Prince, on peut exécuter le Tableau qu'elle fournit.

Ulysse blessé par un sanglier furieux qui tenoit aux chiens ; malgré la blessure qu'il en avoit reçue au dessus du genou, le perce de part en part avec sa pique.

Nous sommes accoutumés à reconnoître Méléagre, en voyant un Héros abbatant un sanglier : on peut restituer, si l'on veut, cette chasse à Ulysse ; on le peut d'autant plus, qu'Homere est un garant bien autentique. D'ailleurs Méléagre, comme on le peut voir dans l'Iliade, tue, il est vrai, le sanglier dans cette fameuse chasse, mais il le tue sans en être blessé ; Ulysse au contraire a reçu une blessure, & ne le tue pas moins.

VII. TABLEAU.

Page 48. Pénélope fait à Ulysse le récit d'un songe parfaitement clair ; Homere le suppose envoyé par une Divinité favorable, pour donner quelque relâche aux ennuis de cette Princesse.

Pour mépriser aujourd'hui la superstition des songes qui a régné si long-tems sur les hommes, nous ne devons pas moins la considérer par rapport aux Anciens, puisqu'elle influoit autant sur leur conduite : voici donc celui dont il est question ; on ne pourroit le rapporter que dans une suite : ce qui précéde & ce qui suit donne nécessairement l'explication du Tableau.

Une aigle fond sur une basse-cour, dans laquelle on voit vingt jeunes oies qu'il va détruire sans peine.

Ce songe nous apprend du moins le nombre juste des Poursuivans. Homere ne l'a donné, ce me semble, que dans ce seul endroit.

LIVRE VINGTIEME.

I. TABLEAU.

Page 100. Ulysse couché fur des peaux dans le veſtibule : une eſclave met une couverture fur lui.

II. TABLEAU.

Page 101. Ulyſſe voit paſſer quelques-unes des femmes de Pénélope pour aller trouver les pourſuivans ; elles portent des flambeaux. On peut introduire deux ou trois de leurs amans, plus empreſſés que les autres, qui les tiennent fous le bras, ou qui leur font de légeres careſſes; c'eſt un moyen de ne laiſſer aucun équivoque; & ces groupes étant éclairés par les flambeaux dont Homere fait mention, leur lumiere peut indirectement faire remarquer Ulyſſe dans ſon lit : il regarde ſans faire aucun mouvement ; il ſe contente d'obſerver.

III. TABLEAU.

Page 103. Pendant le ſommeil d'Ulyſſe, Minerve vient

lui parler. Le texte dit qu'elle se plaça sur sa tête ; cette expression nous paroîtroit singuliere, nos lits étant élevés & placés ordinairement contre le mur, principalement du côté du chevet. Mais il faut se rappeller que ceux des Anciens, du tems d'Homere, étoient à terre sans couchette & isolés ; en conséquence, quand on vouloit parler à un homme couché, il étoit plus naturel & plus commode de s'asseoir près de son lit & du côté de la tête.

IV. TABLEAU.

Ulysse défait son lit ; c'est-à-dire, qu'il roule les peaux de bœufs & de moutons dont il étoit composé. Page 108.

V. TABLEAU.

Les Anciens ne connoissoient pas les moulins à bled, ou du moins ils ne s'en servoient point ; des esclaves tournoient des meules pour faire leur farine. Nous voyons par ce passage d'Homere, que de son tems les femmes étoient employées à ce travail pénible & fatiguant. Ulysse entend la voix d'une de ces esclaves qui travailloit ; encore plus foible que ses compa- Page 109.

gnes, elle n'avoit point achevé sa tâche, tandis que les autres dormoient auprès de leurs meules.

Quoiqu'Homere dise qu'il y en avoit douze dans la même piece, l'Artiste peut en indiquer un moindre nombre. La meule placée sur le premier plan travaillera, c'est-à-dire, qu'elle sera occupée par la seule esclave éveillée ; elle aura les yeux au Ciel pour indiquer qu'elle implore les Dieux.

VI. TABLEAU.

Page 111. On voit les servantes occupées dans la salle à nettoyer, à arranger, à allumer les brasiers ; Télémaque paroît à la porte, *semblable à un Dieu*, ayant une belle tunique, un riche manteau, son baudrier d'où pendoit une forte épée, de beaux brodequins, & appuyé sur sa pique, il parle à Euryclée.

VII. TABLEAU.

Page 113. Télémaque suivi de ses deux chiens, & dans le même équipage, marche dans la Ville pour se rendre à la place, dont je ne ferois voir qu'une partie, & dans laquelle j'indiquerois, sans faire tort à la figure dominante, que le peuple est assemblé.

VIII. TABLEAU.

Euryclée donne ses ordres dans la salle à un grand nombre de servantes. On les voit occupées ; mais leurs occupations peu distinctes, seroient cachées par le groupe de celles que la nourrice envoye à la fontaine. Les unes ont déja leurs vases sur la tête ; d'autres se baissent pour les prendre. La jeunesse & la varieté des mouvemens d'une vingtaine de jeunes personnes, peut occuper agréablement le devant d'une composition, soutenue d'ailleurs par une architecture telle que la salle du Palais d'Ulysse, & élevée au dessus du sol par plusieurs dégrés, sur lesquels on peut placer quelques-unes de ses filles déja en chemin.

Page 113.

IX. TABLEAU.

Des bergers amenent des chèvres & une genisse ; un des principaux de ces conducteurs insulte Ulysse, un autre prend son parti. Pour exprimer ces faits, il me semble que l'un pourroit présenter le poing au

Page 115.

Vieillard mendiant, & l'autre retenir l'infolent. Eumée eſt préſent à cette ſcene, qui ſe paſſe devant la ſalle au bas des dégrés par leſquels on y monte.

X. TABLEAU.

Page 121. Les pourſuivans occupés, méditant & debout dans une cour du Palais, voient à leur gauche une aigle tenant une colombe dans ſes ſerres.

Ces obſervations, très-éloignées de nos mœurs, ne ſont point mépriſables dans ces occaſions ; je le dirai ſans ceſſe, elles donnent à la Peinture un moyen de retracer aux yeux les uſages & le coſtume : cet augure, par exemple, empêche les pourſuivans d'attenter à la vie de Télémaque, & ſuſpend leur mauvais deſſein.

XI. TABLEAU.

Page 122. Les pourſuivans paroiſſent à table avec toutes les marques de la profuſion. Télémaque apporte du vin dans une coupe d'or au Vieillard mendiant, aſſis ſur un mauvais ſiége auprès de la porte, ſur une petite table.

XII. TABLEAU.

Le peuple d'Ithaque assemblé dans un bois consacré à Apollon. Pour ne point laisser de doute sur ce fait, on peut, ce me semble, représenter la statue de ce Dieu, & les victimes en grand nombre conduites par des Hérauts, faisant le tour de l'autel & de la statue; ces beaux mouvemens fourniront un spectacle pompeux. *Page 123.*

XIII. TABLEAU.

Au milieu de la joie immodérée des poursuivans, qui peuvent autoriser des groupes & des attitudes fort variées, on en voit un qui jette un pied de bœuf à la tête d'Ulysse, toujours à la porte & devant sa petite table. Le désordre des conviés empêchera ce même repas de paroître uniforme & de ressembler aux précédens. *Page 125.*

XIV. TABLEAU.

Pénélope assise sur un siége en dehors de la salle, entendoit les discours insolens des poursuivans. Pour rendre cette position sensible, *Page 132.*

il faut, je crois, prendre la salle par angle extérieur, sans se mettre en peine de répéter ce qui peut se passer dans l'intérieur; il suffira d'en faire voir quelques parties & la situation de Pénélope; & sa douleur étant le principal objet de cette composition, tous les autres n'étant que des accessoires, il suffit de les indiquer.

LIVRE VINGT-UNIEME.

I. TABLEAU.

Page 168. Pénélope dans une chambre remplie de coffres de formes différentes, prend un arc très-grand & très-fort qui étoit pendu à la muraille; elle étoit suivie de deux de ses femmes.

II. TABLEAU.

Page 169. Cette Princesse, toujours arrêtée sur la porte, présente aux poursuivans le même arc qu'on a vu dans le Tableau précédent; elle est au milieu de ses femmes; une desquelles tient le carquois rempli de fleches.

TIRÉS DE L'ODYSSÉE.

III. TABLEAU.

Il ne s'agit dans ce Tableau d'aucune espece de jeu de bague, ainsi que le Primatice en a été persuadé, & qu'on le voit dans le même sujet qu'il a traité. Les Grecs, dans le tems de la guerre de Troye, se servoient pour armes offensives, & pour l'immolation des victimes, de haches montées sur des manches plus ou moins longs ; ils les nommoient πελεκυς, *Pélécus*. On ne peut s'appuyer sur l'autorité d'aucun monument de ce tems pour indiquer la forme précise de cette espece de hache ; il faut donc recourir aux vraisemblances & aux conjectures, d'autant qu'aucun Auteur moderne ne parle de la forme du *Pélécus*, pas même Saumaise, dans un petit Ouvrage que l'on trouve sous ce titre, dans l'explication de deux inscriptions anciennes * ; son examen critique ne tombe que sur la Langue Grecque.

Nous sommes en droit de présumer que les haches des Faisceaux Romains avoient conservé la forme du *Pélécus* ; cette marque de justice & d'autorité augmentée par les Faisceaux

---

* Paris, 1619, *in-4°*. petit vol. pag. 199.

de verges, avoit été donnée aux Romains par Tarquin l'Ancien, qui l'avoit empruntée des Etrusques (1). Indépendamment de la communication que cet ancien peuple a eu avec la Grece, nous voyons un si grand nombre de monumens de l'Etrurie qui prouvent combien Homere étoit connu & honoré dans ce Pays, (2) que l'on peut avancer avec beaucoup de vraisemblance, que l'usage de cette arme, ou de cet instrument, s'est perpétué dans sa premiere forme. Quant à la difficulté que l'intervalle du tems pourroit présenter à l'esprit sur la transmission d'un usage depuis les premiers Grecs jusqu'aux premiers Romains, on pourroit alléguer l'arc, le casque, le bouclier, &c. dont nous voyons la pratique continuée jusqu'à l'invention de la poudre, qui les a,

(1) Lucumon, ou Tarquin l'Ancien, fut élu Roi de Rome 614 ans avant Jesus-Christ; il avoit alors environ 40 ans, & il étoit né dans la Ville de Tarquinies en Etrurie; on doit conclure de là que Démarate son pere avoit quitté Corinthe pendant la tyrannie de Cypselus, pere de Periandre, & au plus tard l'an 655 avant Jesus-Christ.

(2) Lycurgue, 100 ans avant l'époque de Démarate, avoit apporté de l'Asie mineure dans la Grece les Poésies d'Homere, & l'on doit présumer qu'elles passerent bientôt dans les colonies Grecques, déja établies dans l'Italie.

pour ainsi dire, chassés du monde. En effet, l'objet & la nécessité étant pareils, les armes offensives ou défensives n'ont jamais présenté que de médiocres variétés très-indifférentes en elles-mêmes. Si l'on veut traiter le *Pélécus* comme la hache des Licteurs, il faudra seulement y ajoûter une ouverture ronde ou quarrée, faite dans l'épaisseur du tranchant de la hache : cette ouverture ne pouvoit en altérer la force & ne s'opposoit à aucun de ses usages ; elle servoit même à recevoir le clou ou la cheville que nous voyons cités dans Homere, pour placer les armes contre les murailles. J'ajoûterai un oui dire à ces conjectures : un de mes amis m'a dit que l'on voyoit des haches de cette forme, ainsi percées, dans le Château Saint Ange à Rome, & qu'on les lui avoit montrées pour antiques. Quoi qu'il en soit, telle est la figure que je donnerois au *Pélécus* d'Homere. On pourroit encore suivre l'opi-

nion de quelques personnes distinguées dans les lettres, & au sentiment desquelles je défere, qui supprimant l'ouverture que je propose, sont persuadées que la fleche passoit par une des recourbures que ces haches présentent à leurs extrémités ; ce qui auroit donné un peu plus de facilité pour ce jeu d'adresse décrit par Homere, & qui véritablement exigeoit, de quelque façon qu'il ait été pratiqué, une justesse prodigieuse, puisque la fleche devoit franchir les ouvertures de ces douze haches, placées successivement & sans doute à la même hauteur.

Il me paroît démontré que ce jeu ne peut être expliqué différemment ; ainsi le Lecteur sera convaincu que jamais il n'a pu être question d'aucune espece de bague, qui d'ailleurs souffriroit les mêmes difficultés & encore de plus grandes. Personne n'ignore que l'invention de ce jeu, beaucoup moins composé, est moderne, & qu'il n'a été mis en pratique que pour apprendre à ajuster & à conduire *de droit fil*, comme on disoit dans ce tems, le fer de la lance que nos Chevaliers, nos Baladins & notre Gendarmerie des derniers siécles, portoient dans les combats

& dans les tournois. Il feroit inutile d'indiquer la différence des haftes anciennes avec les lances des derniers fiécles ; cette différence eft trop connue pour être décrite.

Télémaque place donc, ou plutôt pique dans la terre le manche d'une de ces haches ; & comme il en porte encore plufieurs fur fon bras gauche, d'une façon qui peut même embellir la figure, fon action ne laiffe aucun doute & prouve clairement qu'il a pofé les fept ou huit autres, ou plutôt le nombre convenable à la compofition de l'Artifte ; car on doit fe fouvenir que celles que porte Télémaque & celles qui font déja placées, doivent être au nombre de douze ; on doit encore avoir l'attention de difpofer celles qui font en place de façon que le fer * foit à la hauteur du point de mire d'un homme qui tire de l'arc dans l'attitude la plus fimple & la plus aifée. Ulyffe fur les dégrés du Palais, doit être éloigné de la premiere hache au moins de dix à douze pieds, & chacune doit laiffer

* Quoique toutes les armes fuffent vraifemblablement prefque toutes de cuivre dans le tems de la guerre de Troye, imitation qui feroit peut-être encore plus avantageufe aux Artiftes, nous n'avons point d'autre terme en françois pour exprimer ce qui compofoit l'arme en elle-même.

entr'elle un intervalle égal que l'on peut estimer aux environs de deux pieds, ce qui peut produire une totalité de 40 pieds, espace nécessaire pour cet exercice. On ne doit point oublier qu'Homere place ces haches dans la cour depuis les dégrés de la salle jusqu'à la porte d'entrée, qui doit être représentée fermée. Pour exprimer cette position, & rendre sensible & distincte à l'œil la description du Poëte, il seroit bon, ce me semble, de disposer la rangée de ces haches, pour être vue, par angle.

IV. TABLEAU.

Page 174. On voit un des poursuivans qui s'efforce en vain de bander cet arc prodigieux ; les autres sont à la file, regardent avec curiosité quel sera l'événement : Télémaque est dans le nombre.

V. TABLEAU.

Page 178. Les deux Pasteurs, Eumée & Philotus, reconnoissent Ulysse, quand après les avoir emmenés de la salle, il leur montre la grande cicatrice qu'il avoit au dessus du genou : ils l'embrassent, l'embraffent, lui baifent la main. Il leur fait figne de fe taire en mettant un doigt fur fa bouche. La fcene fe paffe hors des portes du Palais, dont on peut voir les murailles dans le fond du Tableau, & quelques fabriques de la Ville dans les autres parties.

VI. TABLEAU.

Eumée remet l'arc entre les mains d'Ulyffe. Page 191. On voit qu'il agit par l'ordre de Télémaque, & que cette action, défapprouvée par les pourfuivans, les irrite. Ulyffe eft affis fur la porte de la falle.

VII. TABLEAU.

La furprife & l'étonnement des pourfuivans Page 195. en voyant la fleche qu'Ulyffe a fait entrer fort avant dans la porte placée à l'extrémité des anneaux, ou plutôt des piliers, & même fans s'être levé de fa place ; ce qui fuffit pour prouver qu'il a bandé l'arc, ce qu'aucun des autres n'a pû faire. Télémaque avec fon épée, appuyé fur une pique, eft debout près du fiége fur lequel fon pere eft affis.

R.

LIVRE VINGT-DEUXIEME.

I. Tableau.

Page 227. Ulysse ayant quitté ses haillons, saute sur le seuil de la porte & tire une fleche qui perce le col d'Antinous; ce poursuivant est frappé en buvant dans sa coupe. Au reste, les haillons qu'Ulysse a quittés, & que l'on doit voir à terre & à ses côtés, ne le laissent point absolument nud; il faut le représenter avec une tunique courte; du reste on peut accompagner cette tunique d'un caleçon & d'une ceinture. Les usages Grecs ne s'opposent point à cette précaution modeste. Voyez au commencement de l'Ouvrage le mot *Tunique*.

II. Tableau.

Page 231. Eurymaque vient sur Ulysse l'épée à la main; on le voit arrêté & percé par une fleche que lui tire ce Prince.

III. Tableau.

Page 234. Télémaque perce Amphynome de sa pique;

elle passe au travers du corps ; on voit le fer sortir par devant : il venoit aussi, l'épée à la main, attaquer Ulysse. L'Artiste peut aisément faire sentir ces différens mouvemens.

IV. TABLEAU.

Télémaque revient chargé d'armes. Ulysse au milieu des morts a pendu son arc à un des piliers de la salle ; il prend un casque, deux javelots & un bouclier. Télémaque & les deux Pasteurs prennent également dans ce faisceau les armes qui leur conviennent. Ce Tableau de mouvement présente en lui-même plusieurs varietés. On peut distinguer sur les derniers plans de la composition, le trouble & l'agitation des poursuivans. L'Artiste fera voir le nombre & la quantité qui lui seront nécessaires, se souvenant toujours qu'ils n'avoient point dans ce moment d'autres armes que leurs épées. *Page 234.*

V. TABLEAU.

Mélanthius arrive par le fond de la salle chargé d'armes. Les poursuivans qui survivoient encore, au nombre de douze, prennent à la hâte les casques, les boucliers & les javelots. *Page 235.*

Ce Tableau d'action & d'empressement peut avoir son mérite.

VI. Tableau.

Page 239. Les deux Pasteurs attachent par le milieu du corps, au haut du plancher, Mélanthius qu'ils ont surpris dans la chambre, où il étoit retourné chercher des armes : cette chambre étoit une espece d'arsenal dont la décoration peut être agréable.

VII. Tableau.

Page 243. Minerve parle à Ulysse ; elle paroît en colere & lui fait des reproches. On voit autour de lui les quatre javelots qu'un pareil nombre de poursuivans ont lancés à la fois contre lui, & qui sont entrés dans la muraille.

VIII. Tableau.

Page 246. Pour faire voir le bouclier de Minerve, orné de l'Egide, du côté d'Ulysse & de son fils, & que ce même bouclier paroît dans le haut de la salle, je changerois la disposition donnée à cette même salle dans les Tableaux précédens ; c'est à-dire que le côté ouvert de la

TIRÉS DE L'ODYSSÉE.

falle ferviroit de fonds à la compofition, & ce bouclier en l'air préfenteroit l'Egide aux pourfuivans; cette difpofition ferviroit même à faire voir plus aifément, & d'un autre point de vue, les pourfuivans, & la vigueur avec laquelle Ulyffe, fon fils & les deux Pafteurs, les attaquent & les tuent.

IX. TABLEAU.

Pour ne pas accabler l'Artifte & le Spectateur d'une multitude de combats donnés dans le même lieu, je crois qu'il eft plus convenable d'en fouftraire encore deux, dont Homere préfente diftinctement le détail. Le fujet fuivant indiquera fuffifamment la défaite des pourfuivans.

Le Chantre Phémius embraffe les genoux d'Ulyffe; fa lyre eft à terre à fes côtés. Télémaque intercede auffi pour un homme qu'il montre fous un fiége & caché fous une peau. On voit par le gefte d'Ulyffe qu'il leur fait grace. Cette falle fuperbe, remplie des objets terribles que peut préfenter un pareil nombre de morts, & les quatre vainqueurs; tout cela, dis-je, mêlé de vafes & de plats ren-

Page 251.
Page 252.

versés, peut composer un des plus riches & des plus sçavans Tableaux.

X. TABLEAU.

Page 255. On voit Phémius & celui auquel Ulysse a donné la vie, assis dans la cour auprès de l'Autel de Jupiter; ils sont tremblans & ne peuvent se rassurer contre les images de la mort. Ce Tableau, peu intéressant par lui-même, peut être supprimé.

XI. TABLEAU.

Page 258. La joie, les transports de la vieille Euryclée: elle parle à Ulysse, tandis que les douze femmes suspectes & déja condamnées, emportent les morts dans la cour, & sont occupées à réparer le désordre & l'horreur qui regnent dans cette superbe salle: on fera voir de leurs soins, ou de ce désordre, tout ce que l'on trouvera nécessaire; la Peinture a des ruses & des moyens élégans pour dire & ne dire pas; enfin pour faire sentir de grands effets avec peu d'ouvrage & peu de fabrique.

XII. TABLEAU.

Les douze servantes pendues à une même corde, tendue dans une cour d'une colomne à un bâtiment ; on les voyoit comme des oiseaux pris à un colet, selon l'expression d'Homere : les deux Pâtres ont fait l'exécution. Ce Tableau est peu agréable ; mais je le crois nécessaire. Le talent de l'Artiste pourroit en diminuer l'horreur en les élevant peu, à l'Italienne, les faisant voir par le dos, & de façon qu'on ne distinguât point la totalité. Le Primatice, dans ses Tableaux de Fontainebleau, les a pendues autour d'une colomne isolée.

Page 251

XIII. TABLEAU.

La salle dont les corps sont enlevés, est purifiée par Ulysse avec le feu & le souffre, c'est-à-dire, qu'il tient une patere & qu'il en sort une légere fumée ; il est accompagné dans cette cérémonie religieuse par Euryclée & quelques autres femmes. Ce cortège me paroît au moins sous-entendu par Homere.

Page 2

R iiij

LIVRE VINGT-TROISIEME.

I. TABLEAU.

Page 294. Euryclée éveille Pénélope plongée dans un profond sommeil. Quelle adresse Homere a-t-il employée ? Il a fait dormir cette Princesse dans un tems fort embarrassant pour elle, & ce sommeil n'est point un moyen postiche.

II. TABLEAU.

Page 297. Pénélope se leve & embrasse Euryclée en pleurant. Il seroit assez naturel de réunir ces deux Tableaux ; l'action du dernier prouve suffisamment celle du premier.

III. TABLEAU.

Page 302. Pénélope assise dans la salle vis-à-vis d'Ulysse ; elle le considere en tremblant : Ulysse a les yeux baissés. Ce Tableau est d'autant plus difficile, que les expressions délicates qu'il exigeroit ne sont éclairées que par les lumiéres des brasiers & des torches : je conviens qu'il seroit suffisant pour l'idée d'Homere, de représenter ces deux figures dans une situation tranquille, après tout ce qui s'est passé nouvellement, & sur-tout après une pareille absence ; mais il faut se souvenir qu'Homere, soutenant toujours ses caracteres & ne les perdant jamais de vue, a dû peindre dans une occasion si intéressante, la méfiance & le soupçon qu'il a donné à Ulysse dès le premier instant. Tandis que Pénélope, au milieu du desir de son cœur, craint d'être trompée, & veut être pleinement convaincue, d'autant même qu'Ulysse n'est pas dans un équipage séduisant, & qu'il semble qu'il a repris ses haillons ; du moins on peut les lui donner encore dans cette composition.

IV. Tableau.

Phémius prend sa lyre ; toutes les femmes du Palais dansent à la lueur des flambeaux & des torches. Page 104.

V. Tableau.

Ulysse paroît magnifiquement paré ; ses beaux cheveux sont étalés ; Minerve a même pris Page 311.

soin de l'embellir : Pénélope tombe presque évanouie dans ses bras.

VI. Tableau.

Page 318: Euryclée avec des torches conduit Ulysse & Pénélope dans leur lit. Mais pour donner une idée de ce lit, qui a servi à leur reconnoissance, Euryclée les conduiroit, selon moi, à une petite chambre au milieu de la cour ; car ce meuble étoit établi sous un gros olivier, qu'Ulysse avoit fait scier à un hauteur convenable, & ne l'avoit point fait déraciner, ainsi la souche servoit d'appui. Cette chambre destinée pour le coucher me paroît confirmer ce que j'ai dit sur le portique dans l'Avertissement.

VII. Tableau.

Page 324. Ulysse, Télémaque & les deux Pasteurs, sortent armés du Palais ; on voit que le dernier en ferme la porte avec attention.

LIVRE VINGT-QUATRIEME.

I. TABLEAU.

MERCURE avec sa verge d'or, marchant Page 354. à la tête des ames des poursuivans comme un berger à la tête de son troupeau ; elles arrivent dans la prairie d'Asphrodele. Il est reçu depuis long-tems de répandre une sorte de lumiere dans les enfers ; elle ressemble au crépuscule : sans cela le récit d'Homere ne pourroit servir à la Peinture ; mais en admettant cette lumiere, on pourra faire voir cette prairie remplie d'un aussi grand nombre d'ames qu'on le voudra, se promenant ou s'entretenant.

II. TABLEAU.

L'ame d'Agamemnon fait à Achille le récit Page 357. des honneurs qu'on lui a rendus après sa mort. Les Tableaux qu'Homere présente à cette occasion, pourroient être supprimés d'autant qu'ils ne regardent point Ulysse ; mais ils pourront servir de suite à l'Iliade. Il faut cependant convenir que cette cérémonie ressemble beaucoup,

& peut-être trop, à celles que ce même Achille a faites à Patrocle dans l'Iliade.

Le corps d'Achille étendu loin de son Char, environné d'un monceau de morts, fournit un de ces Tableaux épisodiques que j'ai dit que l'on pouvoit reporter à la suite de l'Iliade.

III. TABLEAU.

Idem. Le corps porté par des soldats, suivi par des Officiers & des Généraux pleurans, placé sur un des vaisseaux des Grecs, dont la flotte, comme on l'a vu dans l'Iliade, est tirée à terre.

IV. TABLEAU.

Idem. Le corps d'Achille levé avec toutes les cérémonies possibles, & qui toutes demandoient beaucoup de vases & de personnes occupées à plusieurs emplois différens.

V. TABLEAU.

Page 358. Le corps de ce Héros posé sur un lit funèbre, environné de soldats pleurans & qui coupent leurs cheveux : on en voit qui ont déja fait cette cérémonie & qui se retirent ; d'autres qui s'y préparent.

VI. TABLEAU.

Thétis sort de la mer accompagnée de ses Nymphes ; elle tient une urne d'or, & la douleur est peinte sur son visage ; les Grecs épouvantés de cette apparition sont rassurés par Nestor. La terreur des Grecs est la seule différence que ce Tableau puisse avoir avec celui qu'on a vu précédemment dans l'Iliade, & qui représentent Thétis & sa suite portant également une urne d'or propre à renfermer des cendres.

VII. TABLEAU.

Les Nymphes pleurant autour du tombeau, Page 359. ainsi que les Muses. Quelles idées flatteuses ! Quel beau Tableau ! Quel apotheose !

VIII. TABLEAU.

On place le corps sur le bucher ; on voit Page 360. autour tous les animaux immolés, tandis que les principaux de l'armée font le tour de ce même bucher, soit à pied, soit dans leurs Chars. Je sçais que dans toutes les religions les cérémonies ne peuvent varier quand l'objet est le même ; mais par rapport à la Peinture, je doute que l'Artiste pût apporter d'assez grandes différences pour répéter ce sujet, exactement décrit dans l'Iliade pour les funérailles de Patrocle.

IX. Tableau.

Idem. Le bucher allumé, les pleurs, les vœux des Spectateurs. Ce sujet, quoique déja traité dans l'Iliade, pourroit plutôt se répéter.

X. Tableau.

Idem. On a éteint les cendres avec des libations de vin, ce qui produit encore de légeres fumées, heureuses pour la composition & l'effet du Tableau. On met les cendres du Héros dans l'urne d'or que Thétis a donnée. L'Artiste aura soin de répéter la forme représentée dans le VI. Tableau de ce même Livre.

XI. Tableau.

Page 361. L'armée des Grecs éleve un tombeau, ou plutôt on voit ce monument qu'on acheve d'élever sur le bord de la mer.

TIRÉS DE L'ODYSSÉE.

XII. TABLEAU.

Ulysse, son fils & les deux Pasteurs, arrivent à la maison de Laërte ; elle est des plus petites & des plus pauvres, telle qu'elle a été représentée *Tableau VII. Livre I.* de ce même Poëme. Les terres qui l'environnent sont toujours bien cultivées ; on voit à quelques pas une espece de ferme ou petit bâtiment rond : c'étoit là que Laërte logeoit le petit nombre de ses domestiques. Ulysse en achevant de donner ses armes, se sépare de ceux qui l'avoient accompagné, & se dispose à entrer seul dans la maison, tandis que ceux-ci dirigent leur marche vers le bâtiment. Page 372.

XIII. TABLEAU.

Ulysse trouve Laërte seul dans son jardin, arrachant de mauvaises herbes au pied d'un jeune arbre ; » il étoit vêtu d'une tunique fort » sale & fort usée ; il avoit à ses jambes des » bottines de cuir fort rapiécées pour se défen- » dre des épines ; il avoit aussi des gants fort » épais pour garantir ses mains, & sa tête » étoit couverte d'une espece de casque de peau » de chèvre. Page 373.

XIV. Tableau.

Page 380. Ulysse se jette à son col. Le cœur & les genoux manquent à ce bon Vieillard ; il se laisse
Page 382. aller sur son fils. On peut représenter auprès de la maison la vieille Sicilienne, qui avoit soin de Laërte & qui court à lui.

XV. Tableau.

Page 386. Laërte & Ulysse arrivent dans la ferme, & trouvent le dîné préparé. Dans le même instant un autre Vieillard arrive suivi de plusieurs enfans, & baise la main d'Ulysse. Ce Tableau peut être touchant. Le contraste des hommes armés avec ceux qui ne le sont point, & le lieu de la scene qui présente au Spectateur l'idée d'une retraite, si peu faite pour un Roi & choisie par la douleur, contribuera sans doute à rendre cette composition intéressante.

XVI. Tableau.

Page 388. Le peuple est assemblé dans une place de la Ville : un homme debout, parlant, n'est point écouté : on se tourne du côté de Phémius, reconnoissable à sa lyre qu'il tient & qui ne
lui

lui eſt donnée qne comme un attribut ; il eſt accompagné de celui auquel Ulyſſe a donné la vie en même tems qu'à lui, reconnoiſſable d'ailleurs par ſon habit de Héraut *.

XVII. TABLEAU.

Minerve debout, parlant à Jupiter aſſis dans l'Olympe, mais ſeul : la Déeſſe doit paroître animée. En ouvrant le Ciel pour repréſenter l'action de ces deux Divinités, je joindrois cette compoſition à la ſuivante ; ce ſeroit un moyen d'enrichir l'une & l'autre. Ulyſſe, Télémaque, les deux Paſteurs, les ſix Enfans de Dolius, Dolius enfin, juſqu'à Laërte, ſortent de la ferme armés ; les deux derniers ſuccombent ſous le poids des armes.

XVIII. TABLEAU.

Ils trouvent l'armée d'Ithaque. Laërte lance

---

* En parlant dans l'Avertiſſement des différentes fonctions des Hérauts & de leur caractere, j'ai oublié de dire qu'ils doivent ordinairement être repréſentés avec la barbe ; car je trouve dans Pauſanias, *Phocide, I. Tableau du Leſché de Delphes* : » Auprés d'Hélene, je crois que c'eſt Euribate, » le Héraut d'Ulyſſe, quoiqu'il n'ait point encore de barbe. Ce qui indique néceſſairement un certain âge convenable aux commiſſions dont ils étoient ordinairement chargés.

un javelot qui perce la tête de celui qui la commandoit. On peut introduire Minerve fur un nuage à fes côtés, & dont la préfence autorife un coup qu'elle a conduit.

XIX. Tableau.

Ulyffe & fa petite troupe attaquent cette efpece d'armée ; on la voit ébranlée malgré le nombre de fes combattans.

XX. Tableau.

Ulyffe pourfuit ces troupes dans leur fuite ; le tonnerre tombe à fes pieds, c'eft-à-dire, entre lui & les fuyards.

XXI. Tableau.

Le facrifice de la paix entre Ulyffe & fes peuples, ou plutôt ce Prince recevant leurs hommages, les accueillant avec la clémence qu'ils implorent. Minerve a eu tant de part aux avantures d'Ulyffe, que je prendrois la licence de placer cette cérémonie devant une ftatue de cette Déeffe : on a vu plus haut que ces fortes de monumens étoient répandues de tous les côtés.

AVERTISSEMENT.

MON deffein n'eft pas d'augmenter le nombre des difcuffions fur la comparaifon d'Homere & de Virgile ; je ne prétends point à l'honneur de décider une pareille queftion : mais le genre de cet Ouvrage me conduit à regarder ces grands Poëtes par rapport à la Peinture, & à préfenter quelques réflexions fur la différence des principales opinions.

Plufieurs Sçavans, recommandables à plufieurs égards, paroiffent donner la préférence au Poëte latin : ils ont peut-être été prévenus par l'intelligence d'une langue qui leur étoit plus facile, & dont

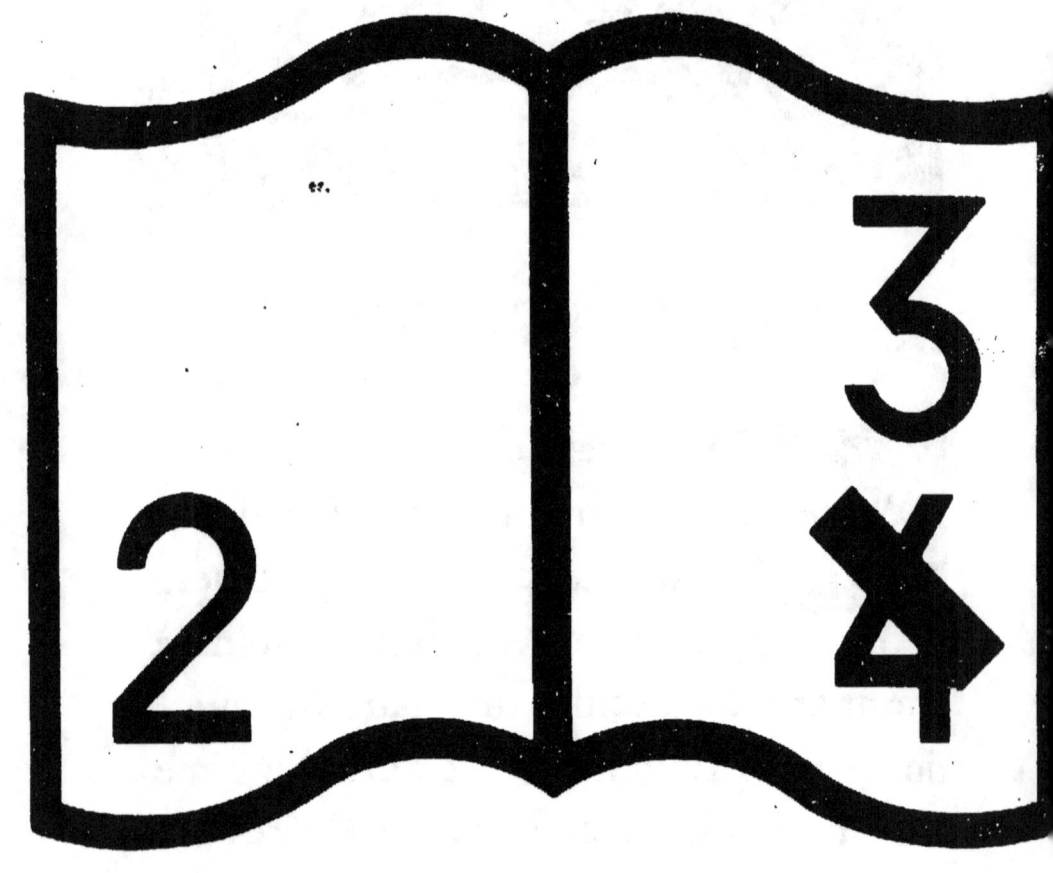

Pagination incorrecte — date incorrecte

NF Z 43-120-12

ils pouvoient d'autant plus sentir les beautés & les finesses, que l'habitude des classes & l'impression de la jeunesse rendent cette même Langue commune & familiere ; aussi les mœurs & les usages des Romains sont généralement plus connus dans l'Europe, que l'Histoire de chaque pays en particulier. Virgile est donc examiné, médité & admiré dès l'enfance. Voilà de fortes raisons pour être prévenu en faveur d'un Auteur, dont le mérite est d'ailleurs si recommandable ; & ce préjugé doit nécessairement augmenter tous les jours par la négligence de la Langue grecque, qui cependant peut seule produire des Sçavans. Les mêmes Partisans de Virgile prétendent que, si les Grammairiens ont accordé la supériorité à Homere, ils n'ont été déterminés que par la beauté de sa diction, la varieté de ses mots & l'harmonie de ses Vers; ils ont même ajoûté que la vanité d'entendre cet Auteur, avoit augmenté les éloges qu'on lui a donnés.

Pour répondre à ces objections, il suffiroit de conter ce qui m'est arrivé il y a quelques années avec Bouchardon : ce grand Artiste venoit de lire Homere dans une vieille & détestable traduction françoise ; il me dit, les yeux pleins du feu dont sa tête étoit remplie : *Depuis que j'ai lû ce Livre, les hommes ont quinze pieds, & la Nature s'est accrue pour moi.* Je doute qu'il y ait un exemple plus frappant du génie qui parle au génie, & qui surmonte de pareilles barrieres. Si j'osois parler de moi, je croirois pouvoir ajoûter à ce fait, & convaincu, qu'Homere dépourvu de toutes les beautés de détail, peut séduire & frapper ; je dirois que je n'entends pas le Grec, & que je puis au contraire saisir quelques-unes des beautés de Virgile. Cependant le génie, le feu & les images du Poëte Grec, percent pour moi à travers une traduction, dont je fens la foibleffe ; je dirois que ce grand homme m'échauffe, qu'il m'éleve, & qu'enfin il parle pleinement à mon goût pour la Peinture : c'eft elle qui m'ordonne, ou plutôt me permet de dire que fi l'Enéide préfente un nombre de Tableaux à peu près égal à celui de l'Odyffée, il ne faut pas en conclure une égalité de mérite par rapport aux Peintres, c'eft-à-dire, regarder Virgile comme leur étant auffi avantageux. D'ailleurs, la réminifcence de l'Iliade & de l'Odyffée, que Virgile a fondue dans fon Eneïde, comme Térence a fait à l'égard des pieces de Ménandre ; cette réminifcence, dis-je, eft non-feulement fenfible dans prefque toutes les parties de fon Ouvrage, mais elle refroidit le génie du Lecteur, d'autant que fes Tableaux font conféquemment moins remplis de la chaleur originale, ou de ce feu divin dont les arts doivent toujours être animés ; &, pour le dire avec vérité, les Tableaux de Virgile sont le plus souvent copiés & calqués sur ceux d'Homere ; le fait est si constant, qu'on pourroit assurer qu'il n'y auroit point eu d'Eneïde, si l'Iliade & l'Odyssée n'avoient point existé.

J'ai vu dans les Ouvrages de quelques Modernes, qu'ils établissoient le parallele d'Homere & de Virgile sur l'estime & la considération qu'Alexandre & Auguste avoient eu pour leurs Ouvrages.

Cette comparaison ne me présente le rapport d'aucune idée.

Les deux Princes n'avoient rien de commun dans le caractere ; aussi leurs procédés ont été très-différens par rapport à ces deux Poëmes : l'un a rendu justice au mérite d'un homme qui n'existoit plus depuis long tems & qui lui étoit étranger ; l'autre touché de la plus délicate flatterie, a voulu conserver un Ouvrage qu'il avoit vu faire, plus détermi-né peut-être à cause de l'éloge qu'il renfermoit, que de ses autres beautés. On se récrie sur les honneurs que le peuple Romain rendit un jour à Virgile, lorsqu'il parut au théâtre; ils étoient pareils à ceux qu'on avoit coutume de rendre à Auguste.

Quintil. Dial. de Orat.

Je souscris à cette récompense du mérite; mais le fait peut être seulement la preuve d'une vanité de Nation, sans pouvoir entrer en comparaison avec les honneurs de toutes les especes rendus à Homere après sa mort, & dont le détail prodigieux en lui-même ne seroit qu'une répétition inutile.

En assurant qu'Homere a eu un plan plus vaste, qu'il a plus de feu dans ses Peintures & plus d'étendue dans ses caracteres, je conviendrai que Virgile a été quelquefois plus doux, plus modéré & plus agréable dans ces mêmes parties;

mais dans l'intervalle de la vie de ces deux grands Hommes, le monde s'étoit civilisé, Virgile avoit la cour d'Auguste pour modèle. Les Héros, Hercule, Théfée, &c. étoient les originaux qu'Homere avoit devant les yeux. Cependant, malgré les secours de l'imitation, Virgile remplit, ce me semble, avec peine les derniers Chants de son Enéïde, & l'on remarque depuis les jeux funéraires d'Anchyse, des suspensions de faits qui dénotent les besoins de l'Auteur. Ce n'est pas que Virgile n'ait mieux traité plusieurs Tableaux dont Homere lui a donné la premiere idée ; on peut principalement distinguer à son avantage la caverne d'Eole & le détail des enfers ; sur ce point, je m'en rapporte au génie pour établir le dégré & la nature que mérite l'invention en comparaison de l'amplification, de la correction, & même de l'élégance

On a reproché à Homere la converfation que des Héros ont dans l'Iliade avec leurs chevaux. Je ne dis rien de ceux d'Achille, car ils étoient divins; mais à l'égard des autres, il me femble que le ridicule ne peut confifter que dans le trop qu'on leur fait dire. Si les hommes appuient encore aujourd'hui leurs chevaux de la parole, l'abus devoit être plus fort dans un tems où ces mêmes animaux faifoient la richeffe des plus grands Princes, vivoient, pour ainfi dire, plus avec eux, & méritoient d'autant plus de confidération, qu'ils décidoient du fort & de la gloire de ces mêmes Princes dans les combats & dans les jeux. Si l'on veut aujourd'hui tourner ces faits en ridicule, par la raifon que cet ufage n'eft plus autant dans nos mœurs, la converfation, je ne dis pas des femmes, mais des hommes avec des chiens inutiles, doit lever la difficulté, & fervir d'autant plus d'excuse, que le cheval & le chien semblent non-seulement entendre, mais répondre à ce qu'on leur dit & au sentiment qu'on leur témoigne. Virgile même, le plus sage & le plus modéré des Auteurs, ne donne-t-il pas une expression de tristesse au cheval du jeune Pallas.

Je ne puis m'empêcher d'ajoûter, qu'une des plus grandes varietés de Virgile dans l'Eneïde, est celle des mœurs & des usages de son tems, auxquels il a soumis des peuples contemporains d'Homere : ses plus grands Partisans conviendront qu'il ne s'est jamais embarrassé du Costume ; c'est une faute capitale dont il est d'autant plus nécessaire d'avertir l'Artiste, que les Sçavans en paroissent moins occupés, ou l'ont regardée avec une indifférence dont on a lieu d'être étonné. En conséquence de ces réflexions, j'ai été tenté de supprimer les compositions de Virgile, trop exactement tirées d'Homere : cependant, pour ne rien changer à la supposition d'un Prince qui voudroit faire exécuter la suite de ces Poëmes, je me suis contenté d'indiquer quelquefois les Tableaux d'Homere que Virgile a copiés trop servilement ; convaincu d'ailleurs que la réminiscence générale sera d'autant plus sentie, que les objets sont infiniment rapprochés par la composition détaillée de ces mêmes Tableaux.

TABLEAUX
TIRÉS
DE L'ÉNÉIDE
DE VIRGILE *.

LIVRE PREMIER.

I. TABLEAU.

IRGILE joint à tous les motifs de la haine de Junon pour Enée, la jalousie que Minerve a inspirée à cette même Déesse ; elle dit, en parlant d'Ajax, Roi, fils d'Oilée, qui avoit prophané son temple, & en avoit arraché Cassandre le jour de la prise de Troye : » Pâllas

* Je me suis servi de la Traduction du P. Catrou.

» aura enlevé le coupable dans un tourbillon;
» après lui avoir percé le cœur, & lorsqu'il res-
» piroit encore la fumée dont il étoit atteint,
» elle l'aura attaché à la pointe du rocher;
» & moi je ne pourrai, &c. « L'action qui donne lieu à ce reproche, est le sujet du Tableau suivant.

Minerve posant Ajax demi mort sur un rocher; les chaînes sont disposées pour l'attacher. Le nuage qui a porté la Déesse & qui doit servir à son retour, est placé comme un Char à côté d'elle; il aura plus ou moins d'étendue, selon la volonté de l'Artiste. Il m'a paru que la Peinture pouvoit faire usage de ce monument, & qu'il étoit beau en lui-même, & que les oppositions qu'il fournit le rendoient heureux pour l'art. Il faut convenir que ce sujet est épisodique en un sens; mais je le crois trop lié à la persécution d'Enée; c'est-à-dire, aux principaux événemens du Poëme de Virgile, pour le supprimer.

II. TABLEAU.

Page 11. Eole est assis dans une caverne spacieuse qui renferme les Vents enchaînés; ils font des efforts pour brifer leurs chaînes. Le génie de l'Artifte peut donner l'effor à fon imagination fur l'attitude & le nombre de ces Divinités de l'air. On ne peut nier que cette idée empruntée d'Homere, ne foit beaucoup mieux rendue par Virgile, de quelque côté qu'on la veuille regarder, & qu'elle ne foit des plus favorable à la Peinture.

III. Tableau.

Junon vient trouver Eole fur le haut de cette même montagne ; féduit par l'abord de la Déeffe, il fend le rocher avec une demi-pique ; les Vents s'empreffent de fortir. L'horreur de cette ouverture, le mouvement & l'empreffement déréglé de ces Vents, doivent fournir de beaux groupes & de beaux effets.

L'Albano a traité ce fujet dans fes élémens ; il en a fait ufage pour repréfenter l'air : mais j'avoue que je ne fuis pas content de l'objet de fa compofition. Junon eft dans fon Char à quelque diftance de la montagne ; Eole eft en l'air qui ouvre une porte fimple, de bois, avec des pentures de fer, apparemment pour laiffer fortir les Vents. Cet Artifte, en fuivant Vir-

Page 13.

gile avec l'exactitude que je viens d'indiquer, auroit rendu sa composition plus juste, & sans contredit plus riche & plus élégante.

IV. TABLEAU.

Page 15. & 17. La tempête ne peut être représentée trop vivement ; les Vaisseaux doivent être séparés & dispersés ; il y en a trois échoués sur le rivage ; un desquels se brise & fait naufrage. Je ne rapporterois pas la circonstance du Pilote renversé, & tombant la tête la premiere ; la Peinture ne souffre pas la répétition d'une action absolument pareille, comme on la peut voir dans le Tableau X. du Livre XII. de l'Odyssée : mais je dois au moins avertir que le Poëte en fait mention.

V. TABLEAU.

Page 17. Neptune calme les flots d'un coup de son trident. Ce Dieu doit être représenté en action, car il est en colere. Les Vents sont tremblans autour de lui. Leur attitude doit indiquer une soumission forcée & prête à la révolte. Ces contrastes & ces groupes, formés par des corps aussi susceptibles d'agitation, & dont le nombre

bre est toujours arbitraire, fournissent une belle composition.

VI. Tableau.

Un golphe formé par de hautes montagnes Page 21. couvertes d'une forêt qui s'éleve en amphithéâtre, & qui répand de l'ombre dans le Port: des rochers au bord de la mer, dans lesquels on voit une voute naturelle : des fontaines d'eau douce sortent de cette voute & de plusieurs autres voutes moins considérables, dont la principale est environnée. On doit placer dans ce golphe sept Vaisseaux de la flotte. Ce paysage me paroît heureusement disposé par l'Auteur.

VII. Tableau.

Les Troyens débarqués. Les uns font du feu, Page 23. les autres préparent leurs vivres. Il faut disposer la composition de façon que ces objets remplissent le lointain, & qu'on voie Enée Page 27. chassant des cerfs avec ses fleches dans une forêt. On peut en faire voir plusieurs de tués, car il en donna à chacun de ses Vaisseaux.

Jules-Romain a traité ce même sujet dans

T

la tenture dont j'ai parlé dans l'Avertissement & qui appartient à M. de Maurepas. Ce grand Artiste a placé la chasse sur le devant de la composition, & les Vaisseaux sur un plan très-éloigné. Il est vrai que je ne voudrois pas faire comme Jules-Romain, c'est-à-dire, ne donner à Enée aucune autre arme que son épée, avec laquelle il a déja tué ou blessé quelques cerfs, ni lui en faire arrêter un par le bois; ces traits blessent non-seulement la vraisemblance, mais ils sont contraires au texte. Au reste, il faut traiter le Bonnet Phrygien comme cet Artiste l'a représenté; on ne peut s'en écarter. Mais j'ajoûterois à ce Tableau une richesse; je placerois Jupiter dans le Ciel, abordé par Vénus; je prendrois d'autant plus le parti de réunir ces deux sujets, que l'entrevue de ces Dieux n'a point d'autre motif qu'Enée & sa flotte. On peut encore représenter Mercure partant du Ciel pour aller porter les ordres de Jupiter; il ne doit point diriger son vol du côté d'Enée.

Page 27.

VIII. TABLEAU.

Jupiter finit toutes les prédictions favorables

qu'il fait aux Troyens, dans son entretien avec Vénus, par un éloge indirect d'Auguste. Cet épisode, qui rappelle la flatterie de Virgile à l'égard de ce Prince, offre une allégorie inutile à représenter ici, mais qu'on ne doit pas passer sous silence, quoiqu'on ne doive jamais oublier que ce genre est en général plus à éviter qu'à suivre. Après avoir dit que le Temple de Janus sera fermé sous son empire, *Page 37.* il ajoûte que l'on verra au fond du Temple de ce Prince, la Fureur enchaînée gémir dans les fers, & assise sur un monceau d'armes, frémissant & écumant de rage. Ces sortes d'images sont toujours belles, & peuvent servir dans tous les tems pour flatter ou rendre justice aux Princes.

IX. TABLEAU.

On voit dans ce Tableau Enée avec ses armes & deux javelots dans sa main ; il est accompagné d'Acathe, armé comme lui ; ils sont l'un & l'autre dans une forêt. Vénus leur apparoît sous la figure d'une chasseresse, un carquois délicat sur l'épaule ; ses cheveux épars sont le jouet des vents ; sa robe retroussée par

T ij

une ceinture, découvre un de ses genoux. Les deux Troyens s'entretiennent avec elle.

X. TABLEAU.

Page 43. Tout ce que Vénus leur apprend, & qui regarde l'histoire de Didon, ne fournit qu'un Tableau, celui de Pigmalion assassinant son beau-frere Sichée, & mari de cette Princesse ; il le surprit aux pieds des Autels, sur lesquels il consomma son crime. Si l'on veut traiter cet épisode, il ne faudra point admettre de Spectateurs à cette action, car elle ne fut découverte que par l'ombre de ce Prince qui apparut à Didon, & c'est un sujet que l'on pourroit se dispenser de rapporter dans cette suite, mais que je dois rappeller pour remplir mon projet de décrire toutes les compositions données par les Auteurs.

XI. TABLEAU.

Page 49. Vénus s'envole. La scene se passe dans la même forêt, *Tableau IX.* de ce même Livre. Mais l'étonnement d'Acathe, le regret & la priere d'Enée, apportent suffisamment de changemens à la composition de ce Tableau, d'autant que la différente position des figures en fournit dans la disposition du paysage.

XII. Tableau.

Enée & Acathe entrent dans la Ville de Carthage : Vénus les a couverts d'un nuage. Mais, comme je l'ai dit ailleurs, l'Artiste ne doit point redouter ces sortes de fictions ; il suffit d'indiquer ce même nuage à leur côté ou sur leurs têtes : leurs formes & leurs couleurs peuvent être toujours les mêmes ; le Spectateur averti du projet de la Divinité, ajoûte & doit ajoûter ce qui manque à la vérité. D'ailleurs, le grand effet de ce Tableau ne dépend ni de l'action, ni des mouvemens d'Enée & d'Acathe ; ce sont les objets que présente cette Ville naissante. Voici les propres mots de Virgile (l'Artiste prendra pour sa composition les aspects qui lui seront les plus avantageux.)

Page 49.

» Les uns élèvent les murailles, les autres
» travaillent aux fortifications de la Citadelle.
» On roule de grosses pierres à force de bras.
» Ceux-ci préparent un terrein & tracent une
» enceinte pour bâtir leurs maisons ; ceux-là
» sont occupés à élire des Magistrats. Quelques-

» uns font employés à creufer le Port ; quel-
» ques autres à jetter les fondemens d'un théâ-
» tre , & à tailler dans le roc d'immenfes co-
» lomnes , &c.

Tous ces inftans arbitraires font d'un effet
affuré. Enée & Acathe y font peu intéreffans ;
il fuffit feulement qu'on puiffe les diftinguer
fur le premier plan dans quelque partie laté-
rale du Tableau.

XIII. TABLEAU.

Page 50. Dans un bois facré, au milieu de la Ville,
Enée remarque un Temple élevé en l'honneur
de Junon. On y voit la ftatue de la Déeffe ;
les colomnes font de bronze. Quelqu'imparfait
que pût être cet édifice, de l'aveu même de
Virgile, il y place cependant des Tableaux de la
guerre de Troye, & les fait même confidérer
à Enée ; & c'eft une circonftance que l'Artifte
ne doit point négliger, c'eft-à-dire, qu'il doit
les indiquer vaguement. Mais tous ces Tableaux
étant tirés de l'Iliade, & fe trouvant par conféquent décrits, il eft inutile de les répéter & de
les rapporter ici, même comme épifodes. Il feroit
bon d'ajoûter à la compofition du Tableau que je

propose, une tête de cheval posée sur un piédestal; on pourroit le placer à l'extérieur de ce Temple, pour rappeller au Spectateur que ce bois avoit été le premier asyle des Tyriens, lorsqu'ils débarquerent à cette côte, & qu'ils devoient, selon les prédictions de Junon, fixer leur demeure dans le lieu où ils trouveroient un semblable monument. Je dois encore ajoûter que la description des Tableaux de la guerre de Troye, renfermés dans ce Temple, ne seroit pas trop facile à exécuter en Peinture, & que Virgile est en cela plus faiseur de Vers que Peintre. Au reste, il parle d'une Penthésylée à la tête de ses Amazones, dont Homere ne fait aucune mention dans son Iliade ; ce qui prouve que les Romains avoient encore, non-seulement d'autres autorités sur ce fameux siége, mais qu'ils avoient adopté d'autres idées.

Page 57.

XIV. Tableau.

Didon dans ce Temple au milieu de sa cour, placée sur le trône qui lui étoit préparé sous le dôme du Temple, donne des ordres, en même tems qu'on lui présente plusieurs Troyens qui avoient fait naufrage sur la côte.

Page 59.

C'est dans de telles circonstances que j'admettrois le nuage de Vénus pour cacher absolument Enée & Acathe ; en premier lieu parce qu'ils ne doivent point être vus ; en second lieu parce que leur action, c'est-à-dire, l'étonnement & la joie de revoir leurs camarades qu'ils croyoient perdus, n'est point importante, & que ce nuage fait, en troisieme lieu, une varieté dans la foule dont Didon est accompagnée, en même tems qu'il rappelle la protection de Vénus, & l'ignorance où sont les Tyriens de l'arrivée & de la préfence d'Enée.

XV. Tableau.

Page 69. Didon ayant accueilli les Troyens, Enée & Acathe fendent le nuage & paroissent à ses yeux. La surprise est la principale passion de ce Tableau ; la difficulté consiste à le varier. Enée doit être représenté dans la disposition d'avancer avec empressement vers la Reine pour la remercier. Jules-Romain a traité cet instant dans la tapisserie déja citée ; il n'a laissé aucune trace de nuage, & a représenté Didon debout ; en un mot, il a peu suivi Virgile.

XVI. Tableau.

L'Artiste doit représenter un repas magnifi- Page 75; que dans une salle superbe, remplie de meubles les plus précieux. Enée est à table aux côtés de Didon ; 200 officiers & 50 femmes servent les conviés : ces dernieres remplissent des cassolettes. Je ne rapporte un nombre aussi excessif, que pour faire sentir qu'on peut représenter une foule. Si la composition permet de faire voir quelques-unes des parties de la Ville à travers les entre-colomnes de la salle, il faudra préférer la vue de quelque Temple, & le marquer paré de fleurs, & les Autels fumans par les sacrifices ordonnés. Il ne faut pas oublier que Virgile place les conviés à la Romaine, c'est-à-dire, sur des lits ; on le verra plus d'une fois prendre de pareilles licences contre le Costume, auquel il ne s'est point du tout soumis. Jules-Romain n'a pas fait la même faute ; il a assis Didon, sa Sœur & Enée, sur des siéges dans un repas de cette même tenture, dans lequel il fait arriver le petit Ascagne, ou plutôt l'Amour sous la figure de ce dernier.

XVII. TABLEAU.

Page 79. Vénus parle à l'Amour. Virgile ne nous en dit pas davantage, sans même désigner le lieu de leur entretien. Je croirois donc que l'Artiste pourroit présenter Paphos, où la Déesse s'est retirée après avoir parlé à Enée & à Acathe, dans le Tableau X. de ce même Livre. Voici les paroles de Virgile.

» La Déesse s'envole à Paphos & retourne
» en son Palais ; là, dans un Temple magni-
» fique, on voit cent Autels dressés en son
» honneur ; Autels toujours fumans de l'encens
» le plus pur, & parfumés de fleurs toujours
» nouvelles.

Ce seroit en ce lieu que je représenterois ces deux Divinités, & Vénus caresseroit l'Amour, pour faire voir qu'elle en veut obtenir quelque grace.

XVIII. TABLEAU.

Page 79. Acathe conduit un enfant, & marche dans une forêt à la tête de plusieurs Troyens qui portent les ballots qui renferment les présens qu'Enée lui a donné ordre d'apporter de ses

Vaisseaux. Mais pour faire sentir l'échange que Vénus a fait de l'Amour & d'Ascagne, je représenterois ce dernier endormi sur les genoux, ou dans les bras de cette Déesse prête à monter dans son Char, que l'on voit à côté d'elle. La forêt dans laquelle cette scene se passe, est avantageuse pour présenter ces différens objets. On sent aisément que l'on doit placer Vénus & Ascagne de façon qu'ils ne peuvent être apperçus ni d'Acathe, ni de ceux qui portent les présens.

XIX. Tableau.

Ascagne, ou plutôt l'Amour est assis sur les genoux de Didon, qui le caresse & qui avale le poison de l'Amour; il indique de la main, en embrassant cette Princesse, les riches présens d'Enée; les uns sont étalés, les autres sont portés & mis en parade devant elle.

LIVRE DEUXIEME.

I. TABLEAU.

Page 111. CETTE même assemblée, toujours sur des lits à la Romaine, quoique le repas soit fini, écoute le récit d'Enée. La lueur des flambeaux produit une varieté d'autant plus heureuse pour cette composition, qu'elle est représentée dans le même lieu que le XV. Tableau du Livre qui précede celui-ci.

II. TABLEAU.

Page 113. *La construction du grand cheval.* On peut présenter sa carcasse sur le chantier, comme on fait celle d'un Vaisseau. Minerve commande & préside à cet ouvrage. Ces poutres, ces bois différemment travaillés, produisent de beaux groupes. Le lieu de la scene est dans le camp des Grecs, sur le bord de la mer. Cette machine surpasse, ou du moins égale leurs Vaisseaux ; cependant ils sont à sec.

III. TABLEAU.

Page 115. On voit dans le lointain les portes de la

Ville de Troye ouvertes ; le peuple en fort, en même tems qu'il est répandu dans la plaine ou dans le camp des Grecs, avec des marques de joie faciles à exprimer. L'Artiste doit peindre aussi l'étonnement & l'admiration que le cheval de bois cause au plus grand nombre qui s'est arrêté pour le considérer : il est alors terminé.

IV. Tableau.

Laocoon, avec sa couronne, ses bandelettes & ses habits de Prêtre, lance sa pique dans le flanc du cheval. Pour produire une varieté, l'Artiste peut présenter le cheval sous un autre point de vue que dans le Tableau précédent ; le fonds ne sera par conséquent plus le même, & les Spectateurs seront changés, du moins ils n'auront plus des attitudes ni des expressions pareilles : l'horreur d'une action impie & d'un sacrilege peut régner sur le visage de quelques-uns. *Page 117.*

V. Tableau.

Des bergers conduisent à Priam un jeune homme lié de cordes. *Page 119.*

Virgile ne dit point en quel lieu le Roi se trouvoit dans ce moment. Il n'est pas vraisemblable qu'il fut dans la plaine à considérer le camp des Grecs. Je le représenterois donc dans la Ville sur son Trône ou devant son Palais. Les bergers & ceux du peuple que le spectacle d'un homme attaché peut attirer, formeront des groupes riches & variés.

VI. Tableau.

Page 129. Dioméde & Ulysse enlevent le Palladium, auquel le sort de la Ville de Troye étoit attaché. Il n'est pas douteux que ce Palladium ne fût une figure de Pallas. On dit qu'elle étoit assise en premier lieu, & qu'elle se leva par la suite : il est constant que les monumens Grecs la présentent debout. Voyez la pierre gravée par Dioscoride, appartenante autrefois à M. Sévin, à présent en Angleterre : Ulysse y paroît assis, tenant la figure sur sa main ; il est nud, & représenteroit plutôt un jeune athléte qu'un Héros de l'âge d'Ulysse ; il tient un poignard à la main, dont il paroît avoir tué un homme que l'on voit à ses pieds. Ces mêmes figures se trouvent dans des copies antiques, accompagnées d'une autre figure armée, qui seroit apparemment Dioméde.

Mais, sans nous embarrasser de ces monumens sur lesquels on ne peut rien dire d'assuré, non plus que sur la nature & la forme du Palladium, je croirois que pour traiter ce sujet, qui n'est ici qu'épisodique, mais qui se trouve intimement lié à l'Histoire de Troye ; je croirois, dis-je, que l'Artiste pourra représenter Ulysse & Dioméde dans le Temple de Pallas ; & pour désigner qu'ils y sont entrés par surprise, c'est-à-dire, par un égout, je ferois prendre à Ulysse armé la petite statue sur l'Autel, tandis que Dioméde ne seroit point encore tout-à-fait sorti du souterrain dont ils ont levé la pierre pour entrer dans le Temple ; on verroit la sentinelle étendue & privée de vie dans l'intérieur auprès de cette même pierre ; ce qui feroit sentir aisément qu'Ulysse a surpris & tué ce soldat en arrivant dans le Temple.

VII. TABLEAU.

Le malheur de Laocoon est connu ; la célèbre statue de marbre, que le tems a respec- Page 133.

tée & que l'on conferve à Rome, nous en a d'ailleurs confervé le fouvenir. Il eft vrai que ce fuperbe groupe n'eft traité que convenablement à la fculpture. Il faut donc en parler felon les idées de la Peinture, d'autant que cet art doit profiter de plufieurs acceffoires très-néceffaires à l'explication du texte, & qui lui font faciles à exprimer. Quoique les deux ferpens euffent faifi les enfans de Laocoon avant que de l'avoir enveloppé lui-même, je réunirois ces deux inftans, & je repréfenterois ce groupe infortuné dans l'intention de la ftatue antique. Les habits du Prêtre de Neptune ajoûteroient peut-être des richeffes, du moins quelque vraifemblance; ceux des enfans, quelque légers qu'ils puiffent être, produiroient le même effet. Laocoon, dont on verroit les armes abandonnées, facrifioit un taureau fur l'Autel de Neptune; cette richeffe, loin d'être poftiche, eft liée & néceffaire au fujet: la mer qui feroit le fonds du Tableau, ne ferviroit qu'à détacher encore plus les figures: ce defordre, la crainte & l'étonnement des Spectateurs, feroient favorables au génie de l'Artifte, & la compofition plus riche ne feroit pas moins intéreffante. VIII.

VIII. Tableau.

Les serpens, après avoir fait périr Laocoon & ses enfans, se mirent sous la protection de Minerve. L'intérieur de son Temple, la statue enlacée par ces serpens, l'effroi des Prêtres & des Spectateurs : il ne faut pas de si grandes oppositions, ni une matiere de cette abondance, pour faire un grand & beau Tableau.

Page 135

IX. Tableau.

La muraille abbattue ; le cheval sur des rouleaux avec la manœuvre qu'ils exigent : on tire les cables à l'envi ; des vierges & des enfans chantent des Hymnes. Je croirois que le cheval devroit être déja dans la Ville, mais encore peu éloigné de la muraille abbattue. Je ferois voir quelques Temples ornés de guirlandes : la joie & l'espérance seroient marquées sur tous les visages, à la réserve de Cassandre, qui devroit exprimer sur sa phisionomie la douleur & l'imprécation ; & pour la distinguer, je la placerois seule sur les dégrés d'un Temple, & sur le devant du Tableau, pour être à portée de faire sentir l'indignation dont elle est animée.

V.

X. TABLEAU.

Page 139. On voit, sinon autant qu'on pourra faire sentir, qu'il est le même que les bergers ont conduit devant le Roi, *Tableau VI.* de ce même Livre ; on le voit, dis-je, tenir le bout de la corde qui sert aux Grecs à descendre du cheval de bois : plusieurs de ces redoutables ennemis sont déja occupés à tuer les Troyens plongés dans l'yvresse, & dormans autour des tables dressées dans toutes les rues. Ces derniers faits sont autorisés par un mouvement que l'on peut voir dans la *Roma subterranea.* Au reste, si l'on veut objecter que cette action s'est passée la nuit, je dirai qu'alors il ne faut pas entreprendre d'en faire le Tableau, puisqu'aucun prétexte ne peut autoriser la plus légere lumiere. Mais si l'on veut regarder celle du jour comme une licence, je dirai cependant que le clair de lune, cité plus bas par Virgile, peut néanmoins servir d'excuse, & que les Anciens n'ont pas été si scrupuleux, au moins dans plusieurs bas reliefs du même sujet que le tems nous a conservés.

XI. Tableau.

Le Tableau de l'ombre d'Hector qui paroît Page 141. en songe à Enée, peut être trop affreux pour être exécuté; car ce Héros lui apparoît dans l'état auquel Achille avoit réduit son corps après sa mort. Cependant, comme il éveille Enée, que le Héros lui conseille d'abandonner la Ville, ces faits me paroissent trop intimement liés à l'Enéide pour être négligés; je dois du moins en faire mention.

XII. Tableau.

L'incendie fort augmenté éclaire toute la Page 145 Ville. On voit Enée sur la porte de son Palais, arrêté par Panthus Prêtre d'Apollon, tenant la main de son petit-fils, & portant quelques-uns de ses Dieux. Plusieurs soldats accompagnent Enée; d'autres viennent de différens côtés se rendre à son Palais & se joindre à lui.

XIII. Tableau.

On ne peut représenter le changement d'armes d'Enée & de sa troupe lorsqu'il se couvrit de celles des Grecs *. Caſſandre arrachée du Temple de Minerve, les cheveux épars, les mains enchaînées, levant les yeux au Ciel, fournit un Tableau touchant & beau à traiter.

XIV. Tableau.

Page 155. Les Grecs montés ſur des échelles, attaquant le Palais de Priam : les Troyens ſur les toits, jettant juſqu'à des ſolives embraſées : une tour renverſée ſur les Grecs. Ce deſordre au milieu des flammes, doit produire de beaux effets.

XV. Tableau.

Page 159. Pyrrhus entre dans l'intérieur du Palais ; on voit la porte renverſée derriere lui ; quelques Troyens prennent la fuite à ſon aſpect ; les femmes dont le Palais eſt rempli, levent les mains au Ciel, embraſſent les colomnes, &c. Ce terrible Tableau eſt éclairé par le feu,

---

* Le P. Catrou dit que *Chorebe ceignit l'épée à la Grecque* ; c'eſt un contre-ſens. Virgile dit ſimplement que Chorebe ceignit l'épée du Grec, c'eſt-à-dire, d'Androgée.

& l'Artiste doit lire les Vers de Racine dans son Andromaque.

A la pâle lueur de nos Palais brûlans,
Figure-toi Pyrrhus, &c.

XVI. TABLEAU.

Toutes les femmes d'Hécube, car elle en avoit jusqu'à cent, sont tuées avec le vieux Priam, autour d'un Autel placé dans une cour, couvert d'un grand laurier, & chargé des Dieux domestiques. Le spectacle général de ces morts & de ces mourantes, celui de Priam que l'on égorge en particulier, peut être très-touchant. L'horreur de l'incendie dont il est accompagné, redouble constamment l'intérêt.

XVII. TABLEAU.

Enée paroît au moment de percer Hélene, ré- Page 169. fugiée dans un coin du Temple de Vesta ; Vénus sur un nuage retient son bras, & lui ordonne de la main d'aller secourir son pere, sa femme, son fils, & d'emporter ses Dieux, ou pour mieux dire, selon l'esprit de la Peinture, lui fait signe de s'éloigner.

XVIII. Tableau.

Page 175. Enée, Creüse, Afcagne, embraffent les genoux du vieillard Anchife pour le faire confentir au départ. La fcene fe paffe dans la cour de fon Palais, toujours à la lumiere de l'incendie. La tête d'Afcagne paroît lumineufe. Cette circonftance eft néceffaire ; elle détermina Anchife au départ.

La Peinture ne peut pas défigner le préfage de l'étoile qui trace la route, &c. je la paffe fous filence.

XIX. Tableau.

Page 183. Enée arrivé fur la montagne auprès de l'ancien Temple de Cérès, portant fon Pere & fes Dieux, conduifant fon fils ; enfin comme il a été repréfenté mille fois. Ceux qui l'ont fuivi font dans le defordre qu'une pareille fituation peut exiger. Creüfe n'y eft point. On ne doit point oublier de repréfenter un vieux cyprès auprès de ce Temple, ni balancer à fuppofer le jour déja venu pour la repréfentation de ce fujet. L'anacronifme n'eft peut-être pas d'une heure, quand même on ne pourroit pas encore supposer la lune.

XX. Tableau.

Enée retourné dans la Ville pour chercher sa femme ; il est devant le Palais de Priam, gardé par Ulysse & par un autre Grec. Ce Palais est rempli de la dépouille des Temples & des Maisons. Les tables des Dieux entassées, les vases d'or, les femmes captives & des enfans rangés par ordre. Au milieu de ces richesses, heureuses pour la Peinture, & pour lesquelles le jour supposé dans le Tableau précédent, est absolument nécessaire. L'ombre de Creüse apparoît à Enée ; elle lui indique de la main de retourner au Temple de Cerès.

LIVRE TROISIEME.

I. TABLEAU.

Page 215. LEs Troyens bâtissent une flotte au pied du Mont Ida ; Enée préside à l'ouvrage. Quoique les opérations de ce tems par rapport aux Vaisseaux fussent beaucoup moins considérables que celles d'aujourd'hui, les manœuvres & les travaux nécessaires dans ce même tems suffisent toujours pour faire un attelier très-vif, & représenter des actions & des mouvemens de construction, plus suffisans qu'il ne faut pour rendre une composition très-riche & très-animée, sur-tout quand on peut y faire entrer des femmes qui servent encore à indiquer l'empressement avec lequel on travaille.

II. TABLEAU.

Page 219. Enée sur une montagne a coupé un arbrisseau dont il voit sortir du sang. On doit remarquer sa surprise & son étonnement, en même tems que le lieu élevé sur lequel il est placé, permet de découvrir la mer qui forme un golphe ;

au fond duquel on voit les Vaisseaux des Troïens Page 217. à sec, & les commencemens d'une Ville dont Enée jetta les fondemens en Thrace.

III. TABLEAU.

Un tombeau de terre, des autels de même Page 222. matiere, couverts de cyprès ; les Dames Troyennes rangées autour, les cheveux épars, tandis qu'Enée & les principaux de sa suite font des libations de lait. La flotte est à la mer ; elle est prête à partir. On rend les derniers devoirs aux mânes de Polydore.

IV. TABLEAU.

Les Vaisseaux dans un Port agréable ; les Page 223. Troyens débarqués. Anius Roi & Prêtre de Delos, le front ceint de Laurier & de bandelettes, vient au devant d'eux, embrasse Anchise son ancien ami, & leur montre le chemin de son Palais.

V. TABLEAU.

Enée suivi des Troyens dans un Temple d'A- Page 225. pollon : ce qu'on apprend par la statue de ce Dieu : la vétusté des pierres prouve son anti-

314 TABLEAUX

Page 237. quité. On conduit pour les sacrifices deux bœufs, une brébis noire & blanche. Ces objets présentent d'heureuses varietés.

VI. TABLEAU.

Page 231. Les commencemens d'une autre Ville interrompus par la peste. La mortalité, l'accablement des corps avec une Ville naissante, rendent ce même Tableau très-touchant. Les Vaisseaux sont à terre.

VII. TABLEAU.

Page 231. Les Dieux Pénates viennent parler à Enée. J'avoue que l'apparition de ces Dieux, naturellement fort petits, peut rendre cette composition ridicule, en ce qu'elle tient un peu des marionnettes ; mais comme Enée peut être couché à la belle étoile, & que Virgile dit qu'il reconnut ces Dieux au clair de la lune, cette lumiere peut sauver, en quelque façon, plusieurs parties d'un fait si peu agréable : d'ailleurs, je rends le Poëte, & je rapporte la suite des Tableaux qu'il présente.

VIII. TABLEAU.

Page 237. Les Troyens sont battus de la tempête ; la

mer eſt haute ; le Ciel eſt noir ; des foudres & des éclairs ſe ſuccedent ; on voit que les Vaiſſeaux vont entrer dans un Port. Cette poſition engage l'Artiſte à placer l'œil du Spectateur à terre : cette terre eſt une des Iſles Strophades.

IX. TABLEAU.

Les Troyens ont trouvé des troupeaux de bœufs & des chèvres abandonnés ; on les voit même épars dans la campagne. Ils en ont tué ; ils les ont fait cuire ; ils ſont à table auprès de leurs Vaiſſeaux à ſec, au bas d'une colline. *Page 239.*

X. TABLEAU.

Les Harpies, qu'on doit repréſenter comme on fait le plus ſouvent les Sirénes, mais auxquelles on doit ajoûter des aîles, ſe jettent ſur leurs plats, & tourmentent les Troyens ; ceux-ci prennent leurs armes & les empêchent d'approcher. L'Artiſte ne doit en repréſenter aucune de bleſſée, car elles étoient invulnérables. Au contraire, il ſeroit adroit de prouver par quelque coup qui leur ſeroit porté, que les armes ne les peuvent offenſer. *Page 239.*

XI. Tableau.

Page 241.   Les Harpies en fuite, les Troyens dans la rumeur des armes, le desordre des tables & des plats renversés. Celéne la Reine des Harpies, à laquelle on peut donner un sceptre & une couronne, parle aux Troyens du haut d'un rocher ; on voit qu'elle les menace.

XII. Tableau.

Page 243.   Les Troyens mouillés au Port d'Actium, ont fait des sacrifices à Jupiter. Un Autel & la statue de ce Dieu placée devant un Temple, suffisent pour désigner le lieu de la scene. Les soldats d'Enée s'exercent à la lutte. Ces exercices, toujours difficiles à rendre, peuvent ici se placer à quelque distance du premier plan : ils ne sont point l'objet principal, d'autant qu'il

Page 245.   est plus essentiel de faire sentir qu'Enée attache un bouclier à la porte de ce Temple.

XIII. Tableau.

Page 245.   Enée dans une campagne arrosée d'un ruisseau, trouve Andromaque auprès d'un tombeau de gazon environné de deux Autels rustiques qu'elle avoit confacrés à Hector. Pour ne point caufer de doute, on peut écrire le nom du Héros fur une pierre placée fur le devant du tombeau. Quoiqu'il foit de gazon, l'infcription peut être admife. Andromaque paroît dans la douleur ; cependant elle aborde Enée avec furprife & empreffement.

XIV. Tableau.

Hélénus fuivi de plufieurs Courtifans, après avoir fait entrer Enée dans la Ville, le conduit à fon Palais ; Andromaque fa femme eft avec eux. Page 259.

XV. Tableau.

Virgile a fait une defcription de Charibde & de Scilla, imitée d'Homere, ou, pour mieux dire, copiée ; mais elle n'eft ni fi bien, ni fi chaudement écrite que celle du Prince des Poëtes. Ainfi je ne traiterois ces Tableaux que dans le cas qu'on auroit préféré Virgile, & que la fuite de fon Poëme feroit la feule que l'on voudroit exécuter. Page 259.

On pourroit repréfenter la Sibylle de Cumes rendant fes oracles, écrivant fur des feuilles,

& ces feuilles emportées par le vent. Ce sujet moral, à bien des égards, feroit aisément un Tableau de cabinet.

XVI. Tableau.

Page 261. Enée s'embarque ; on voit un nombre infini d'esclaves chargés des vases, des armes, des étoffes & des sacs d'or, dont Hélénus & Andromaque lui font présent.

XVII. Tableau.

Page 268. Les Troyens voient, étant à la mer & fort près de terre, quatre chevaux blancs qui paissent ; ils en tirent un augure favorable. Et comme ce point de vue peut être près du Vaisseau d'Enée, on peut voir que ce Prince fait des libations avec un voile sur sa tête.

XVIII. Tableau.

Page 275. Un homme à terre, pâle & défiguré, implorant le secours des Troyens. Ce Tableau est plus intéressant à faire, pour avoir occasion de peindre la Sicile & le Mont Etna, que pour l'événement de ce soldat d'Ulysse, que Virgile suppose, avec beaucoup d'art, avoir été abandonné sur cette côte. On peut encore enrichir cette composition par la vue de Polyphéme conduisant ses troupeaux, appuyé sur un grand pin. Au reste, Virgile n'imite pas avec scrupule cet endroit de son original. *Page 278.*

XIX. TABLEAU.

Polyphéme dans l'eau pour laver sa blessure, *Page 281.* tâte avec ses mains s'il est à portée de prendre quelques-uns des Vaisseaux; ses cris ont attiré un grand nombre des autres Cyclopes; la côte en est bordée, mais la flotte paroît éloignée de ce danger.

La mort d'Anchise, qui termine ce Livre, *Page 385.* n'est accompagnée d'aucune circonstance possible à peindre, la douleur d'Enée n'étant qu'un simple récit.

LIVRE QUATRIEME.

I. Tableau.

Page 305. Conversation de Didon & de sa Sœur, dans laquelle on doit distinguer la vivacité d'une femme passionnée, & la tranquillité d'une autre qui n'est que simple confidente. Indépendamment de cet objet du Tableau, deux jeunes personnes, quoique brunes, forment toujours une composition agréable ; & cette espece de repos apporte une varieté dans la suite étendue des Tableaux, dont le plus grand nombre présente des actions vives & de mouvement.

II. Tableau.

Page 311. De tous les sacrifices que l'Amour engage Didon à offrir à différentes Divinités, & qui ne produiroient pas une assez grande varieté à nos yeux, je ne représenterois que l'instant auquel elle répand la liqueur d'une coupe sur une genisse blanche avant que de l'immoler ; ce moment & les apprêts seroient riches & agréables.

bles. L'effet de l'Amour, si parfaitement exprimé dans Virgile, ne peut être rendu par la Peinture ; les bornes & les contraintes de cet art sont connues pour les sentimens délicats.

III. TABLEAU.

Didon conduit Énée dans les nouveaux bâtimens qu'elle a ordonnés pour l'établissement de Carthage. C'est-là que l'Artiste peut à son gré représenter des édifices achevés ou commencés ; mais il ne doit pas oublier que cette Reine conduit toujours avec elle Ascagne, ou plutôt l'Amour. On peut d'autant plus placer dans le ciel de ce Tableau, Junon & Vénus qui s'entretiennent avec amitié, que Carthage, Didon & Énée sont le sujet de leur conversation. *Page 313.*

IV. TABLEAU.

Didon paroît à cheval ; Énée est à ses côtés. *Page 317.* La Reine est vêtue d'une étoffe de pourpre avec des ornemens d'or ; l'agrafe qui releve ses habits, doit être distinguée par sa magnificence ; son carquois est doré ; ses cheveux sont renoués par un cercle d'or ; son cheval animé est paré d'une housse rouge. Cette troupe est suivie des principaux des Troyens & des Carthaginois arrivés au lieu de la chasse, où de jeunes gens ont tendu des toiles, & paroissent armés de dards & d'épieux. Virgile a heureusement trouvé un prétexte pour séparer Ascagne de Didon & d'Enée ; il le fait exercer son cheval avec plusieurs autres Troyens ou Carthaginois, en supposant le desir de l'éloigner des dangers de la chasse. Ces courses sont un objet trop peu intéressant, ce me semble, pour en faire un Tableau séparé ; je me contenterois donc de représenter ce petit événement sur un plan éloigné.

V. Tableau.

Page 320. La Peinture d'un orage d'été est belle à faire ; la pluie, le vent, le tonnerre, tout se distingue. Quelques soldats d'escorte se mettent à l'abri sous leurs boucliers, comme Jules-Romain l'a pratiqué dans la tapisserie dont j'ai déja parlé. Au milieu de ce desordre on voit entrer Enée & Didon dans un antre placé au milieu de cette forêt. Il seroit aisé de faire voir ce qui s'y passe, comme a fait le même Jules-Romain ; on peut s'en dispenser ; & la composition que je propose, en dit assez pour un fait si connu.

VI. TABLEAU.

Hiarbe, Prince noir, intercede Jupiter Hammon son pere. La figure du Dieu, que ses cornes rendent facile à reconnoître, peut être placée dans ce Temple ; mais il est nécessaire de faire voir deux Autels aux côtés de la statue.

Page 323.

VII. TABLEAU.

Je ne sçai pourquoi Jupiter ordonne à Mercure d'assembler les Vents autour de lui pour aller porter ses ordres à Enée ; c'est l'affaire de Virgile, qui n'en rend aucun compte, & qui n'en tire aucun parti. Il me suffit que cette idée produise un beau groupe pour le placer autour de Mercure, qui vole au milieu de ces mêmes Vents, & qui vient aborder Enée. Ce Prince donnoit ses ordres aux Troyens pour bâtir une Ville haute à Carthage. Ces bâtimens à peine hors de terre, ne doivent point empêcher une échappée de vue sur la Ville de Didon & sur la mer, & par conséquent sur le

Page 329.

Port dans lequel on voit les Vaisseaux tirés à terre : mais l'Artiste ne doit point oublier qu'Enée avoit une épée très-riche, & un manteau royal de pourpre qui pendoit jusqu'à terre.

VIII. TABLEAU.

Page 341. Les Troyens travaillent à leurs Vaisseaux ; ils les radoubent ; ils les mettent à la mer. Didon placée sur une terrasse de son Palais, distingue toutes leurs manœuvres.

IX. TABLEAU.

Page 347. Didon avoit fait construire un petit Temple de marbre à Sychée son premier mari. Pour l'intelligence de ce fait, l'Artiste pourroit représenter l'extérieur de ce Temple pour écrire sa dédicace sur le fronton : on doit exprimer le soin que Didon prenoit de le parer de fleurs. Enfin, cette Reine seroit représentée faisant ses libations en dehors ; on pourroit même distinguer qu'elles devinrent noires, prodige dont elle fut effrayée. Les chouettes placées sur ce Temple, & volant de plusieurs côtés pour y arriver, augmenteroient encore les présages funestes dont Virgile fait le récit, & qu'il n'est possible d'exprimer & de faire sentir que par des moïens pareils à ceux que je propose : l'Artiste les dispose à son gré, & ces accessoires nécessaires produisent des richesses assurées.

X. TABLEAU.

Autour d'un bucher paré de fleurs, & placé dans une cour intérieure du Palais, on voit plusieurs Autels ; les armes d'Enée & un lit sont au haut du bucher. La Magicienne, les cheveux épars, le visage altéré, répand de l'eau sur ce bucher, tandis que Didon, avec une robe sans ceinture & un pied nud, porte sur un des Autels un plat sur lequel il y a de la pâte sacrée. *Page 350. Page 351.*

XI. TABLEAU.

Didon sur le bucher, tombée sur le lit, ayant encore l'épée de son perfide dans le corps. On voit accourir ses femmes ; les témoignages de leur douleur enrichissent le bas de cette touchante composition, d'où l'on doit voir la mer & la flotte d'Enée à la voile. *Page 365.*

XII. Tableau.

c 367.   Anne montée fur le bucher, foutient le corps mourant de fa Sœur ; elle étanche le fang avec fa robe. Iris avec fes aîles dorées, fur un nuage lumineux qui repréfente l'arc-en-ciel, coupe, par ordre de Junon, avec un cizeau pareil à celui d'Atropos, le cheveu qui confervoit encore un foufle de vie à cette malheureufe Reine.

LIVRE CINQUIEME.

I. TABLEAU.

ENÉE voit de son Vaisseau la Ville de Car- Page 385.
thage & le feu du bucher de Didon. Ce Tableau me paroît nécessaire, non-seulement pour la suite du Poëme, mais pour suivre exactement l'histoire de Didon, qui pourroit seule fournir une suite séparée.

II. TABLEAU.

La flotte des Troyens revient mouiller à Page 389.
Drepane, où Virgile a placé la mort d'Anchise, c'est-à-dire, à la fin du troisieme Livre ; mais comme il n'en fait aucune description, on peut traiter ce Port comme on le voudra, si l'on n'aime mieux répéter celui qu'on aura déja représenté, pour faire sentir les varietés qu'un Artiste peut retirer du même plan & des mêmes masses, par la différence du jour & par la disposition des accessoires. Je dois dire en général que l'on pourra trouver qu'il y a beaucoup de Ports de mer dans cette suite ;

non-feulement il faut fuivre l'Auteur, mais l'Auteur lui-même n'a pû agir autrement, ayant à traiter une navigation dans la Méditerranée, avec une marine pareille à celle des Anciens, qui navigeoient terre à terre le plus qu'il leur étoit poffible. Ces vues, qui n'exigent aucune fervitude, produifent beaucoup d'agrémens à un Peintre d'Hiftoire, doué de génie, & auquel le payfage ne doit rien couter : la même répétition fe trouve également dans l'Odyffée & par les mêmes raifons. Enée déja débarqué & fes Vaiffeaux derriere lui, eft accueilli par Acefte vêtu en chaffeur ; c'eft-à-dire, ayant des dards à la main, & habillé d'une peau d'ours, retenue fans doute par une ceinture.

III. TABLEAU.

Page 393. Enée accompagné d'Acefte & d'Afcagne couronnés de myrthe, fuivis des principaux Troyens, ont répandu des fleurs fur le tombeau d'Anchife : on fent bien qu'il ne peut être que de gazon, & qu'on n'a pas eu le tems de le conftruire autrement. Les vafes avec lefquels ils ont fait leurs libations font à terre, ou renverfés dans leurs mains, pour prouver qu'ils ne contiennent plus de liqueur. La vue d'un serpent de différentes couleurs & qui sort du tombeau, suspend toutes leurs actions. Il ne faut point oublier de placer deux Autels, également de terre, aux côtés du tombeau, ni de faire voir sur un des côtés du Tableau, une prairie dans laquelle les Troyens sont assis, ou occupés à faire cuire & à rôtir les victimes dont ils vont faire leur repas.

IV. Tableau.

Je supposerois ce pays coupé de collines. Le tombeau d'Anchise représenté dans le Tableau précédent, seroit sur une petite hauteur couverte de bois. Un site pareil seroit choisi pour les jeux funéraires qu'Enée va donner à l'honneur de son pere. Ce Prince seroit donc assis sur une élévation avec Aceste & quelques autres, & verroit apporter dans une vallée assez étendue, les prix qu'il doit distribuer aux vainqueurs de ces jeux. On peut donc former un beau groupe de vases, d'armes & d'étoffes, & faire voir encore plusieurs soldats chargés des prix qui vont être arrangés & joints aux premiers.

V. TABLEAU.

Page 409. L'Assemblée sur le rivage, & plusieurs groupes d'hommes montés sur des rochers. Cette foule est attentive à regarder les quatre Vaisseaux à rames qui disputent l'honneur de la course. On voit un arbre posé sur un îlot ou petit rocher dans la mer, qu'il faut avoir tourné pour remporter le prix.

VI. TABLEAU.

Le dessein, ou plutôt l'ornement d'un habit de guerre, donné pour prix à un des Commandans des Vaisseaux, représente l'enlévement de Ganyméde. Le sujet est épisodique ; mais Virgile le décrit vivement, & d'une façon qui me paroît mériter d'être rapportée. Voici les paroles de l'Auteur :

Page 409. » Le jeune berger y étoit représenté dans le
» bois du Mont Ida, le dard à la main, pour-
» suivant un cerf avec tant d'ardeur qu'il en
» paroissoit hors d'haleine. On voyoit Jupiter
» sous la figure d'une aigle * fondre sur la mon-

* Virgile ne dit point que c'étoit Jupiter, mais simplement une aigle.

» tagne, le faisir de ses serres. Les autres gar-
» des des troupeaux levoient les mains au
» Ciel, & son chien même abboyoit pour té-
» moigner sa douleur.

Annibal Carache n'a pas manqué ce trait du chien dans ce sujet qu'il a peint à Farnese ; mais il n'a pas représenté la douleur & l'étonnement des autres gardes des troupeaux ; beauté simple & naturelle, qui concourt à l'expression du sujet.

VII. TABLEAU.

Les jeux funéraires d'Anchise présentent des Pag. 113. variétés pour le lieu où ces exercices se passent. Le pays que Virgile nous décrit dans ce mouillage de la flotte d'Enée, est coupé de collines & rempli de prairies, comme je l'ai déja dit *Tableau IV.* de ce même Livre ; il est aisé d'en choisir une, dominée par un monticule formant un amphithéâtre, & dont le haut couronné par des arbres, découvre une place convenable pour établir Enée, les Juges & les principaux Spectateurs. La situation du sujet présent est dans le même goût, mais ne doit pas être pareille. On voit au dessous le peuple qui borde la carriere, & ceux qui disputent le prix de la course, qui partent ou qui reviennent au but, selon la volonté de l'Artiste.

VIII. TABLEAU.

Page 425. Si l'on ne change point le lieu de la scene pour le combat du Ceste, l'espace sera du moins resserré, & par conséquent le Tableau sera varié dans quelques-unes de ces parties. Mais, pour éviter une action dont nous ignorons les finesses, & qui dans le fond a toujours été renfermée dans des bornes assez étroites, je prendrois le moment auquel le Vieillard, qui remporte le prix, tue le taureau d'un coup de ceste, & l'on verroit le vaincu blessé & emporté par ses amis, portant le casque & l'épée dont Enée faisoit présent pour avoir combattu.

IX. TABLEAU.

Page 429. Les mêmes Juges, les mêmes Spectateurs paroissent sur le bord de la mer, où l'on signale son adresse sur une colombe attachée au haut du mât d'un Vaisseau. J'avoue que les Anciens étoient trop bons tireurs d'arc pour placer un prix aussi peu élevé que la mâture d'un Vaisseau que l'on mettoit facilement à terre ; mais il faut suivre l'Auteur. Pour cet effet, je ferois voir la colombe volant avec la corde, qu'un des tireurs a coupée & percée par la fleche d'un autre, tirant en même tems ; on verroit partir la fleche d'Acefte enflammée & monter dans les airs ; le texte donneroit l'explication de ces différens instans, & c'est en ce cas tout ce que l'on peut demander à la Peinture. Virgile a imité, ou plutôt copié tout ce détail dans les funérailles de Patrocle ; il a seulement ajoûté la fleche enflammée, & cette addition ne produit rien.

X. TABLEAU.

Le peuple rangé dans un grand cercle, peu éloigné du bord de la mer, pour jouir des évolutions à cheval que firent les jeunes Troyens. Virgile a servi de modèle à plusieurs carroufels des derniers siécles. Mais comme ces évolutions demanderoient chacune un Tableau, il me paroît suffisant de faire voir les trois troupes commandées par Ascagne & deux autres jeunes gens de son âge, & d'observer que

Page 433.

tous ceux qui compofoient ces troupes, avoient des couronnes fur leurs cafques, ou des aigrettes, qu'ils étoient armés de deux javelots qu'ils tenoient dans une main, & qu'ils portoient un carquois fur leurs épaules, & un colier d'or qui pendoit fur leur poitrine.

XI. TABLEAU.

Page 439. Iris fur un arc-en-ciel préfide à la fureur des femmes Troyennes, qui mettent le feu aux Vaiffeaux d'Enée ; on en voit quelques-unes qui prennent encore des tifons fur un Autel de Neptune, auquel on avoit facrifié au commencement des jeux.

XII. TABLEAU.

Page 439. Afcagne accourt à cheval. Une groffe pluie empêche l'incendie d'être général. On voit feulement par un feu plus confidérable & plus acharné, que quatre Vaiffeaux font perdus fans reffource.

XIII. TABLEAU.

Page 449. Anchife paroît en fonge à Enée. Une lampe dans le lieu où il eft couché, éclaire les deux figures. Le repos de ce Tableau contraste avec tous ceux de mouvement que la suite présente.

XIV. TABLEAU.

Enée trace une Ville haute pour les Troïens & Troyennes qu'il laisse à Aceste ; tandis que tout le monde, hommes & femmes, est empressé à travailler dans l'enceinte qui n'est point achevée de tracer. Le fort des travaux est porté sur la bâtisse & la construction d'un Temple. *Page 451.*

XV. TABLEAU.

Enée embarqué sur son Vaisseau, fait des libations en l'honneur de Neptune ; c'est-à-dire, qu'il verse du vin dans la mer. Vénus traverse les airs de son Char ; elle dirige sa course du côté de Neptune, que l'on apperçoit dans le lointain. *Page 455.*

XVI. TABLEAU.

Neptune calme les flots, & paroît dans toute sa pompe ; Virgile en fait ainsi le détail. *Page 459.*
» Ses chevaux marins avoient des harnois
» d'or ; les Vents prennent la fuite à son aspect.
» Les différentes routes qu'ils prennent, peuvent

» produire un bel effet. La Cour de Neptune
» étoit composée de Dieux marins & de Poif-
» sons monstrueux de différentes especes. Le
» vieux Glaucis conduisoit une nombreuse es-
» corte. Palémon étoit à la tête des Tritons
» avec une multitude prodigieuse des fils de
» Phorque. Ces troupes environnoient à la
» droite le Dieu des mers ; la gauche étoit oc-
» cupée par Thétis, Mélite, Panopée, Néfée,
» Spio, Thalie & Cymodoce.

Il seroit impossible de rapporter ici la mort de Palinure, d'autant que son malheur lui arriva pendant la nuit ; d'ailleurs, ce Pilote fait lui-même le récit de son malheur à Enée, quand ce Prince le rencontre dans les enfers ; & ce qu'il dit alors, est plus avantageux à la Peinture.

LIVRE

LIVRE SIXIEME.

I. TABLEAU.

ENÉE prend un chemin écarté pour se rendre à une Ville que l'on voit dans l'éloignement, tandis que les Troyens, dont les Vaisseaux sont à l'ancre, font du feu, coupent du bois, puisent de l'eau dans une fontaine, &c.

Page 485.

II. TABLEAU.

Enée entre dans le Temple d'Apollon à Cumes; ce Temple est rempli de bas-reliefs exécutés par Dédale, & sur lesquels les sujets suivans sont représentés.

III. TABLEAU.

Les Athéniens faisant tirer au sort les enfans qui devoient être envoyés en Créte pour venger la mort d'Androgée.

IV. TABLEAU.

Pasiphaë & son amour pour le taureau.

V. TABLEAU.

Le Minotaure.

VI. TABLEAU.

Le labyrinthe ; le fil donné à Théfée par Dédale à la priere d'Ariadne. Ces bas-reliefs épifodiques font peu intéreffans, & je ne crois pas qu'on doive en faire ufage dans cette fuite ; mais en général, ils font toujours de fervice pour la Peinture & pour la Sculpture, & peuvent trouver place dans plufieurs occafions particulieres.

VII. TABLEAU.

Page 489. La Sibylle conduit Enée dans le lieu où elle rend fes oracles ; c'eft un antre ouvert de cent portes. Ce nombre n'eft rapporté ici que pour faire fentir à l'Artifte qu'il peut multiplier à fon gré les ouvertures de cette montagne. La Prophéteffe s'agite. Pourvu qu'elle paroiffe fe donner quelques mouvemens forcés & irréguliers, on ne peut demander autre chofe à la Peintu-
Page 491. re. La Sibylle parle fur la porte de l'antre, en regardant les Spectateurs, dont le plus grand

nombre écoute avec différens sentimens. Cette position nécessaire exige qu'une partie des Troyens qui ont suivi Enée, ait le dos tourné au Spectateur.

VIII. Tableau.

Un triton précipité dans la mer. Mysene qui sonnoit de la trompette sur un rocher. *Page 503.*

IX. Tableau.

Les Troyens dans une forêt abbatent les plus grands arbres. On peut les répandre & les grouper à son choix, sans oublier cependant que l'essentiel de ce Tableau, est Enée qui a été conduit par deux colombes blanches, qui lui ont montré le rameau d'or qu'il détache de l'arbre ; ce qu'on ne peut faire sentir qu'en plaçant ces colombes sur ce même arbre, regardant Enée, & point effarouchées quoique fort près de lui. *Page 505.*

X. Tableau.

Les restes du bucher sont peu éloignés du monument qu'on éleve à Mysene sur la montagne : ce tombeau de gazon est orné d'un ar- *Page 509.*

bre coupé en façon de colomne, & qui porte ses armes, sa trompette & sa rame. Cette représentation rustique & militaire peut avoir de l'agrément.

XI. TABLEAU.

Page 509. Sur les bords d'un lac auprès d'une forêt, on voit un gouffre. La Sibylle environnée de victimes immolées, tient le rameau d'or, tandis qu'Enée frappe avec son épée une ombre noire.

XII. TABLEAU.

Page 511. Enée & la Sibylle se précipitent dans le gouffre.

XIII. TABLEAU.

Page 515. Au confluent de deux fleuves, & dans une forêt à la lumiere d'un jour égal à celui de la lune, Enée & la Sibylle apperçoivent Charon ; il porte, selon Virgile, une longue barbe blanche. Les ombres remplissent le rivage ; Charon les repousse, & leur parle avant que de leur permettre de s'embarquer.

XIV. TABLEAU.

Palynurus abordé sur un rocher, sur lequel *Page 521.* il fait tous ses efforts pour monter, est assassiné par plusieurs hommes. Leur action fournit à l'Artiste différens groupes. On doit marquer par les cheveux mouillés, les habits, &c. que Palynurus s'étoit sauvé à la nage. Ce Tableau est fondé sur le récit que ce Pilote fait à Enée : ce sujet est la suite de sa chute, laquelle j'ai dit plus haut qu'il n'étoit pas possible de rendre en Peinture, puisqu'elle étoit arrivée dans la nuit.

XV. TABLEAU.

La Sibylle présente le rameau d'or à Charon ; il la reçoit dans sa barque avec Enée. *Page 524.* Plusieurs ames étoient déja dans cette même barque.

XVI. TABLEAU.

Cerbere dans son antre, ayant des serpens *Page 525.* sur le col en guise de criniere, est appaisé par la Sibylle qui lui donne quelque chose à manger.

XVII. TABLEAU.

Page 537. Deiphobe en contant à Enée le détail de sa mort, lui apprend une particularité sur la prise de Troye, dont Enée n'a fait aucune mention dans le récit qu'il en fait à Didon ; cette particularité intéresse trop, à mon sens, par rapport au Poëme d'Homere & de Virgile, pour ne pas en proposer le Tableau. Deiphobe dit donc qu'Hélene engagea plusieurs Dames Troyennes à célébrer les fêtes de Bacchus, & qu'étant vétue en Bacchante, le flambeau qu'elle portoit servit de signal aux Grecs pour entrer dans la Ville : cette perfidie d'Hélene couronne bien son caractere, & prouve en même tems son adresse pour se mettre à l'abri du danger de n'être pas reconnue dans le desordre d'une Ville prise d'assaut.

XVIII. TABLEAU.

Page 541. A gauche, par delà le Phlégéton qui roule des flots & des rochers embrasés, Enée voit une porte exhaussée, dont les colomnes étoient de diamant, & dont l'ouverture découvroit une prison enflammée. A droite ; une tour de fer, au haut de laquelle Tisiphone armée d'un fouet & de serpens, faisoit une garde continuelle. La porte ouverte de cette tour laissoit voir une hydre à plusieurs têtes, dont les gueules étoient béantes ; cette hydre gardoit ces lieux enflammés.

XIX. TABLEAU.

Enée & la Sibylle approchent du Palais de Proserpine, & le Héros met sur la porte le rameau d'or. La magnificence de ce bâtiment construit des plus riches métaux, laisse un libre choix à l'imagination de l'Artiste. Page 549.

XX. TABLEAU.

Le jour des champs élysées peut se traiter comme le nôtre, du moins nous avons plus d'un exemple de cette licence, si tant est que c'en soit une. Une petite élévation est le lieu de l'entrevue d'Enée & d'Anchise ; cette élévation domine sur un terrein coupé de bois & de canaux formant des cascades naturelles. On voit de tous les côtés des groupes d'ames qui s'entretiennent, des repas & des chevaux montés ; occupations que je n'ai vu traitées dans Page 555.

aucun Tableau représentant les champs élysées. Ces objets placés sur des plans différens, ne peuvent qu'enrichir une composition qui ne devroit, généralement parlant, représenter que la Sibylle, Anchise & Enée, placés dans un vallon agréable. Mais la Peinture doit profiter de tout, pour éclairer le Spectateur par tous les objets qui peuvent fixer son imagination & la renfermer dans un lieu.

XXI. Tableau.

Page 559. Anchise placé sur un petit tertre, fait voir à Enée sa postérité. On peut supposer un grand nombre de ses descendans déja passé. Il parle sur une figure détachée d'une foule, qui la suit sans empressement, & pour mieux dire, qui attend d'être appellée par Anchise. Enée écoute avec attention, & la Sibylle est toujours présente, placée à la volonté de l'Artiste. Tous ces guerriers, qui passent pour ainsi dire en revue, ne doivent point avoir le ruban blanc, que l'on doit remarquer sur la tête de tous les habitans de l'Elysée. Ce Tableau mérite d'autant plus d'être rapporté, qu'il rend l'enfer de Virgile supérieur à celui d'Homere ; l'un n'a point d'objet, & l'autre est d'une extrême finesse pour faire l'éloge d'Auguste & pour la gloire des Romains.

XXII. Tableau.

Anchise ayant conduit Enée & la Sibylle à la porte d'yvoire pour sortir des enfers, leur fait ses adieux. *Page 559.*

En premier lieu, il semble que Virgile ne soit point dans la résolution de persuader, puisqu'il fait sortir Enée par la porte des songes faux.

En second lieu, Virgile ramene Enée à ses Vaisseaux avec une promptitude extrême, c'est-à-dire, sans parler de sa séparation avec la Sibylle ; elle ne lui est plus nécessaire ; il n'en est plus mention. Il y a loin, ce me semble, du ménagement de paroles que l'on doit apporter pour une action finie, à un silence aussi complet.

LIVRE SEPTIEME.

I. TABLEAU.

Page 5. ENÉE éleve une tombeau à Caïete sa nourrice : les soldats occupés à l'exécution des ordres du Héros, portent la terre. Le bucher est encore auprès, & l'on peut faire voir la mer & les Vaisseaux mouillés. Une vue de Gaëte, dont la position générale paroît aujourd'hui la même qu'elle étoit alors, contribueroit à rendre ce Tableau plus piquant.

II. TABLEAU.

Page 7. Virgile fait éviter Circé à Enée & aux Troyens. Ce qu'il dit de cette fille du Soleil fournit un Tableau. Ce n'est qu'un épisode ; par conséquent il est moins nécessaire à traiter dans la suite ; mais il peut fournir un Tableau de cabinet, sur-tout à un Peintre qui voudra représenter des animaux. Circé dans un Palais magnifique, situé au milieu d'une forêt, travaille à faire de la toile ; ce Palais est environné de lions, de tigres, &c. Ce contraste peut être agréable ; il rappelle du moins le souvenir des métamorphoses que cette Déesse se plaisoit à faire prendre à ceux qui tomboient en son pouvoir. On voit clairement la copie de la Circé de l'Odyssée, *Livre X.* mais Virgile n'a pas osé la rendre plus étendue.

III. Tableau.

Latinus fait un sacrifice dans son Palais ; il est suivi de toute sa Cour. Les longs cheveux & la coëffure royale de Lavinie prennent feu ; on voit une lueur de flamme répandue dans l'intérieur du Palais ; c'est-à-dire, une lumiere dorée qui doit contraster avec celle du jour naturel. Cette circonstance est hardie en Peinture, & par-là, doit être plus piquante à traiter.

IV. Tableau.

Une fontaine dans un bois. Cette fontaine exhale une vapeur très-épaisse. Le Prêtre endormi sur les peaux des victimes qu'on a immolées, rend à son réveil les réponses que les mânes évoquées lui ont faites. Je ne crois pas que ce soit ici le lieu de répéter les figures légeres qui peuvent indiquer les songes, d'autant que ce fut une voix qui rendit à Latinus la réponse qu'il attendoit. Ce Prince doit donc entrer dans la composition de ce Tableau ; il doit être représenté avec une suite médiocre, priant le Dieu, & environné de sacrifices consommés, de vases & d'Autels fumans encore, & regardant dormir le Prêtre avec un saint respect.

V. TABLEAU.

Page 15. Enée & les Troyens entrés avec leurs Vaisseaux dans une riviere. Ces vaisseaux sont mouillés de façon qu'on ne voit point la mer ; les Troyens débarqués dans une prairie, se reposent & mangent. Il est nécessaire de faire sentir que leurs viandes sont servies dans des moitiés de pains. Cette circonstance est liée à la menace de Célene, Reine des Harpies dont nous avons parlé ci-dessus, *Tabl. XI. Liv. III.*

VI. TABLEAU.

Page 15. Enée fait un retranchement, non-seulement pour mettre ses Vaisseaux à l'abri de l'insulte, mais pour commencer une habitation. Les Troyens travaillent à faire un fossé ; leurs travaux sont décrits d'après les ouvrages que les Romains avoient coutume de faire dans tous les camps qu'ils occupoient : car on peut observer que Virgile s'embarrasse peu de suivre le Costume indiqué par Homere, & qu'il emploie toujours les usages de sa Nation. Je ne sçais s'il agit ainsi par vanité ; en tout cas elle seroit mal placée, car les événemens qu'il rapporte, sont arrivés fort peu d'années après la guerre de Troye. Quoi qu'il en soit, Enée préside à l'ouvrage ; on trace le plan par ses ordres, & tous les Troyens sont occupés à différens travaux. On voit une troupe de cinq à six jeunes Troyens qui sortent du retranchement ; & pour donner une idée de la paix qu'ils vont proposer, on pourroit prendre la licence de leur faire tenir des branches d'olivier, & d'ajoûter ce symbole aux présens dont ils sont chargés.

VII. TABLEAU.

Ces mêmes Troyens qu'on a vu partir dans le Tableau précédent, arrivent auprès d'une Ville ; ils voyent la jeunesse s'exercer le long des murailles à monter à cheval, à conduire

Page 21.

des Chars à courir & à lancer le javelot. Ces Troyens font reconnoiffables par leur nombre, leurs habillemens, les branches d'olivier, & les préfens dont ils font chargés.

VIII. TABLEAU.

Page 21. On introduit les Troyens devant le Roi ; il eft affis fur fon trône dans fon Palais, que l'Artifte peut décorer d'autant de colomnes qu'il le voudra, Virgile difant que le nombre de celles qui le foutenoient fe montoient à 100. mais il ne doit pas oublier de faire voir dans les entre-colomnes, ou dans des niches, plufieurs ftatues en pied, ce lieu renfermant celles des anciens Rois ; & principalement, il doit faire remarquer celle de Janus. Il doit encore repréfenter des trophées d'armes réelles & pri-
Page 29. fes fur les ennemis. Les Troyens préfentent à ce Prince une coupe d'or, une thiare & une étoffe brodée.

IX. TABLEAU.

Page 31. On préfente à la porte du Palais un cheval à chaque Troyen ; quelques-uns font déja montés fur ces chevaux, auxquels on voit des colliers d'or pendans sur le poitrail ; leurs mors sont du même métal, & leurs housses sont brodées en or. Un Char à deux chevaux augmente la magnificence de cette composition ; il est vuide, & le Roi l'envoie à Enée.

X. Tableau.

Les seuls attributs de Junon peuvent servir ici à reconnoître cette Déesse & la distinguer de toute Magicienne, car elle est sur la terre & elle invoque Alecto : cette furie doit être haute & seche, les tetons longs & pointus : des serpens composent sa coëffure ; elle doit avoir un fouet à la main. L'Artiste peut placer à son gré le lieu que Junon a choisi pour cette évocation, car Virgile ne le désigne point. Je crois que le diadême, les habillemens riches & de couleur haute, comme je l'ai dit dans l'Avertissement, un char ou un nuage qui lui a servi à descendre du Ciel, sont les seuls attributs que l'on puisse donner à Junon dans le Tableau dont il s'agit.

Page 35.

XI. Tableau.

Alecto à la porte de la Reine Amate, la lais- *Page 37.*

TABLEAUX

se passer, & lui jette dans le dos un de ses serpens sans qu'elle s'en apperçoive.

XII. TABLEAU.

Page 41. Lavinie consacrée à Bacchus, paroît un Thyrse à la main, suivie de plusieurs autres Bacchantes échévelées. Ces Tableaux sont toujours agréables quand on est obligé de les traiter : on est heureux d'avoir étudié Annibal Carache, & sur-tout le Poussin.

XIII. TABLEAU.

Page 45. Alecto sur un nuage enflammé, le fouet à la main, menace Turnus en songe. On peut exprimer cette action idéale, par la représentation de cette Furie en face du Prince endormi.

XIV. TABLEAU.

Page 49. Sylvie a apprivoisé un cerf ; il revient blessé par Ascagne. Les cris de Sylvie ont attiré les paysans des environs, armés de tout ce qu'ils ont pû trouver ; elle leur montre l'animal blessé qu'elle cherche à soulager. La fureur de ces hommes & les effets qu'elle aura dans la suite, sont autorisés par la présence d'Alecto, placée

sur

sur le toit de la maison où la scene se passe. Les maisons des Anciens n'étoient pas fort élevées, sur-tout à la campagne; & dans ces premiers tems, les toits de ces mêmes maisons étoient plats. La furie par conséquent ne fera pas une grande disparate dans la composition.

XV. TABLEAU.

On voit un combat très-vif entre ces hommes & les Troyens. Alecto dans le Ciel montre ce combat à Junon; elle s'en applaudit. Page 55.

XVI. TABLEAU.

La vallée d'Amsancte est formée par de très- Page 57. hautes montagnes couvertes de bois; un torrent coule au milieu & se précipite des montagnes avec bruit; une affreuse ouverture dont il sort une vapeur pestilentielle, est regardée comme une bouche des enfers. On voit Alecto s'y précipiter. L'horreur de ces solitudes ont souvent de l'attrait dans l'art; nous en avons des exemples; mais il faut, pour les exprimer parfaitement, comme a fait le Poussin, que le sujet soit imprimé dans la tête avec autant de soin, que la plus vive passion d'un Ttableau d'Histoire, où toutes les parties sans exception doivent concourir à l'objet entrepris.

XVII. TABLEAU.

Page 61. Latinus ne voulant point ouvrir les portes du Temple de Janus, Junon les enfonce. On peut enrichir cette composition par le mouvement que l'on remarque dans les habitans de la Ville dans laquelle on forge des armes ; on les visite ; on les essaie, &c.

XVIII. TABLEAU.

Page 77. Le détail de tous les Princes qui prirent parti dans cette guerre de Turnus & d'Enée, ne fournit rien pour le Peintre. Le seul Virbius, fils d'Hyppolite, présente deux Tableaux, fort épisodiques à la vérité.

La mort d'Hyppolite, traîné par ses chevaux, tel qu'il a été traité mille fois, & mieux décrit par Racine que par aucun autre Poëte, & peut-être trop bien pour la place qu'il lui a donnée dans sa Tragédie.

XIX. Tableau.

Jupiter foudroyant Esculape pour avoir rap- *Page 77.*
pellé ce même Hyppolite à la vie.

XX. Tableau.

Les armes de Turnus représentent la méta- *Page 79.*
morphose d'Io, gardée par Argus; on voit même le fleuve Inachus son pere personnifié dans
la description. Ce fait nous apprend que ces
sortes d'allégories sont reçues depuis long-tems,
& nous autorise à les pratiquer.

XXI. Tableau.

Camille à cheval; son manteau royal de *Page 81.*
pourpre, ses cheveux attachés par une agrafe
d'or, un carquois sur ses épaules, un dard à
la mode des bergers. Cette Princesse fournit
une Peinture agréable. Elle défile à la tête de
sa troupe le long des murailles de la Ville :
on sort de tous les côtés pour l'admirer ; on
est placé sur les remparts à ce dessein. l'Artiste
peut indiquer dans le lointain des troupes de
cavalerie formées dans la plaine, & qui suivent celle de Camille. On voit encore par les

exemples de cette guerre, que Virgile ne suit pas Homere pour la façon de faire la guerre ; car il donne de la cavalerie formée & rangée comme celle des Romains de son tems, & ne fait mention, comme on le verra plus bas, que de très-peu de Chars. Cette maniere d'employer les chevaux à la guerre, est cependant la seule que l'on voie dans l'Iliade & dans l'Odyssée. Il est vrai que la guerre dont parle Virgile se fait en Italie ; mais je doute que cette raison soit une excuse suffisante pour une pratique si opposée & présentée avec des détails, dont il est au moins constant que les premiers tems n'ont point été susceptibles.

LIVRE HUITIEME.

I. TABLEAU.

ENÉE couché sur le bord du Tybre, se livre au sommeil. Le Fleuve couronné de roseaux, & vêtu d'une toile bleue & légere, lui parle. Il paroît au milieu de plusieurs peupliers qui bordent le cours de son lit. Ce Tableau présente la varieté d'un site frais & aquatique. *Page 107.*

II. TABLEAU.

Enée remonte sur le Tybre avec deux de ses Vaisseaux; & dans le moment de son départ, il apperçoit sur le bord de la riviere une truye blanche suivie de ses trente petits. *Page 111.*

III. TABLEAU.

Les deux Vaisseaux arrivent à une petite Ville environnée de rochers & fermée de murailles: les Troyens apperçoivent dans un bois consacré à Hercule, des hommes qui offrent un sacrifice. Le jeune Pallas, fils d'Evandre, tenant un javelot, & placé sur une hauteur domi- *Page 113.*

Page 115. nante fur le Tybre, parle à Enée ; ce Prince lui répond de deſſus ſon Vaiſſeau.

Ce Tableau ne pourra manquer d'être intéreſſant, ſi l'on penſe que ce médiocre aſſemblage de maiſons étoit dans un quartier que Rome occupa dans la ſuite ; c'eſt-à-dire, celui où le Palais d'Auguſte étoit ſitué dans le tems que Virgile écrivoit : il eſt vrai que cette circonſtance ne pourra être ſentie que par l'explication des Tableaux dont je propoſe la ſuite, ou plutôt par la lecture de l'Enéide, qu'on ne pourroit ſe diſpenſer de faire en parcourant les ſuperbes galeries qui renfermeroient les chef-d'œuvres de la Peinture & de la Poëſie.

IV. TABLEAU.

On voit les deux Vaiſſeaux amarés aux rochers, & les Troyens admis au repas ou au ſacrifice dont il a été parlé dans le Tableau précédent ; on les fait aſſeoir ſur des ſiéges de gazon, & l'on a étendu une peau de lion ſur celui que l'on deſtine à Enée & qu'on lui préſente. La ſcene de ces deux Tableaux ſe paſſe dans le même lieu. Il eſt inutile de dire quelle eſt la varieté d'un payſage vu d'un autre aſpeçt, quoique les principaux objets représentés dans l'un & dans l'autre soient toujours les mêmes.

V. TABLEAU.

Evandre suivi de Pallas son fils, ou plutôt un vieillard & un jeune homme, font remarquer à Enée une pierre soutenue en l'air à l'extrémité d'un rocher, une caverne déserte, creusée dans la montagne, des rochers bouleversés & tombés en ruine. Ce paysage opposé à celui que l'on vient de voir, présente en lui-même une belle horreur, d'autant que ce desordre de la Nature, est celui qu'Hercule avoit causé long-tems auparavant dans l'antre de Cacus pour se venger de ce brigand dont il purgea la terre. *Page 123.*

VI. TABLEAU.

L'Episode de Cacus, dont le récit est étendu dans Virgile, ne présente pour la Peinture que les bœufs volés à Hercule & conduits à reculons par ce brigand ; c'est un sujet que nos Modernes ont plusieurs fois traité, & que les pierres gravées nous ont conservé. Ainsi nous *Page 12.*

pouvons regarder la façon dont nous traitons ce sujet, comme une composition pratiquée exactement par les Anciens.

VII. TABLEAU.

ge 131. Le sacrifice que l'on faisoit tous les ans à Hercule, mérite d'être rapporté par la singularité des habillemens & le Tableau qu'il présente. Pour l'exécuter selon le texte, il seroit nécessaire de placer les Prêtres vêtus comme Hercule sur la même ligne, derriere l'autel sur lequel on verroit brûler une victime ; il faudroit ranger les Saliens sur deux lignes & de chaque côté de l'autel, chantant des hymnes en l'honneur du Dieu, mais avec l'attention de disposer les jeunes Prêtres d'un côté, & les vieux de l'autre ; Enée, Evandre & les principaux, occuperoient la quatriéme face sans ordre, & tout le peuple seroit derriere les Prêtres. On sent aisément que l'arrangement que je propose est purement arbitraire, & pourroit également être disposé en triangle : je ne décide rien, je propose ici comme dans tous les autres sujets.

TIRÉS DE L'ENÉIDE DE VIRGILE. 361

VIII. TABLEAU.

La maison d'Evandre est pauvre & rustique. Page 141
Enée a couché sur un lit de feuilles. Vénus paroît dans le Ciel, caressant Vulcain; elle le prend sous le menton & veut enfin le séduire.

IX. TABLEAU.

Vulcain descend dans sa forge : on voit dans Page 145
son attelier des roues de Char, une cuirasse pour Minerve; l'Egide ne permet pas d'en douter; des foudres commencées. Les trois Cyclopes suspendent leurs travaux ; ils écoutent l'ordre que Vulcain leur donne.

X. TABLEAU.

Evandre doit être représenté avec des san- Page 14
dales, à la mode des Etrusques, ceint d'une épée, soutenant sous le bras une peau de Pentherre attachée sur l'épaule gauche; il est suivi de deux chiens. Ce Roi dans cet équipage sort de sa maison & rencontre Enée avec Acathe.

XI. TABLEAU.

Dans le recit qu'Evandre fait à Enée de la Page 15

situation présente de l'Italie, il lui parle de Mezence, un des Rois d'Etrurie qui pouſſoit la cruauté juſqu'à attacher face à face des hommes vivans à des hommes morts. Cet affreux Tableau trouvera, je crois, peu d'Artiſtes qui le veuillent exécuter, & encore moins de curieux qui le ſouffrent dans leur cabinet ; d'ailleurs c'eſt une épiſode des plus étrangers au ſujet qu'un Poëte peut dire légerement, mais qu'il doit dire pour faire connoître les caracteres auxquels on doit avoir affaire. Mais le Peintre peut ſe diſpenſer de traiter ces détails néceſſaires au Poëte.

XII. TABLEAU.

Page 155. Evandre, Enée & Acathe ſont aſſis devant la maiſon du premier. L'Artiſte fera voir toutes les parties de la petite Ville qui lui feront les plus avantageuſes à traiter ; mais il n'oubliera pas de repréſenter dans le ciel des armes qui jettent un éclat prodigieux. La joie d'Enée doit ſe diſtinguer, ainſi que la ſurpriſe & l'étonnement des deux autres Spectateurs.

XIII. Tableau.

L'Artiste doit repréfenter le même pays & le même rivage du Tybre, fur lequel Enée a laiffé fes deux Vaiffeaux ; on les voit s'éloigner du rivage, tandis qu'Enée & quelques autres Troyens montent fur des chevaux qu'on leur a préparés. Les Autels d'Hercule fument encore à quelque diftance, pour prouver que l'on a facrifié avant le départ. Les remparts de la Ville font garnis de femmes & de Spectateurs.

Page 159.

XIV. Tableau.

Enée dans un bois, d'où l'on découvre l'armée des Etrufques campée fur une hauteur, a laiffé à quelque diftance fa petite troupe prendre du repos ; on la voit à travers les arbres. Il eft feul fur les bords du fleuve qui coule le long des murs de Ceré. Vénus paroît dans un nuage, ayant à fes côtés les armes dont elle lui fait préfent, & que Vulcain a forgées à fa priere ; la Déeffe tend les bras à Enée pour l'embraffer.

Page 161.

XV. TABLEAU.

Æge 163. Enée plein de joie prend ses armes, les pose au pied d'un chêne, & Vénus retourne au Ciel.

Virgile décrit ensuite le bouclier, qu'il ne manque pas d'orner de bas reliefs cizelés, à l'exemple d'Homere. Plusieurs de ces sujets sont déja communs dans la Peinture, par la raison qu'ils se trouvent liés dans l'Histoire Romaine; quelques autres paroîtront peu intéressans, ou difficiles à rendre. Malgré cette critique, très-raisonnable par rapport à l'effet des Tableaux, je proposerai tous ceux que ce bouclier présente; chaque Artiste retranchera à sa volonté, ou réunira plusieurs sujets. On le pourra d'autant plus, que je voudrois que chaque galerie qui renfermeroit la suite de ces Tableaux, présentât aussi le bouclier peint dans ses proportions, & placé sur un pivot au milieu de la piece.

XVI. TABLEAU.

Une louve caressant deux enfans & leur donnant à tetter.

XVII. Tableau.

L'enlevement des Sabines au milieu d'un cirque & de bâtimens commencés. Ce Tableau, comme le précédent, a été traité mille fois, & l'Histoire les auroit seule fournis aux Artistes.

XVIII. Tableau.

Les deux Rois, Romulus & Tatius, jurent la paix au milieu des deux armées. On égorge une victime ; ils tiennent chacun une coupe.

XIX. Tableau.

Métius écartelé, c'est-à-dire, qu'il est attaché à deux Chars, dont la course est disposée en direction contraire. La Peinture a mille moyens pour sauver l'horreur d'un tel spectacle. Celui de la préparation du supplice, les Chars & les Spectateurs présentent de grands effets. Quoique Virgile ne parle point du lieu de l'exécution, les usages romains nous sont assez connus pour sçavoir que la scene doit être dans une campagne fort voisine de Rome. Cette Ville doit toujours entrer dans cette compofition, au moins par fon extérieur.

XX. TABLEAU.

Porfenna avec fon armée, faifant le fiége de Rome ; ce Roi placé fur le bord du Tybre, admire le courage d'Horatius Coclès qui défend le pont, & celui de Clélie qui paffe la riviere à la nage. On peut d'autant plus réunir ces fujets, qu'ils auroient peu de varietés s'ils étoient féparés, & qu'il fuffit de les rappeller pour fuivre l'intention de Virgile, qui ne vouloit que flatter les Romains.

XXI. TABLEAU.

Une oie volant au travers de grands portiques, avertiffoit les Romains que les Gaulois alloient furprendre le Capitole. Ils font en effet repréfentés en dehors de la place, & paroiffent difpofés à l'attaquer.

Il faut fuivre Virgile, qui s'eft encore écarté du Coftume en donnant une idée magnifique du Capitole ; il l'a décrit apparemment comme il étoit de fon tems. Cependant il dit lui-même que le Palais de Romulus étoit alors couvert de chaume.

XXII. Tableau.

Une danse de Prêtres Saliens armés. Je ne puis mieux faire, pour donner une idée de ces Prêtres & de cette danse, que de renvoyer les Artistes à Plutarque dans la vie de Numa. Voici ses paroles :

» Lorsque les Prêtres Saliens font leur pro-
» cession après avoir descendu les boucliers sa-
» crés au mois de Mars, ils sont vêtus d'une
» tunique de pourpre, ceints par dessus d'un lar-
» ge baudrier d'airain, le casque en tête, & la
» main droite armée de courtes épées dont ils
» frappent leurs boucliers ; ils vont dans tous
» les quartiers de la Ville, & dansent d'une
» maniere très-agréable, faisant plusieurs tours
» & retours d'un mouvement très-vîte, avec
» beaucoup de force & d'agilité.

XXIII. Tableau.

Une danse de Prêtres de Jupiter, coëffés de longs bonnets avec des houppes.

Nous sommes encore heureux que l'Auteur nous ait indiqué des différences dans l'habillement. Quant à leur danse, nous n'avons pas un aussi grand secours que celui de Plutarque ; cependant, en suivant les idées du Dieu auquel ceux-ci étoient consacrés, on peut, ce me semble, les représenter plus graves & plus nobles dans leurs mouvemens.

XXIV. Tableau.

La course des Luperques. Raphaël & Bouchardon sont les seuls Artistes qui ayent traité ce sujet. L'une & l'autre composition sont gravées ; il faut les voir, & sur-tout celle du dernier, dans laquelle cette cérémonie est exactement représentée dans tous ses détails. Raphaël au contraire n'en a dessiné qu'une très-petite partie.

XXV. Tableau.

Un bouclier descendant du Ciel. Un sujet aussi simple ne présente de richesse, que l'indication de quelques parties de la Ville de Rome pour laquelle les Dieux permettent ce miracle. Aussi je serois d'avis de réunir les deux danses de Prêtres & la cérémonie des Luperques dans cette composition, le bouclier descendu du Ciel étant l'objet de ces fêtes.

XXVI. Tableau.

Les Dames Romaines arrivent dans leurs Chars à la porte des Temples.

Cette composition, dont l'objet est médiocre, peut être riche par la décoration des façades & des bâtimens, & par le mouvement & la magnificence des Chars ; cependant je crois que l'on pourroit la supprimer.

XXVII. Tableau.

La représentation de l'enfer. Virgile dit que Catilina enchaîné sur un roc, est obsedé par les furies, & que Caton y rend la justice.

Cette fiction, qui ôte les emplois de Minos & de Prométhée pour les donner à des Romains, est une flatterie qui, pour être reconnue parfaitement, auroit besoin des portraits. Si on croit devoir traiter ces sujets, l'enfer des Anciens est trop commun pour avoir besoin d'être détaillé.

XXVIII. Tableau.

Virgile, pour flatter Auguste, suppose sur son bouclier les deux flottes qui combattirent sur la côte de Leucate au combat d'Actium. On peut indiquer les Vaisseaux principaux d'Auguste & de Cléopatre, & donner une légere idée, quoiqu'imparfaite, du nombre prodigieux de bâtimens dont ces flottes étoient composées : la manœuvre des deux Vaisseaux principaux pourra facilement faire sentir l'évenement de cette grande journée. Mars & les Furies animent le combat du haut des airs ; Apollon sur une colline tire des fleches sur la flotte Egyptienne ; des monstres de Divinités, parmi lesquelles est le chien anubis, se disposent à attaquer Vénus, Neptune & Minerve ; la Discorde & Bellone qui la suit le fouet à la main, volent plus bas, c'est-à-dire, plus près des Vaisseaux pour augmenter le carnage. Par ce moyen l'air & la mer se trouveroient remplis de combattans, & la composition, véritablement belle, seroit animée & formée par les plus grands objets.

XXIX. TABLEAU.

Le Dieu du Nil, d'une taille prodigieuse, ouvre les pans de sa robe pour recevoir les vaincus. Cette idée est une des plus belles de Virgile ; elle est épique ; elle me paroît de la grandeur de celles d'Homere ; c'est tout dire.

XXX. TABLEAU.

Auguste dans le vestibule du Temple d'Apollon, reçoit les offrandes de toutes les Nations. Les parties des Temples que l'on doit indiquer, sont ornées de fleurs & les autres sont fumantes. Il y a peu de Tableaux qui puissent être d'une aussi grande richesse, & dont l'idée fondée sur la vérité ait jamais été si flatteuse pour aucun homme.

LIVRE NEUVIEME.

I. TABLEAU.

IRIS parle à Turnus ; il est à la tête de ses troupes, & marche contre une Ville dont il est peu éloigné ; il monte un cheval tigré ; son casque d'or est surmonté d'une aigrette de couleur de feu ; il lance un dard contre la Ville pour déclarer la guerre.

Page 191.

Page 195.

A a ij

II. Tableau.

Page 197. L'armée de Turnus est devant la Ville ; ce Prince à la tête de plusieurs soldats armés de torches & de tisons, a mis le feu aux Vaisseaux d'Enée, mouillés dans le Tybre, & dans
Page 213. lesquels il n'y a personne pour les garder. Ces Vaisseaux deviennent des Divinités de la mer ; le Tybre paroît sur les eaux étonné de ce prodige.

Je conviens que l'Artiste aura beaucoup de peine à exprimer cette métamorphose, d'autant plus difficile à faire sentir, que le corps d'un Vaisseau n'est pas en proportion avec celui d'une femme, & que la ressource du passage d'un corps à un autre, est en quelque façon retranchée dans le cas dont il s'agit ; mais pour peu que l'on fasse sentir à peu près un événement surnaturel, on sçait toujours gré à l'Artiste de s'être tiré d'une chose difficile en elle-même, & nécessaire cependant à rapporter. Le feu & la fumée donnent une espece de facilité, & la présence du Tybre ajoûte à la beauté du sujet.

III. Tableau.

Afcagne préfide à un Confeil de guerre. Ceux qui le compofent font debout, appuyés fur leurs lances : on introduit deux jeunes gens armés. Ce Tableau eft éclairé par des lampes ; c'eft auffi le feul que ce bel épifode d'Euryale & de Nyfus puiffe produire, car leurs belles actions fe paffent la nuit : il eft vrai que le foleil éclaire leur mort. Mais les fentimens d'amitié & le détail de leurs difcours ajoûte un fi grand intérêt, que la Peinture ne feroit jamais fuffifante pour exprimer leurs fentimens.

Page 213.

IV. Tableau.

La peinture de l'affaut donné à une Ville, & des foldats qui font la tortue ; enfin d'une grande tour de bois renverfée, à moitié enflammée ; tous ces grands objets préfentent de beaux effets.

Page 234.

J'avoue que la tortue eft une manœuvre que Virgile me paroît avoir eu tort de placer dans ces premiers tems. D'ailleurs, la tour renverfée & brûlée, fe trouve déja rapportée par Virgile même dans le récit que fait Enée à Di-

don de la prife de Troye, *Liv. II. Tabl. XIV.*
On voit aifément que ce Poëte n'a pas confulté
des gens de guerre ; il auroit varié fes opérations : il eft vrai qu'il s'agit ici d'une tour de
bois, machine qui ne paroît pas avoir été connue dans les fiéges de ces premiers tems.

V. Tableau.

Page 249. Le lieu de la fcene change, & l'Artifte doit
repréfenter ici le haut des remparts de la Ville.
Afcagne tient un arc dont il vient de tirer fur
l'armée ennemie : on peut voir qu'un des Généraux eft bleffé. Apollon part d'auprès du jeune
Prince & remonte au Ciel. Cette action eft le
feul moyen pour indiquer que ce Dieu a conduit & protégé le jeune Prince.

VI. Tableau.

On voit dans cette compofition l'intérieur
de la Ville dans laquelle Turnus fe trouve feul ;
il eft pourfuivi par un grand nombre de foldats ; fon bouclier eft tout couvert de fleches
dont il eft garanti ; il s'élance tout armé dans
le Tybre.

LIVRE DIXIEME.

I. TABLEAU.

L'ASSEMBLÉE des Dieux. Le lieu où Virgile nous la préfente, fournit quelque différence avec celle qu'on a été dans l'obligation de repréfenter jufqu'ici. C'eft une falle découverte des deux côtés ; on peut faire voir au deffous des nuages qui foutiennent ce fuperbe Palais, la terre trés-éloignée, & rappeller par ce moyen l'idée des combats dont les Dieux font occupés dans cet inftant.

II. TABLEAU.

Enée fuivi d'une flotte d'Etrurie, eft entré dans le Tybre ; il gouverne lui-même fon Vaiffeau. Les Nymphes qui ont été métamorphofées font autour de fon bâtiment, le pouffent, le foulagent, le conduifent, & lui témoignent leur reconnoiffance. Ce Tableau doit être auffi agréable qu'il eft nouveau.

Page 297.

III. TABLEAU.

Page 303. La flotte arrive au mouillage ; Enée & quelques autres Troyens débarquent par la planche ; d'autres entrent dans l'eau & passent entre les rames pour mettre leurs Vaisseaux à sec ; ils ont tous leurs armes, car Turnus se prépare à les inquiéter dans leur descente.

IV. TABLEAU.

Page 321. Au milieu d'un grand nombre de combats particuliers, on distingue celui de Turnus qui tient sous lui le jeune Pallas, dont l'Artiste ne sçauroit trop exprimer la beauté ; son casque peut être renversé par sa chute ; ses cheveux épars redoubleroient l'intérêt qu'on peut prendre à sa mort ; il expire d'un trait qui lui perce la poitrine. Jupiter dans le Ciel a détourné la tête pour ne pas voir moissonner cette belle fleur. Il faudroit se souvenir du baudrier ou de la courroie brodée que portoit le jeune Prince ; car cet ornement causa la mort de Turnus, comme on le verra plus bas.

V. TABLEAU.

Jupiter est encore dans le Ciel spectateur du combat. Junon sur un nuage roulant sur la terre, conduit un phantôme qui ressemble à Enée, & que Turnus poursuit ; on voit qu'elle le veut éloigner du combat. Mais, comme un phantôme ressemblant est impossible à exprimer pour la Peinture, l'action de Turnus trompé, & qui court après un nuage, suffit pour la suite des Tableaux du Poëme. Je ne balancerois pas à donner, en ce cas, la forme d'un homme à un nuage, également conduit par Junon ; l'effet seroit pareil ; par ce moyen le Spectateur ne pourroit être trompé lui-même, d'autant que le Tableau suivant serviroit encore à l'explication de ce prodige.

Page 335.

VI. TABLEAU.

Turnus entré dans un Vaisseau pour suivre ce phantôme ; le bâtiment s'éloigne du rivage, & Junon s'envole avec le phantôme.

Page 337.

VII. TABLEAU.

Le sujet demande encore ici une autre assem-

Page 345.

blée des Dieux ; mais pour le varier, je la tiendrois prodigieusement élevée & très-vague de couleur. Les Dieux seroient simplement assis sur des nuages ; Vénus & Junon séparées d'intérêt, seroient posées sur des plans différens & fort rapprochés de l'œil. On verroit sur la terre un combat très-vif, c'est-à-dire, des troupes fort mêlées, sur lesquelles Tysiphone planeroit avec satisfaction ou avec fureur, selon la volonté de l'Artiste, mais toujours avec beaucoup d'action ; ce qui produit le même effet dans des compositions si fort étendues, que les expressions détaillées d'une seule figure se perdent.

VIII. TABLEAU.

Mézence sur le bord du Tybre, assis & appuyé contre le tronc d'un arbre, paroît affoibli ; il est pâle & sa tête est panchée. On voit sortir avec abondance le sang de la blessure qu'il a reçue à la cuisse. Son épée & son bouclier représentés fort grands, sont à ses côtés on ne doit point oublier de placer un javelot dans ce même bouclier. Un groupe d'Officiers debout sont autour du blessé dans une attitude convenable à la situation de leur Prince ; leur

TIRÉS DE L'ENÉIDE DE VIRGILE. 379
nombre est soumis à la volonté de l'Artiste. On voit sur le second plan du Tableau l'autre fils de Mézence étendu sur ses armes, c'est-à-dire, sur son bouclier, & porté par ses compagnons fondans en larmes. Ce que la jeunesse a de plus intéressant doit être exprimé par le Peintre ; de longs cheveux en desordre, une belle luxation, &c. tout doit être dans la composition de cette figure.

IX. TABLEAU.

Enée à pied, combattant contre Mezence à cheval. Il seroit nécessaire de rappeller, autant qu'il sera possible, la figure que l'on vient de voir dans le Tableau précédent ; je sçais que c'est une difficulté dans les médiocres proportions supposées pour les suites de ce Poëme. Cependant le casque pendu ci-devant à l'arbre & que l'on voit sur la tête de Mezence, est ombragé d'une queue de cheval qui lui sert d'aigrette ; ce casque, ainsi que la cuisse ensanglantée, contribuera à faire reconnoître celui que combat Enée ; on voit trois dards dans le bouclier de ce dernier. Il a lancé son javelot à la tête du cheval de son ennemi ; ce cheval se

Page 357

cabre, & tout doit aſſurer qu'il va tomber avec ſon maître.

X. Tableau.

Enée perce la gorge de Mezence avec ſon épée. Le deſordre de l'homme & du cheval renverſés, fourniſſent à l'Artiſte & lui préſentent un groupe des plus heureux ; & quoique le ſite & le terrein de ces deux derniers Tableaux ſoient néceſſairement les mêmes, l'Artiſte peut retirer une grande variété du nombre, du mouvement, ou de l'impreſſion des combattans & des ſoldats ; les uns ne ſont occupés que de leurs propres ſituations ; les autres ſont dans l'étonnement ou dans l'admiration de ce combat.

LIVRE ONZIEME.

I. TABLEAU.

ENÉE fit choix d'un gros chêne placé sur une éminence, & dont il fit couper les branches pour élever le trophée des armes de Mezence; on posa dessus le casque; on arrangea les javelots rompus & la cuirasse; on attacha à la gauche du chêne le bouclier, & l'on fit pendre de dessus les épaules de la cuirasse l'épée à poignée d'yvoire. Pour enrichir cette composition, riche en elle-même par le choix du lieu, & par le nombre des soldats & des principaux Troyens présens à cet arrangement, on peut introduire sur cette même hauteur un Autel sur lequel on a sacrifié; car cette cérémonie étoit l'exécution du vœu qu'Enée avoit fait à Mars dans le moment du combat.

Page 377.

Au reste, ces trophées remontent aux tems les plus anciens de la Grece; ils étoient respectés même par l'ennemi; & l'on voit dans Pausanias la magnificence de leur fabrique; quant à la sculpture & au marbre, l'un & l'autre sont fréquemment employés pour perpétuer la durée de ces monumens.

II. TABLEAU.

Page 379. Enée entré dans la chambre où l'on avoit déposé le corps de Pallas, voit ce jeune homme dont la tête étoit posée sur un coussin ; il avoit reçu le coup mortel au milieu du corps. Un Vieillard dans la plus grande douleur est à ses côtés ; les gens de sa suite & les Dames Troyennes éplorées, sont autour de la salle. Enée parle en pleurant à ce jeune Prince, tout mort qu'il est. On voit plusieurs réminiscences d'Homere dans ce Tableau & les suivans.

III. TABLEAU.

Page 393. La marche du convoi funèbre du jeune Pallas, dont Enée envoie le corps au Roi Evandre son pere, fournit une riche composition. Le corps, dont la tête est couverte d'un voile, est porté sur un lit de feuilles ; le vieux Aceste est à ses côtés ; le cheval du Prince sans aucun ornement ; les quatre prisonniers enchaînés, auxquels Enée a donné la vie dans le combat pour les sacrifier aux mânes de Pallas, sont à la suite du corps ainsi que les Chars ; enfin les soldats qui ferment la marche, ont le javelot traînant.

IV. TABLEAU.

Les buchers sur le rivage & dans la plaine, Page 395. sur lesquels les deux armées brûlent les corps de ceux qui sont morts dans la bataille. Les fumées servent à remplir toutes les parties qui pourroient engager l'Artiste à de trop grands détails. Mais on doit voir des soldats portant les morts, les jettant sur les buchers déja allumés ; on doit en présenter d'autres qui ne brûlent point encore ; mais il ne faut point oublier les armes portées ou déja jettées sur ces mêmes buchers. Ce sujet est pareil dans l'Iliade, il faudra le regarder avec soin, pour éviter au moins la répétition des groupes principaux ; car la répétition d'une composition est peut-être moins pardonnable en Peinture qu'en Poésie.

V. TABLEAU.

Tout ce qui a rapport à la fable & à la mé- Page 463.

tamorphose ordonnées par les Dieux, est du ressort de la Peinture ; ainsi la réponse de Dioméde aux propositions des Princes d'Italie, qui vouloient l'engager à prendre leur parti dans la guerre contre Enée, présente un Tableau épisodique, il est vrai, mais dont on fera l'usage que l'on voudra. Il m'a toujours paru que ceux de ce genre fournissoient plus aisément des Tableaux de cabinet : Dioméde dit donc qu'il est tourmenté par des prodiges continuels, & que tout récemment plusieurs de ces compagnons ont été changés en hérons, qu'ils fendent l'air de leurs aîles, qu'ils aiment à habiter sur le bord des fleuves, & font retentir les rochers de leurs cris lugubres.

Dioméde rapporte ce fait à la suite des malheurs arrivés aux Héros qui s'étoient trouvés à la prise de Troye ; & quoique Virgile n'attribue cette métamorphose qu'à une punition des Dieux en général, on pourroit faire voir Vénus irritée dans le Ciel, qui puniroit Dioméde dans la personne de ses sujets, leur métamorphose à moitié formée, des hérons volans, d'autres sur le bord d'un fleuve, d'autres enfin sur des rochers. Dioméde présent à
cette

cette avanture, doit être représenté avec un étonnement douloureux, car il ne peut espérer aucune grace de Vénus qu'il a blessée devant Troye ; il doit au contraire s'attendre à tout de son ressentiment.

VI. Tableau.

La Reine Amate, suivie de Lavinie sa fille & de plusieurs femmes, vient implorer Minerve dans son Temple. On brûle des parfums ; la Reine paroît affligée, mais la Princesse les yeux baissés, doit avoir tous les caracteres de chagrin. *Page 421.*

Je crois que pour rendre clairement un sujet pareil, il faut que le plan du Temple soit représenté par angle ; alors le développement de l'action & l'expression des caracteres seront plus faciles à traiter ; l'architecture du Temple, ainsi que l'Autel & la statue de la Déesse, & l'expression des Princesses, présenteront des aspects plus distincts & plus avantageux.

VII. Tableau.

Camille à cheval marche à la tête de sa troupe de cavalerie ; elle est couverte d'une peau *Page 435.*

de tigre ; elle a un carquois fur le dos & un arc à la main ; elle eft fuivie de trois jeunes filles armées comme elle : cependant il y en a une qui porte une hache. Diane paroît dans le Ciel ; elle fait partir Opys dans un tourbillon de nuées ; cette Nymphe de fa fuite dirige fa courfe vers la terre, & tient un javelot.

Cette Camille fut confacrée à Diane par le Roi fon pere, nommé Métabus : chaffé de Pryverne par fes fujets, il fuyoit avec fa fille entre fes bras ; arrêté par un fleuve, il l'attacha à un dard & la lança de l'autre côté, enfuite il paffa le fleuve à la nage. Le ridicule de cette action empêche qu'on ne la traite en Peinture, & je ne la releve que pour faire fentir combien les hommes les plus fages (& l'on ne peut reprocher à Virgile le défaut de fageffe) difent quelquefois des chofes hazardées, fans même avoir le prétexte du miracle.

VIII. Tableau.

Page 441. Camille à pied ; fes femmes tiennent fon cheval ; elle attaque & tue Aunus quoiqu'à cheval. On fent très-bien que ces actions particulieres font toujours des détails d'une exécution plus considérable, dont l'Artiste fait toujours voir à son gré les parties qui lui conviennent.

IX. TABLEAU.

Les Dieux placés en différens endroits du Ciel; Apollon plus près de la bataille. Un jeune homme a lancé un trait dans le côté de Camille; elle tombe sans force de son cheval; ses compagnes accourent. Opys dans le même tems, toujours sur un nuage, lance le trait que Diane lui a donné pour venger sa mort.

Page 455.

J'ai réuni la mort de Camille & la vengeance que Diane avoit ordonné à une de ses Nymphes d'en tirer. Indépendamment de l'augmentation de richesses, l'action d'Opys n'auroit point eu de liaison avec la mort de Camille dans un Tableau séparé, & le Spectateur n'auroit jamais pû la concevoir, principalement lorsque les faits, tel que celui-ci, ne sont pas plus connus, & ne peuvent par conséquent être présens à l'esprit. Je m'explique; on pourroit traiter séparément tous les instans possibles dans un fait qui regarderoit Hercule; le caractere de cette Divinité est frappant, & le détail de ses moindres actions est si présent à l'esprit, qu'il est impossible de méconnoître aucune de ses actions.

X. TABLEAU.

Page 457. Les Latins en déroute se retirent pour entrer dans la Ville ; les femmes sortent armées de tout ce qu'elles ont pû trouver sous leurs mains ; on en voit d'autres qui garnissent les remparts ; elles font des reproches aux fuyards. Ce desordre, ces murailles qui soutiennent, heureusement pour la Peinture, les groupes de l'armée en fuite, peuvent produire une composition piquante & neuve.

LIVRE DOUZIEME.

I. TABLEAU.

Page 473. LA Reine Amate affligée ; Lavinie attendrie par son Amant ; Turnus animé par les bontés qu'on lui témoigne. Je crois ce Tableau trop dépourvu d'action pour être entrepris ; c'est à l'Artiste à sentir son goût & ses forces ; car il ne peut employer d'autre ressource pour ce sujet que l'ornement du lieu de la scene, qui doit être le Palais de la Reine, & quoique celui-ci ne fût pas vraisemblablement d'une grande richesse, la licence en ce cas seroit très-pardonnable.

II. TABLEAU.

Les deux armées sont en présence ; les troupes sont de part & d'autre appuyées sur leurs boucliers, & leurs lances piquées en terre ; au milieu du terrein qui les sépare, on voit deux Autels. Latinus, Enée & Turnus, font les sermens ; les Chars qui les ont conduits sont à leurs côtés. Le Grand Prêtre, dont Virgile ne décrit point les habits, est présent aux sermens : on voit dans le Ciel Junon qui parle à une Déesse. L'affliction de cette derniere est nécessaire à indiquer ; du reste je ne lui connois point d'attribut : c'est Juturne sœur de Turnus, dont Jupiter avoit joui, & pour récompense ce Dieu lui avoit donné l'immortalité. Dans ce même tems on voit un augure qui fixe les regards du plus grand nombre des soldats ; c'est un nombre infini de cygnes qui poursuivent une aigle, & qui l'obligent de lâcher un

Page 477.

Page 481.
& 85.

Page 479.

Page 489.

cygne qu'il tenoit dans ſes ſerres. Ces beaux oiſeaux ſemés dans l'air, arrivans de tous les côtés, ne peuvent que rendre la compoſition plus riche. Les augures, comme je l'ai déja dit, étoient trop conſidérés chez les Anciens, pour être négligés par la Peinture, elle qui doit inſtruire par les yeux. De plus, ce petit événement engagea Turnus & les Rutules, &c. à rompre leurs ſermens & à attaquer les Troïens : ce fait eſt encore une réminiſcence, ou une copie de l'Iliade ; voyez *Tabl. IV. Liv. II.*

III. TABLEAU.

Page 491. Le combat s'engage ; on voit voler les dards, ſaiſir les armes, ſe mettre en défenſe, le bon homme Latinus fuir dans ſon Char & retourner à la Ville, le Prêtre prendre également ſon parti à la vue des Autels renverſés. Ce deſordre eſt abſolument arbitraire ; de quelque façon qu'on le traite, il ſera toujours beau, par la raiſon que les objets ſont grands & de mouvement ; il eſt même facile de le traiter d'une façon nouvelle, malgré la réminiſcence d'Homere qu'on peut encore remarquer dans ce ſujet.

IV. Tableau.

L'Artiste doit rendre apparent le trait qui perce la cuisse d'Enée ; il marche avec peine, soutenu par Acathe & par Ascagne : ils sont au moment d'entrer dans la tente d'Enée. Le combat n'est point interrompu ; on le voit à quelque distance derriere les principaux Acteurs de cette composition.

Page 501.

V. Tableau.

Enée couché dans sa tente sur des peaux un peu élevées, ayant à ses côtés son fils & son ami. Japis vieux médecin, & qui doit être noblement vétu, puisqu'il étoit aimé & favorisé d'Apollon, fait de vains efforts pour arracher la fleche de la blessure : pendant que tous les assistans sont occupés de cette opération, Vénus dans un nuage qui la rend invisible à ceux qui remplissent la tente, mais qui permet au Spectateur de là voir ; Vénus, dis-je, verse une liqueur qu'elle répand d'un petit vase d'or & la mêle aux drogues que Japis avoit préparées sur une table placée sur le devant du Tableau.

Page 503.

VI. TABLEAU.

Page 513. Enée lance une grosse pierre sur un Char. On voit que le Guerrier qui le monte, ne peut éviter d'en être renversé. Ce Tableau paroîtroit d'autant plus nécessaire, qu'il donne au Spectateur une certitude du miracle que Vénus vient de faire pour la guérison d'Enée. Au reste, je répéterai sans cesse, pour éviter tout embarras, que ces actions principales sont toujours mêlées, selon la façon de faire la guerre de ces anciens tems, d'une varieté de combats particuliers qui fournissent tous les groupes qui peuvent être nécessaires, & dans la place qu'on veut leur donner pour la beauté de la composition & la distinction des plans.

VII. TABLEAU.

Page 517. Les Troyens avec un détachement de leur armée, donnent un assaut à la Ville de Laurentium qu'on ne défendoit point. On les voit escalader, vouloir forcer les portes, jetter des feux, &c. La composition doit permettre à l'Artiste de faire voir une armée le dos tourné à la Ville, & qui combat contre une autre ; ce seroit un moyen de faire sentir que les Troyens ont dérobé cette attaque aux Latins par un détachement de l'armée qui les occupe en même tems.

VIII. TABLEAU.

Lavinie échevelée, avec toutes les marques Page 521. de la douleur & du defefpoir, au milieu des cris & des bras élevés de plufieurs femmes, dont on en voit quelques-unes qui accourent fucceffivement dans une chambre : ces pleurs & ces témoignages font caufés par le fpectacle de la Reine Amate que l'on voit pendue à une folive de fon appartement. Pour marquer fa dignité, il faut avoir foin de mettre fur fa tête le diadême, ou la bandelette avec laquelle elle doit avoir paru dans tous les autres Tableaux qui l'ont repréfentée.

IX. TABLEAU.

Juturne qui a conduit le Char de fon frere, Page 525. l'a féparé de la bataille pour lui faire éviter fa malheureufe deftinée ; il eft dans la plaine, n'ayant devant lui que quelques malheureux fuyards ; il eft arrêté par les cris d'un homme bleffé au vifage, qui lui montre, toujours en s'avançant à lui, une tour enflammée de la Ville, qu'on ne voit cependant que dans une distance éloignée.

X. TABLEAU.

Page 527. & suiv.

Page 535

On voit un espace libre le long des murailles de Laurentium ; au milieu de cet espace est le tronc d'un laurier dont les branches ont été nouvellement coupées. Turnus fait signe de la main à ses troupes de se contenir ; Enée en fait autant de son côté. Tout combat est suspendu ; il en est de même de l'assaut. La composition doit être disposée de façon que l'on découvre à quelque distance, au moins une petite partie du Tibre. On verra plus bas que cette attention est nécessaire.

XI. TABLEAU.

Page 533.

Page 537.

Jupiter dans le Ciel, tenant une balance, regarde le combat de Turnus & d'Enée. Turnus fuit n'ayant plus que la poignée de son épée dans la main : on en doit représenter les morceaux à terre. Enée fait ses efforts pour arracher un javelot entré dans la souche du laurier ébranché, dont il a été parlé dans le Tableau précédent.

XII. Tableau.

Jupiter & Junon dans le Ciel paroiſſent oc- Page 545. cupés du combat & parler avec action ; ils envoient la Furie : on ne doit pas douter qu'elle ne parte par leurs ordres & qu'elle ne dirige ſon vol du côté des combattans ; mais comme elle prendra, dans le Tableau ſuivant, la figure d'une chouette, & que ces métamorphoſes ne peuvent être exprimées facilement par la peinture, je prendrois la licence d'accompagner cette Furie d'une chouettte qui voleroit avec elle ; car il réſulteroit un pareil inconvénient de ne repréſenter à ſa place qu'un oiſeau, qui même n'eſt pas connu pour être l'attribut de la Furie. Dans ce même inſtant on voit Juturne, Nymphe des eaux, ſe précipiter dans le Tybre.

XIII. Tableau.

Turnus lance contre Enée une groſſe pierre Page 547. qui ſervoit de borne à un champ. On voit qu'elle ne pourra toucher ce Prince ; & cependant la chouette vole autour de Turnus. Enée lui lance en même tems le javelot, qui ne doit plus être dans la fouche du laurier ; on voit qu'il va lui percer la Cuiffe.

XIV. Tableau.

Turnus, un genou en terre, demande grace à Enée ; mais celui-ci irrité à la vue du Baudrier brodé du jeune Pallas dont il s'étoit paré, plonge l'épée dans fon fein. Les Rutules font confternés, les Troyens marquent leur joie de l'heureux événement d'un combat que termine le dernier coup porté par Enée.

Au refte, pour éviter une forte de monotonie, j'ai négligé quelques Tableaux dont d'autres feront peut-être féduits. Je laiffe aux Artiftes & aux connoiffeurs, le foin de rapporter de ces Poëmes les compofitions que je pourrois avoir oubliées, & de corriger dans les miennes les parties qui leur paroîtront fufceptibles de critique.

FIN.

EXTRAIT DES REGISTRES
de l'Académie Royale des Inscriptions & Belles-Lettres.

Du Mardi 31 Août 1756.

MM. GIBERT & LE BEAU, Commissaires nommés par l'Académie pour l'examen d'un Ouvrage de M. le Comte de CAYLUS, intitulé : *Tableaux tirés d'Homere & de Virgile, avec des observations sur le Costume, &c.* en ont fait leur rapport, & ont dit, qu'ayant examiné cet Ouvrage avec attention, ils l'ont jugé digne de l'illustre Auteur qui le donne au Public. En conséquence de ce rapport, l'Académie a cédé à M. le Comte de CAYLUS son droit de Privilege pour l'impression dudit Ouvrage ; en foi de quoi j'ai signé le présent Certificat. A Paris, au Louvre, ce Mardi 31 Août 1756. *Signé*, LE BEAU, Sécretaire perpétuel.

PRIVILEGE EN COMMANDEMENT
pour l'impression des Ouvrages de l'Académie Royale des Inscriptions & Belles-Lettres.

LOUIS, PAR LA GRACE DE DIEU ROI DE FRANCE ET DE NAVARRE : A nos amés & féaux Conseillers, les Gens tenans nos Cours de Parlement, Maîtres des Requêtes ordinaires de notre Hôtel, Baillifs, Sénéchaux, Prevôts, Juges, leurs Lieutenans, & à tous autres nos Justiciers & Officiers qu'il appartiendra, SALUT. Notre Académie Royale des Inscriptions & Belles-Lettres, Nous a très-humblement fait remontrer, qu'en conformité du Réglement ordonné par le feu Roi notre Bisayeul, pour la forme de ses Exercices & pour l'impression des divers Ouvrages , Remarques & Observations journalieres , Relations annuelles, Mémoires, Livres & Traités faits par les Académiciens qui la composent, elle en a déja donné un grand nombre au Public, en vertu des Lettres de Privilege qui lui furent expédiées en Commandement au mois de Décembre 1701. mais que ces Lettres étant devenues caduques, elle nous supplie très-humblement de lui en accorder de nouvelles. A ces causes , & notre intention étant de procurer à l'Académie en Corps , & à chaque Académicien en particulier, toutes les facilités & moyens qui peuvent de plus en plus rendre leur travail utile au Public , Nous lui avons permis & accordé , permettons & accordons par ces Présentes signées de notre main, de faire imprimer , vendre & debiter en tous les lieux de notre Royaume , par tel Libraire qu'elle jugera à propos de choisir , les Remarques ou Observations journalieres , & les Relations annuelles de tout ce qui aura été fait dans les Assemblées de ladite Académie, & généralement tout ce qu'elle voudra faire paroître en son nom ; comme aussi les Ouvrages , Mémoires , Traités ou Livres des Particuliers qui la composent , lorsqu'après les avoir examinés & approuvés aux termes de l'article 44. dudit Réglement, elle les jugera dignes d'être imprimés, pour jouir de ladite Permission par le Libraire que l'Académie aura choisi, pendant le tems & espace de trente ans , à compter du jour de la date des Présentes. Faisons très-expresses inhibitions & défenses à toutes sortes de personnes, de quelque qualité & condition qu'elles soient , & nommément à tous autres Libraires & Imprimeurs que celui ou ceux que l'Académie aura choisi, d'imprimer, vendre & debiter aucun desdits Ouvrages, en tout ou partie , & sous quelque prétexte que ce puisse être , à peine contre les Contrevenans de confiscation au profit du Libraire, & de trois mille livres d'amende , applicable un tiers a Nous, l'autre tiers à l'Hôpital du lieu où la contravention aura été faite , & l'autre tiers au Dénonciateur : à la charge qu'il en sera mis deux exemplaires de chacun desdits Ouvrages dans notre Bibliothéque publique , un dans celle de notre Château du Louvre, & un dans celle de notre très-cher & féal Chevalier Garde des Sceaux de France le sieur Chauvelin, avant que de les exposer en vente ; & à la charge aussi que lesdits Ouvrages seront imprimés sur beau & bon papier, & en beaux caracteres, suivant les derniers Reglemens de la Librairie & imprimerie, & de faire regiftrer ces Présentes sur le Regiftre de la Communauté des Libraires & Imprimeurs de Paris ; le tout à peine de nullité des Préfentes : du contenu desquelles vous mandons & enjoignons faire jouir & user ladite Académie & ses ayans cause, pleinement & paifiblement, cessant & faisant cesser tous troubles & empêchemens. Voulons que la copie desdites Préfentes qui sera imprimée tout au long au commencement ou à la fin desdits Livres, soit tenue pour duement signifiée ; & qu'aux copies collationnées par l'un de nos amés & féaux Conseillers Sécretaires foi soit ajoûtée comme à l'original. Commandons au premier notre Huissier ou Sergent sur ce requis, de faire pour l'exécution des Préfentes tous exploits, saisies, & autres actes nécessaires sans autre permission ; Car tel est notre bon plaisir. Donné à Marly le quinzieme jour de Février, l'an de grace mil sept trente-cinq, & de notre Regne le vingtieme. *Signé*, LOUIS ; *Et plus bas*, par le Roi, PHELYPEAUX.

Regiftré sur le Regiftre IX. de la Chambre Royale & Syndicale des Libraires & Imprimeurs de Paris, N°. 66. fol. 57. conformément au Reglement de 1723, qui fait défense, art. IV. à toutes personnes de quelque qualité qu'elles soient, autres que les Libraires & Imprimeurs, de vendre, debiter & faire afficher aucuns Livres pour les vendre en leurs noms, soit qu'ils s'en disent les Auteurs, ou autrement, à la charge de fournir les Exemplaires prescrits par l'Art. CVIII. du même Reglement. A Paris le 5 Mars 1735.

Signé, G. MARTIN, Syndic.

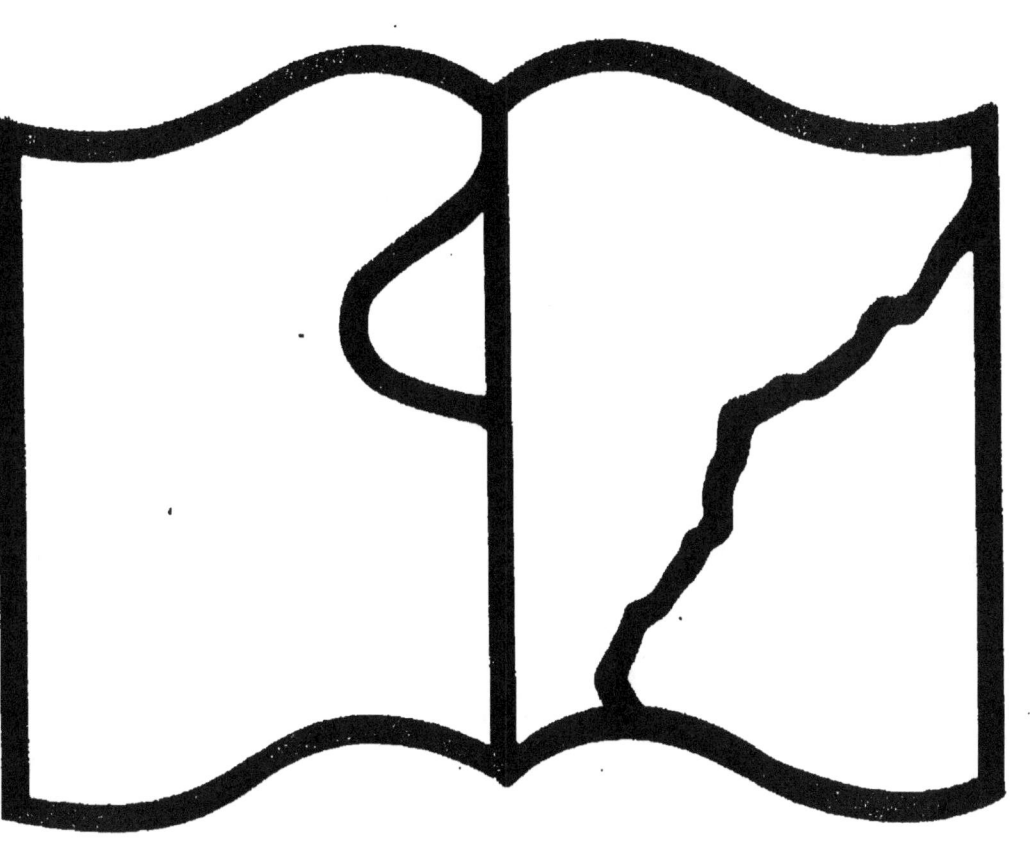

Texte détérioré — reliure défectueuse

NF Z 43-120-11

www.ingramcontent.com/pod-product-compliance
Lightning Source LLC
Chambersburg PA
CBHW072214240426
43670CB00038B/1239